U0901690

哈佛百年经典

君主论
乌托邦
马丁·路德演讲集

[意]马基雅维利 / [英]威廉·罗珀 / [英]托马斯·莫尔 / [德]马丁·路德◎著
[美]查尔斯·艾略特◎主编
高朝阳 等◎译

北京理工大学出版社
BEIJING INSTITUTE OF TECHNOLOGY PRESS

图书在版编目（CIP）数据

君主论 /(意) 马基雅维利著；高朝阳等译. 乌托邦 /(英) 莫尔著；高朝阳等译. 马丁·路德演讲集 /(德) 路德著；高朝阳等译.
—北京：北京理工大学出版社，2013.12（2019.9 重印）
(哈佛百年经典)
ISBN 978-7-5640-7833-1

Ⅰ. ①君… ②乌… ③马… Ⅱ. ①马… ②莫… ③路… ④高… Ⅲ. ①君主制-研究②乌托邦-研究③马丁·路德（1483~1546）-基督教-文集 Ⅳ. ①D033.2②D091.6③B978-53

中国版本图书馆 CIP 数据核字（2013）第 132796 号

出版发行 / 北京理工大学出版社有限责任公司
社　　址 / 北京市海淀区中关村南大街 5 号
邮　　编 / 100081
电　　话 / (010)68914775（总编室）
82562903（教材售后服务热线）
68948351（其他图书服务热线）
网　　址 / http://www.bitpress.com.cn
经　　销 / 全国各地新华书店
印　　刷 / 三河市金元印装有限公司
开　　本 / 700 毫米×1000 毫米　1/16
印　　张 / 20
字　　数 / 285 千字
版　　次 / 2013 年 12 月第 1 版　2019 年 9 月第 2 次印刷
定　　价 / 55.00 元

责任编辑 / 申玉琴
文案编辑 / 申玉琴
责任校对 / 周瑞红
责任印制 / 边心超

出版前言

人类对知识的追求是永无止境的，从苏格拉底到亚里士多德，从孔子到释迦摩尼，人类先哲的思想闪烁着智慧的光芒。将这些优秀的文明汇编成书奉献给大家，是一件多么功德无量、造福人类的事情！1901年，哈佛大学第二任校长查尔斯·艾略特，联合哈佛大学及美国其他名校一百多位享誉全球的教授，历时四年整理推出了一系列这样的书——《Harvard Classics》。这套丛书一经推出即引起了西方教育界、文化界的广泛关注和热烈赞扬，并因其庞大的规模，被文化界人士称为The Five-foot Shelf of Books——五尺丛书。

关于这套丛书的出版，我们不得不谈一下与哈佛的渊源。当然，《Harvard Classics》与哈佛的渊源并不仅仅限于主编是哈佛大学的校长，《Harvard Classics》其实是哈佛精神传承的载体，是哈佛学子之所以优秀的底层基因。

哈佛，早已成为一个璀璨夺目的文化名词。就像两千多年前的雅典学院，或者山东曲阜的“杏坛”，哈佛大学已经取得了人类文化史上的“经典”地位。哈佛人以“先有哈佛，后有美国”而自豪。在1775—1783年美国独立战争中，几乎所有著名的革命者都是哈佛大学的毕业生。从1636年建校至今，哈佛大学已培养出了7位美国总统、40位诺贝尔奖得主和30位普利策奖获奖者。这是一个高不可攀的记录。它还培养了数不清的社会精英，其中包括政治家、科学家、企业家、作家、学者和卓有成就的新闻记者。哈佛是美国精神的代表，同时也是世界人文的奇迹。

而将哈佛的魅力承载起来的，正是这套《Harvard Classics》。在本丛书里，你会看到精英文化的本质：崇尚真理。正如哈佛大学的校训："与柏拉图为友，与亚里士多德为友，更与真理为友。"这种求真、求实的精神，正代表了现代文明的本质和方向。

哈佛人相信以柏拉图、亚里士多德为代表的希腊人文传统，相信在伟大的传统中有永恒的智慧，所以哈佛人从来不全盘反传统、反历史。哈佛人强调，追求真理是最高的原则，无论是世俗的权贵，还是神圣的权威都不能代替真理，都不能阻碍人对真理的追求。

对于这套承载着哈佛精神的丛书，丛书主编查尔斯·艾略特说："我选编《Harvard Classics》，旨在为认真、执著的读者提供文学养分，他们将可以从中大致了解人类从古代直至19世纪末观察、记录、发明以及想象的进程。"

"在这50卷书、约22000页的篇幅内，我试图为一个20世纪的文化人提供获取古代和现代知识的手段。"

"作为一个20世纪的文化人，他不仅理所当然的要有开明的理念或思维方法，而且还必须拥有一座人类从蛮荒发展到文明的进程中所积累起来的、有文字记载的关于发现、经历以及思索的宝藏。"

可以说，50卷的《Harvard Classics》忠实记录了人类文明的发展历程，传承了人类探索和发现的精神和勇气。而对于这类书籍的阅读，是每一个时代的人都不可错过的。

这套丛书内容极其丰富。从学科领域来看，涵盖了历史、传记、哲学、宗教、游记、自然科学、政府与政治、教育、评论、戏剧、叙事和抒情诗、散文等各大学科领域。从文化的代表性来看，既展现了希腊、罗马、法国、意大利、西班牙、英国、德国、美国等西方国家古代和近代文明的最优秀成果，也撷取了中国、印度、希伯来、阿拉伯、斯堪的纳维亚、爱尔兰文明最有代表性的作品。从年代来看，从最古老的宗教经典和作为西方文明起源的古希腊和罗马文化，到东方、意大利、法国、斯堪的纳维亚、爱尔兰、英国、德国、拉丁美洲的中世纪文化，其中包括意大利、法国、德国、英国、西班牙等国文艺复兴时期的思想，再到意大利、法国三个世纪、德国两个世纪、英格兰三个世纪和美国两个多世纪的现代文明。从特色来看，纳入了17、18、19世纪科学发展的最权威文献，收集了近代以来最有影响的随笔、历史文献、前言、后记，可为读者进入某一学科领域起到引导的作用。

这套丛书自1901年开始推出至今，已经影响西方百余年。然而，遗憾的是中文版本却因为各种各样的原因，始终未能面市。

2006年，万卷出版公司推出了《Harvard Classics》全套英文版本，这套经典著作才得以和国人见面。但是能够阅读英文著作的中国读者毕竟有限，于是2010年，我社开始酝酿推出这套经典著作的中文版本。

在确定这套丛书的中文出版系列名时，我们考虑到这套丛书已经诞生并畅销百余年，故选用了“哈佛百年经典”这个系列名，以向国内读者传达这套丛书的不朽地位。

同时，根据国情以及国人的阅读习惯，本次出版的中文版做了如下变动：

第一，因这套丛书的工程浩大，考虑到翻译、制作、印刷等各种环节的不可掌控因素，中文版的序号没有按照英文原书的序号排列。

第二，这套丛书原有50卷，由于种种原因，以下几卷暂不能出版：

英文原书第4卷：《弥尔顿诗集》

英文原书第6卷：《彭斯诗集》

英文原书第7卷：《圣奥古斯丁忏悔录 效法基督》

英文原书第27卷：《英国名家随笔》

英文原书第40卷：《英文诗集1：从乔叟到格雷》

英文原书第41卷：《英文诗集2：从科林斯到费兹杰拉德》

英文原书第42卷：《英文诗集3：从丁尼生到惠特曼》

英文原书第44卷：《圣书（卷Ⅰ）：孔子；希伯来书；基督圣经（Ⅰ）》

英文原书第45卷：《圣书（卷Ⅱ）：基督圣经（Ⅱ）；佛陀；印度教；穆罕默德》

英文原书第48卷：《帕斯卡尔文集》

这套丛书的出版，耗费了我社众多工作人员的心血。首先，翻译的工作就非常困难。为了保证译文的质量，我们向全国各大院校的数百位教授发出翻译邀请，从中择优选出了最能体现原书风范的译文。之后，我们又对译文进行了大量的勘校，以确保译文的准确和精炼。

由于这套丛书所使用的英语年代相对比较早，丛书中收录的作品很多还是由其他文字翻译成英文的，翻译的难度非常大。所以，我们的译文还可能存在艰涩、不准确等问题。感谢读者的谅解，同时也欢迎各界人士批评和指正。

我们期待这套丛书能为读者提供一个相对完善的中文读本，也期待这套承载着哈佛精神、影响西方百年的经典图书，可以拨动中国读者的心灵，影响人们的情感、性格、精神与灵魂。

目 Contents 录

君主论 001

〔意〕 马基雅维利

托马斯·莫尔传 079

〔英〕 威廉·罗珀

乌托邦 115

〔英〕 托马斯·莫尔

第一部 116

第二部 135

95 条论纲 187

〔德〕 马丁·路德

马丁·路德演讲集 197

〔德〕 马丁·路德

天主教徒的三层屏障 200

在宗教会议里我们要讨论的事宜 210

基督徒的自由 265

——路德给教皇利奥十世的信

〔德〕 马丁·路德

君主论

The Prince

〔意〕 马基雅维利

主编序言

马基雅维利是意大利文艺复兴时期最杰出和多才多艺的人物之一，他于1469年5月3日出生于佛罗伦萨。年轻时就进入政府部门，1500年至1512年之间作为外交官承担过一系列的外交使命，先后出使意大利其他城邦及法国、德国等地。1512年，当美第奇家族在佛罗伦萨复辟时，马基雅维利失去了所有职务且被投进监狱，备受折磨。第二年被释放之后，就被赶出城市，居住在乡村并开始潜心研究。在此期间，他开始构思《君主论》和其他著作。在生命的最后一年，他又开始活跃起来，不过这次是作为一名士兵。他于1527年7月21日逝世。关于马基雅维利的详细介绍，读者可以参阅麦考利勋爵所著的《英文随笔》，此书在“哈佛经典”中也有收录。

关于马基雅维利写作《君主论》的目的有多种解释，他的动机很可能是出于爱国。但是在书中，他主张处理政治事务时应把道德排除在外。他的这一主张，在他生活的那个时代，使他成了处理公共或私人事务中撒旦的代名词。无论如何，他在书中所讲述的那些处理政治事务的方法，深刻地再现了文艺复兴时期意大利的政治图景。

马基雅维利在其著作《李维史论》中，更加广泛和深入地讨论了其在《君主论》中提出的论点。此外，他在《战争的艺术》中详尽地说明了自己对军事斗争的观点。他的著作还包括《佛罗伦萨史》、《克丽齐娅》以及戏剧《曼陀罗》，从这些作品中我们可以看出，他既是一个伟大的外交家和士兵，又是一个历史学家、诗人和戏剧家。即使是在人才辈出的意大利文艺复兴时期，具有这么多才能的人也是凤毛麟角的。

格兰特曾说过，马基雅维利的所有作品中，《君主论》是其最有名、最值得称赞、最杰出的著作。很少有一部作品能像这部书那样，在社会中引起如此大的争论。有人将其视为暴政手册加以研究，就像罗马皇帝图密善勤奋地阅读和研究罗马皇帝提比略的传记那样。另外一些人则将其视为对暴政的精辟反讽，就像斯威夫特对仆人手册的反讽一样——如果两者的卑鄙可以用来类比的话。各种观点和看法都可以自圆其说，但是没有一种观点能准确地说出马基雅维利写作此书的目的。

马基雅维利是一个真诚且温和的共和政体拥护者，他绝不会赞成在意大利实行暴政。他的目的很可能是想在意大利建立一个统一且独立的公国，使其有能力把外国势力驱逐出意大利。但是他的这一目的又不太可能安全地表达出来，因此其著作读起来有点令人反感，主要是由于他没有顾忌任何的道德和爱国情感，而是倡导为了达到目的不择手段的方式。除了他个人的错误和疏忽之外，没有任何东西可以掩盖他作为政治学领域的“亚里士多德”的光芒和荣耀，至少他被公认为是第一个从历史实践经验中来倡导治国之道的。

查尔斯·艾略特

献　词

尼科洛·马基雅维利敬呈洛伦佐·美第奇殿下书

凡欲得君主恩典者，都将自己最宝贵的东西，或自认为君主最喜欢的东西呈献给君主。因此，常有人向君主呈献骏马、宝刀、锦绣、奇珍异宝等，诸如此类能配得上君主的尊严和威仪的珍品。而我要献给殿下您的这样东西却与众不同，除了对您的忠诚之外，我所拥有的莫过于我的阅历和知识了，尤其是我对伟大人物事迹的研究经验。这是我长期以来对当代诸多大事件深入思考和对古代历史史实的深入阅读中所领悟到的。在此，我把自己的所悟写成一本书，呈现给殿下您。

我自知这本书不能获得您的垂青，这只是一本启蒙式的小册子，但它确实可以使您在最短的时间里了解我这些年来经历磨难和危险所领悟到的一切，除此之外，我别无宝物再献给您了。我相信，您会以您的宽宏大量来接纳此书。

在书中，我没有用华丽的辞藻，也没用那些华而不实的献媚之词，更没有什么耀眼迷人的装饰。因为我相信，如果它能赢得您的赞许，那只是它新颖的内容和深刻的主题引起了您的注意。

我认为，一个地位低下的人敢于同君主讨论国家大事，并希望能对君主有所启发，这不一定就是痴心妄想，也许他真的有什么真知灼见，亦未可知。就像描绘风景的人们，只有置身平原才能看清山峦，只有站在山顶才能看清平原一样。最理解人民的应该是君主，最了解和体谅君主的应该是他的臣民。

因此，殿下，请您明察我呈献这本书的心意而接受它吧！如果您能认真地研读，并进行冷静的思考，您就会知道我热切的愿望。祈望您顺应天时，行善积德，达到您作为君主所能达到的巅峰。如果有朝一日您从巍峨的峰顶俯视这些卑微的地方，也许会看到，我这样的一个臣子，是多么不幸地遭受着命运之神巨大而持久的折磨。

第一章 君主国的种类及其获得方式

自古以来，统治人类的所有国家和政权就存在两种形式：共和制和君主制。而这些君主制国家不是从祖辈世袭的，就是新缔造的。新缔造的君主国也有两类：一类是全新的君主国，像弗朗西斯科·斯福尔扎①建立的米兰公国；另一类是被世袭的君主国占领后的附属，如西班牙的那不勒斯王国。这些新缔造的王国或新臣服的统治区，以前要么是习惯在君主的统治下生活，要么曾经是自由的共和国。而其获得方式要么是凭借自己或他人的武力，要么是靠君主德行的感召或好运气。

第二章 世袭君主制

关于共和国我就不在这里谈论了，因为在其他的地方我已详细论述过了。在此，我将按照上一章关于君主国的分类，依顺序来探讨一下该如何治理国家和维持政权的稳固。

---

① 弗朗西斯科·斯福尔扎（1401—1466），其父为有名的雇佣军队长。弗朗西斯科十六岁即从军，1424 年父死即继承其父的军队指挥权，为米兰作战。其后娶米兰公爵菲利普·马利亚·维斯孔蒂的私生女比昂卡为妻。1447 年维斯孔蒂死后米兰宣布为共和国，弗朗西斯科·斯福尔扎担任雇佣军队长；1450 年倒戈，迫使共和国最高会议拥立其为维斯孔蒂的继任者——米兰公爵。

在世袭的君主国中，民众已习惯于世袭君主的统治，维持政权稳固要比新生的君主国容易得多。只要君主能够沿袭祖训，并在意外情况出现时随机应变，灵活决策，就能维持政权的稳固。即使一位君主能力平平，依此行事也能保住政权。除非遇到异常强大的外部力量干涉，政权才有可能被篡夺。即使暂时失去政权，一旦篡权者发生祸乱，君主也能很快地夺回政权。

比如我们意大利的费拉拉公爵①，他之所以能够抵挡住 1484 年威尼斯人的进攻和 1510 年教皇朱利奥②的进攻，就是因为其家族在此地有着悠久的统治历史。世袭君主冒犯民众较少，自然受到民众的拥护与爱戴。除非君主本人品行恶劣，惹人憎恨，一般而言民众还是自然地、顺理成章地拥护和支持他，这也是在情理之中的。这样的君主制国家因其统治长久绵延，会使人们慢慢淡忘对上一次变革的记忆。这种记忆对政权的变革是重要的，上一次变革的记忆就是下一次可能出现的变革的火种。

第三章 混合君主国

对于新缔造的君主国来说，就会有许多困难。如果它仅有一部分是新的，整体并不是全新的，这样的君主国家就可以称作混合君主国。任何看似不要紧的困难，都会成为政权变化的原因，因为在这样的政权国家中，人们改善生活的意愿较大，热衷于更换他们的统治者，常会拿起手中的武器反抗统治者。但变革后人们常会发现，生活并没有期待的那么美好，甚

---

① 费拉拉公爵，指在教皇辖地费拉拉执政的埃斯特家族的埃尔科莱一世（1471—1505 在位）和阿尔方索一世（1505—1534 在位）。这个家族从 1208 年起就同萨林圭拉家族轮流统治费拉拉。1332 年教皇承认埃斯特家族三兄弟为其在费拉拉的代理人，从此埃斯特家族统治者的势力日益强大。

②朱利奥二世（1413—1513）原名朱利亚诺·德拉·罗韦雷，1503 年起任教皇至 1513 年，决心收复全部教皇辖地，除费拉拉公爵抵御了他的攻击外，一些处于教皇宗主权之下的小国的繁荣时代由此告终。

至比以前更糟糕。造成这种结果的原因是很自然的，通常也是一种必然，那就是新的君主总是会让新属地上的臣民们来承担那些犒赏军队和巩固占领地区的花费。这对新属地上的臣民来说是一种额外的负担，常招致民众的怨愤。当你得到一个国家土地的时候，也就自然成了这个国家所有人民的敌人。同时，想要继续取悦那些曾经的支持者也是很难的，他们的胃口是难以满足的，与他们保持长久的友谊是不可能的。因为欠着他们的恩情，你还不可以用强硬手段对付他们。即使你拥有强大的武力，在占领一个新的地方时，当地民众的拥戴也是至关重要的。

正因如此，法王路易十二虽在很短时间内就占领了米兰，但又迅速地失去了它。并且第一次只凭借洛多维科公爵[①]自己的军队就可办到。那些当初为路易十二打开城门的人们发现他们曾经的希望根本就没有实现，也就不再想要忍受新君主的统治了。实际上，那些出现反抗的地方再度被侵服之后就不会那么容易丢掉了。统治者会借镇压反叛者的机会毫不犹豫地巩固自己的地位，他会坚决地惩办叛乱者，肃清嫌疑人等，并弥补自己统治的薄弱环节。因此，米兰第一次摆脱法国的占领，只需要一个公爵在边境发动起义就足够了。而要再次摆脱法国的统治，则需要发动全世界的力量来反抗法国国王，把他的军队歼灭或赶出意大利，至于这样做的原因我已在上面讲到了。但米兰终究还是从法国手中夺了回来。法王第一次丢失米兰的原因已经讨论过了，现在谈谈他第二次失去米兰的原因，看看他当时采取了什么办法。如果换作其他人的话，有没有更好的办法来保住所有领土。

在我看来，那些被吞并到古老君主国的国家或地区，或者与征服国处于同一地区，具有相同的语言；或者情况完全相反，既不在同一地区，语言之间又存在着较大差异。如果是前一种情况，尤其是被占领国的人民并

---

① 洛多维科（1476—1500），米兰公爵；1499 年 2 月法国国王路易十二世（1498—1515 在位）同威尼斯人结盟，9 月 11 日法军攻占米兰，洛多维科逃亡德国。威尼斯人也占领了米兰公国的三分之一领土。

没有生活在自由民主的制度之下，那统治就容易得多——只要将旧君主家族铲除干净，就能够牢牢地统治当地。由于在其他事情上与以前并无多大区别，风俗习惯也没什么变化，人们就会自然而然地生活下去。就像布列塔尼、布尔戈尼、加斯科涅和诺曼底[①]那样，这些地方已经长期归属于法国了。虽然在语言上有一点点小的差异，但因其生活习惯相同，很容易相互融合。想要占有这些地方并进行长期统治的君主，就必须注意两个方面：一、要对其原有的旧君主及其血统斩草除根；二、不要变更法律和赋税。这样，在较短的时间内，他们就会与古老的君主国结成一体。

如果征服国在语言、风俗与规章制度等方面，与被征服国之间存在着巨大差异，那就会存在许多困难。征服国要花费巨大的力量，同时也要有好运气才能控制被征服国。最有效和最有力的办法，或许是征服国的君主御驾亲征，并长期驻扎在那里，并与当地的民众一起生活，只有这样才会使新征服的属地更加持久和稳固，土耳其人统治希腊就是这样做的。如果当时土耳其皇帝没有亲自驻守在希腊[②]，即使采取其他再好的办法，统治也不会稳固。君主亲自坐镇，任何的骚动都会在最初就被察觉，并能及时有效地采取有力措施。相反，如果君主不在那里，只有出了大乱子才会被上报，那时再想铲除已经晚了。此外，君主亲自坐镇，当地的臣民就可以及时地向他求助，从而避免当地官员的欺压，愿做良民的百姓们就会更加地拥戴新君主。这样，即使那些图谋不轨的人也会感到害怕，企图进攻的外来者也会灰心丧气，因为只要君主驻守在那里一天，想要把它从君主手中夺去的愿望就不能实现。

另一个好方法是向征服国的一两个要害的地方派遣殖民，或者驻扎大

---

① 以上各地归并于法国的时期：布尔戈尼为 1477 年（路易十一世）、布列塔尼为 1491 年（查理八世）、加斯科涅为 1453 年（查理七世）、诺曼底为 1204 年（菲利普二世）。

② 此处的希腊，指的是土耳其人在 15 世纪征服巴尔干半岛。先是穆拉德二世（1421—1451）开始远征匈牙利、希腊、阿尔巴尼亚等国，其后穆罕默德二世（1451—1481）继续扩张：于 1453 年灭拜占庭帝国，并将奥斯曼帝国的首都移至君士坦丁堡，改名为伊斯坦布尔，确立了土耳其在欧洲的势力。

量的军队，两者至少需要选择一种。派遣殖民花费的钱财较少，君主只侵占这个国家的小部分人的权益，他们会因自己的房产田地被新来的殖民侵占而心生怨恨，但毕竟只占少数，且散居各地，掀不起什么大的风浪。而那些利益没有受到损害的民众，就很容易安抚了，他们由于担心自己的房屋财产被侵占而处处小心谨慎，唯恐犯错。我的结论是，这种殖民代价较小，且又稳妥可靠，不会触犯太多的人。正如前面提到的那样，他们一贫如洗，且散居各地，是不会对君主及其统治造成危害的。这里需要提醒的是：对于被征服地的民众，如若不打算进行安抚，就应该全部消灭，因为受到轻微的侵害他们反而能够进行报复，但对那些毁灭性的打击就无能为力了。因此，如果要侵犯他人的利益，就应采取无须害怕报复的那一种。

如果采取驻扎部队进行震慑的话，军队就会在守卫殖民地的同时，消耗掉那里几乎所有的收入，得益可能会变成损失。这样代价过大，也会得罪很多人。部队常常需要换防，大规模的军队轮防必然会损害更多民众的利益，他们会不堪其扰，会因利益的被侵犯逐渐变成君主的仇敌。虽然他们发动反抗的可能性不大，但因他们的祖辈住在当地，可以随时给君主带来新的危害。所以说驻扎军队是不太可行的，而派遣殖民的方式却是大有裨益的。

要彻底征服那些在语言、生活习惯和制度上与征服国不同的地区，君主应注意和这个地区周边的小国家搞好关系，成为它们的保护者和盟主，但同时要特别注意那些实力较强大者，一有机会就尽量削弱他们的力量。对于那些和自己力量差不多的大国要特别警惕，绝对不能允许他们以任何借口来干涉本地区的事务。这样的事情常常发生，属地中那些心怀不满而野心十足的家伙们由于贪婪或恐惧而经常引狼入室。当年把罗马人引入希腊的就是埃托利亚人[①]，当时罗马人入侵的几乎所有地方都有当地人的招

① 公元前2世纪，希腊的埃托利亚人及其他希腊城邦，为了反对与迦太基结盟的马其顿国王菲利普五世与罗马人结盟，让罗马人进入希腊。其直接目的是为了打败菲利普五世对希腊各城邦的野心。

引。一般来说，遇有强大的外部力量的侵犯，当地的势力较弱小的部族都会寻求与外部势力进行联合来推翻欺凌他们的强大势力，而宁愿自己成为入侵者的附庸。这些较小部族和势力很容易被拉拢，且会心甘情愿地同侵略者融为一体。要注意的是，既要依靠他们共同对付当地的强大势力方，也应对他们进行监控，不能给予过大权利，这样才能成为整个地区的主宰。如果征服者对这件事处理不好，所占领的领地可能会丧失殆尽。即使能够勉强维持统治，也会被潜在的不利因素和无休止的麻烦纠缠。

罗马人在他们所征服的地方，很好地贯彻了这些政策。他们派遣殖民，安抚弱小国，但不让他们强大。他们镇压强大势力，不让任何的外来力量染指。让我们来看看希腊的例子，我认为这个例子足以证明一切。罗马人同阿卡亚人和埃托利亚人联合，占领了马其顿王国，驱逐了叙利亚国王安第奥修斯，但并没有允许阿卡亚人和埃托利亚人凭借功绩而扩张势力。无论马其顿国王菲利普五世如何地苦苦哀求，罗马人都没有动心，坚决地把他打倒。安第奥修斯[①]的努力也不会让罗马人允许他在那个地方继续掌握任何领土，所以罗马人驱逐了他。罗马人的所作所为应该成为所有英明的君主的学习榜样：不仅要注意先前的问题，还要注意未来的危机。君主必须竭尽全力预防这些问题的发生，因为只要能预见这些问题，找到挽救的方法是很容易的。但是如果等到大难临头，病入膏肓时就无力挽回了。这就如同医生为病人看病一样，患病初期难以诊断却容易治疗，等到疾病容易诊断时，却往往难以治疗。国家大事也是一样的，如果能够及早地洞察到潜伏的祸患（只有审慎的人才能做得到），就能迅速地加以补救。如果没有及时察觉，等到祸患发展到人尽皆知的时候，往往就回天乏力了。

---

① 公元前 214 年马其顿国王菲利普五世（公元前 231—前 179）与迦太基将军汉尼拔结盟，对付罗马及希腊各城邦。因此罗马与希腊各城邦结盟。公元前 197 年罗马人打败菲利普，罗马人控制了马其顿和希腊。在希腊中部的埃托利亚联盟的请求下，公元前 192 年叙利亚国王安第奥修斯（公元前 223—前 187）出兵支援希腊，小亚细亚的希腊城邦则请求罗马人帮助。公元前 190 年，安第奥修斯被罗马人打败，于是媾和被迫放弃全部小亚细亚土地。其后马其顿复苏，但在公元前 186 年再度被罗马人消灭，曾帮助马其顿的希腊人亦受到镇压。

罗马人总是防微杜渐，不会为了避免战争而手软，他们知道战争是无法避免的，而拖延只会有利于敌人。他们同菲利普和安第奥修斯在希腊作战，就是为了避免将来等他们强大时同他们在意大利作战。虽然在当时那两场战争是完全可以避免的，但他们不想那样做。不像我们这个时代的有些人，嘴里整天会叨着“让时间来解决吧”这句话，他们宁愿依靠自己的判断和思考作出决断。时机总是变化多端，稍纵即逝，好事可能变成坏事，坏事可能变成好事。

现在让我们回过头来考察法国，看看它是否做过我上面论及的任何一件事情。这里我要谈的是路易十二[①]而不是查理八世[②]，因为路易占领意大利的时间长一些，他的所作所为更易观察些。你会看到他的所作所为和我刚才所讲的几乎是完全相反。

具有野心的威尼斯人想通过法王路易十二的干涉获取半个伦巴底，于是他们把路易引入意大利。对于法王接受威尼斯人的顺水人情没有什么可以责难的，他在那里没有什么朋友，加上之前查理八世[③]的所作所为，让路易在此地尝尽了闭门羹。他又想在意大利站住脚，我认为只需他妥善行事不犯错误，采取这样的办法是能够获得成功的。

通过再次占领伦巴底，他又一次获得了查理八世当年失去的威名：热那亚人归顺了，佛罗伦萨人成了他的朋友，费托瓦侯[④]、费拉拉公爵[⑤]、本蒂沃利奥[⑥]、富尔利夫人[⑦]、法恩扎[⑧]、佩萨罗[⑨]、里米尼、卡梅里诺、皮奥

---

① 指法国国王路易十二世（1462—1515），下同。

② 指法国国王查理八世（1470—1498），下同。

③ 查理八世于1494年进攻意大利，一度成为那波利的主宰，至1496年完全失败；但查理的远征已成为外族入侵意大利时期的开始。

④ 费托瓦侯爵即詹弗朗切斯科·贡扎加。

⑤ 费拉拉公爵，是埃斯特家族的埃科莱一世，见前注。

⑥ 本蒂沃利奥是博洛尼亚的统治者。

⑦ 富尔利夫人是富尔利的女统治者卡德林娜·斯福尔扎。

⑧ 法恩扎的统治者是阿斯托雷·曼弗雷迪。

⑨ 佩萨罗的统治者是潘多尔科·马拉泰斯塔。

姆比诺[1]等地的统治者，还有卢卡人、比萨人、锡那纳人全都来奉承他，抢着要与他结盟。此时，威尼斯人才明白当初的举动是多么地鲁莽！仅仅为了获取伦巴底的两个小城镇而与路易结盟，他却将整个意大利三分之二的土地纳入自己的统治。

假如法王路易十二能遵守我前面所讲的那些规则，保护朋友并与他们建立良好的关系，那么维持在意大利的统治是没有太大的困难的。虽然这些小国数目众多，但都弱小胆怯，他们不是怕罗马教廷，就是怕威尼斯人，他们追随法国是必然的。只要路易能够很好地利用他们，就可以对抗那些依然强大的敌对势力。可是路易在进入米兰之后就把自己以前的做法甩到一边去了，他帮助教皇亚历山大占领了罗马尼阿，完全没有意识到此举使他失去朋友和那些要依靠他以求得保护的人。一旦拥有宗教权利的教廷增加了权利，势力就会大增，野心也会极度膨胀，犯了这第一个错误之后，他不得不一错再错。直到最后为了防止亚历山大成为托斯卡纳的统治者，抑制他的野心，路易不得不亲自跑到意大利。

使教廷的权利过大，使朋友叛离，做完这些他还感觉不够，又同西班牙国王一起瓜分了自己垂涎已久的那不勒斯。原来他是一个人主宰意大利，由于西班牙国王的到来，那些心怀不满者和野心家总算找到了另外的依靠。本来他可以扶持那不勒斯国王，使他臣服于自己并年年纳贡，但他却把人家赶走，同时又引进来一个足以把自己赶走的人，这就留下了隐患。拓展疆土的愿望是王之常情，无可厚非，只是要量力而行，就会受到赞扬而非责难。但是如果一味地不择手段做出超越自己能力之外的事情，就容易犯下大错，只会留下骂名。如果法国能够依靠自己的军力拿下那不勒斯，那大可放心地去做。如果不能，就不应联合强大的西班牙将其瓜分。联合威尼斯人瓜分伦巴底，是为了在意大利立足，这还能说得通，而联合别人来瓜分那不勒斯，就显得毫无道理，惹得天怒人怨。

路易十二犯了五个错误：消灭小势力而不是安抚他们；助长了本已很

---

① 皮奥姆比诺的统治者是贾科莫·德·阿皮亚诺，雇佣军队长。

强大的势力；把强大的外国势力[①]引入意大利；没有亲自驻扎在那里；也没有派遣殖民到那里去。如果他不去犯第六个错误，即夺取威尼斯人的领导，那么他的声望还不至于这么差。假如之前他没有助长教廷的势力，也没有把西班牙人引进来，威尼斯人就会迫于压力而立刻归顺于他。但既然那两步臭棋已经走下去了，他就不应该同意让威尼斯灭亡，试想一下，如果威尼斯人足够强大，他们就不会允许其他人打伦巴底的主意；其他国家更不会多管闲事，从法国手中夺取伦巴底而拱手让给威尼斯人，他们更不会冒险与法国和威尼斯同时为敌。既然如此，何必要灭亡威尼斯呢？可能有人会说，把罗马尼阿让给教皇亚历山大，把那不勒斯让给西班牙，这样做是为了避免战争。根据我在前面的论述，为避免一场肯定要发生的战争而去拖延时间只会对自己不利。为了暂时避免一场战争而听任混乱滋长会使自己陷入困境，因为战争最终是无法避免的。也许有人会这样为路易辩护，他和教皇之间是有言在先的，他帮助教皇扩张事业，教皇则答应他帮助解除婚姻关系同时任命罗阿诺担任枢机主教，对于这一点，我将在后面论述君主的信义及如何保持信义时专门回答。

因为没有遵守那些占有并保持领土的人们所应当遵守的规则，法王路易十二丢失了伦巴底。这一切都是理所当然的，毫不新奇。当瓦伦蒂诺(教皇亚历山大之子，人称切萨雷·博尔贾）占领罗马尼阿的时候，我曾和罗阿诺枢机主教在南特讨论过这个问题。主教当时对我说，意大利人不懂战争，我的回答是，法国人不懂政治。假如他们真的懂政治，就不会允许教廷大肆扩张势力。这一事实告诉我们，西班牙和教廷在意大利所形成的强大势力是由法国一手造成的，法国的崩溃则是由他们造成的。因此我们可以得出一条亘古不变的普遍规律；使他人强大就是在自取灭亡。运用才智或使用武力帮助别人强大，受益者定会心怀猜忌，会倒打一耙。

① 此处指的是号称“天主教徒费尔迪南多”的西班牙国王费尔迪南多二世。

第四章 亚历山大大帝所征服的大流士王国为什么在他死后没有发生叛乱

亚历山大大帝[①]只用了短短几年时间便征服了大流士王国，他刚刚完成征服就去世了，亚洲还没有完全被征服。在这种情况下发生反叛似乎是情理之中的事，但是他的后继者却出人意料地保住了江山。尽管他们因为自己膨胀的野心在帝国内部导致了一些麻烦，但除此以外并没有遇到太大的困难。

探寻其原因，我认为自古以来的君主国都存在着两种统治方式：一种是由君主和其臣子进行统治，臣子们直接对君主负责，由君主任命给他们相关职位来辅佐君主治理国家；另一种是君主和贵族统治，贵族的地位是因其血统高贵，后代传承而得来的，并不是受君主的恩宠而得来的。贵族们拥有自己的领地和臣民，臣民们把贵族诸侯看作自己的主人，对其爱戴有加。

那些由君主和臣子统治的国家，君主的地位是至高无上的，拥有绝对的权威。即使臣民服从其他人，这些人也只被看作隶属于君主的大臣，而不会对这些大臣产生特殊的爱戴之情。

这两种不同的国家统治制度，现在还存在着。比如，今天的土耳其皇帝和法兰西国王。整个土耳其帝国是由一位君主统治的，其他的人都是他的臣仆。皇帝把帝国分成若干个行省，向各个地方派驻各种行政官员，皇帝有权随意调动或撤换他们。而法国国王却被数量众多的世袭贵族所包围，贵族们有自己的领地和臣民，他们深受臣民拥戴，且拥有自己的特权。国王不能随意剥夺贵族的特权，否则定会遇到危险。

只要我们考察一下这两个国家制度方面的不同特征，就会认识到想要

---

① 亚历山大大帝，指马其顿国王亚历山大（前336—前323在位），其通过战争控制整个希腊后；于公元前335年东征波斯，战败大流士三世；南侵埃及，建亚历山大城；远征达印度北部，公元前325年从印度败退；死于巴比伦。

从土耳其皇帝手中夺取国家政权是非常困难的，但一旦征服，统治起来却比较容易。反之，占领法国则相对容易一些，想要统治它却是困难重重。征服土耳其皇帝的国家的困难之处在于入侵者是不可能找到任何一个王公贵族来做内应的，指望皇帝周围的人背叛他，也是不太可能的。就像我在前面讲到的那样，他们全都是皇帝的奴仆，要收买他们是非常困难的，即使收买过来，也不会起到多大的作用，人们是不会追随他们的，他们并不会有太大的号召力。所以想要进攻土耳其就必须做好准备，因为将会面临一个团结一致的国家，必须凭借自己的力量来征服它，绝不能寄希望于内部的叛乱。但是一旦打败土耳其皇帝，征服了这个国家，使它无法东山再起，这时除了皇室成员之外便没有什么可担心的人了。一旦彻底消灭了皇族成员，就没有什么可怕的人了，其他任何人是得不到人民的信赖和拥戴的。征服者在征服过程中没有依靠以前的臣仆，不欠他们的任何人情，自然在征服之后也就无须害怕他们。

像法国这样的王国，情况则正好相反；随时都可以找到那些对现状不满和希望变革的人，只需要找一些这样的王公贵族过来，入侵法国就会容易得多。他们会为你开路指导，使你能轻松获得胜利。一旦夺取该地，想要维持在那里的统治则会面临无数的困难，那些曾经帮助过你的人和被你所打败的人，残存的贵族将成为变革的首领，仅除掉君主的家族是远远不够的。既不能使他们心满意足，又无法将他们斩草除根，一旦机会来临，他们会把你赶出这个国家。

考察一下大流士①政权的性质就会发现，它跟土耳其很相似，都属于君主集权制。因此亚历山大大帝必须首先竭尽全力彻底击败大流士，将其从领土上赶跑，等到大流士一死，亚历山大就牢牢地控制了这个国家。假如亚历山大的后继者们能够团结一致，他们就能轻松地统治这个国家。假如他们不窝里斗，这个王国是不会发动骚乱的。

---

① 大流士，指波斯国王大流士三世（公元前 337—前 330 在位），又名科多曼诺，一再被马其顿的亚历山大的远征军战败，公元前 331 年全军覆没，大流士逃脱，后被自己的部下杀害。

像法国这样的国家，统治起来就比较麻烦。西班牙、高卢（法国）和希腊之所以经常发生反抗罗马人的叛乱，原因就在于这些国家内部还存在着无数个小的公国。因为故国的记忆犹新，要是他们还保留着这些记忆，罗马人就不可能在那里坐稳江山。当这种记忆被罗马帝国的持久统治冲淡的时候，罗马人的统治还是会慢慢变得稳固起来的。后来罗马人发生内讧的时候，由于他们已在各地树立起了权威，每一个统治者都能得到当地民众的拥戴。因为家族已被铲除，除了罗马人，民众再也找不到任何拥戴的其他目标了。

知道了这些之后，我们就不会对亚历山大能较容易地统治亚洲，而皮尔罗①等人要付出极大努力和代价才能维持在占领地的统治感到惊讶了。其原因不在于征服者能力的大小，而主要是在于被征服国家的性质存在着差异。

第五章
怎样治理在占领之前生活在各自法律之下的城邦和国家

对于我前面提及的那些在被征服之前在各自法律下生活的城邦和国家，要统治的话有三种办法：一、彻底地消灭他们；二、君主亲自驻守在那里；三、允许他们生活在自己的法律之下，但要收取赋税，同时建立一个政府，这个政府应该是向君主负责的。由于是君主所立的，你的友好和力量对其至关重要，他们一定会对你毕恭毕敬。这样的政府定会竭尽全力地拥护君主。如果想要保有一个已经习惯自由生活的城邦，没有比依靠这个城邦公民来进行治理更简便的方法了。

斯巴达人和罗马人的事例就是两个典型。斯巴达人在征服了雅典和底比斯之后，就通过扶持寡头政府来进行控制，但是最后还是失去了这两个

---

① 皮尔罗（前318？—前272年），古希腊埃皮罗国王，以军事天才见称，在公元前279年曾以沉重损失为代价打败罗马军队，侵占西西里和南意。公元前275年终被罗马人战败，公元前272年在希腊作战阵亡。

城邦。罗马人在征服了卡普阿、迦太基和罗马尼阿之后采取的是毁灭性的政策，这样便不会失去他们了。在希腊，罗马人想效法当年的希腊人，让人们拥有自由并保留他们以前的法律，却没有获得成功。为了维护和巩固自己在希腊的统治，他们被迫毁灭了许多城邦。

要牢固地占领并统治，除了毁灭，别无选择。无论是谁，一旦成为一个已习惯自由生活城邦的新主人，而他又不愿意把这个城邦毁灭掉，那等着被毁灭的就只有他自己了。因为当地民众随时会以自由的名义和恢复旧秩序为借口发动叛乱。即使你对他们恩泽有加，他们仍然不会忘记去寻找这样的借口。除非将那里的居民驱散到其他地方，无论再怎么恩舍，他们也不会忘掉以前的那个名义和那些制度的，遇有任何风吹草动便会死灰复燃。就像被佛罗伦萨统治百年的比萨一样，最后还是失去了。

如果新获得的城邦或地区已习惯在君主的统治下生活，旧君主及其家族已被消灭，这些习惯于服从的臣民没有了旧主，又不愿意从他们中推出一位新君主，他们不知道怎样自由地生活，不可能轻易起来反抗。所以，新君主能够较容易地获得他们的支持，统治也较为容易。但是，在共和国中情况就会变得不同，民众有一种很深的仇恨和一颗复仇的心。他们缅怀过去的自由生活，很难屈从。稳妥有效的办法就是把他们消灭或君主亲自驻扎在那里。

第六章 论以自己的武力和能力获得的新君主国

下面我将要谈到的君主及其国家都是全新的君主国，我将引用一些最为重大的事例，大家不要对此感到诧异。聪明的人总是效法先贤，沿着他们的足迹前行。他们虽不能取得和伟人一样的成就，至少也会拥有一番作为和好名声。这就如同精明的射手一样，射较远的目标时瞄准的准星要比目标高一些才能射得中，不是为了让弓箭射到那个高度，而是借助抬高射角来命中目标。

谈完这些，我再来说说我的观点：在全新的君主国中，因君主个人能力的不同，所遇到的困难也会大小不一。那些由平民百姓而一跃成为君主的，不是运气好就是个人能力极强，这两者中拥有任何一项就会很明显地降低统治的难度。那些靠个人能力而成为君主的，他们的统治是最稳固的。如果君主除了这块领地之外没有其他的领地，他就不得不亲自驻扎此地，这样统治就极为容易。

说到那些依靠自己的能力而并非运气成为君主的人，我认为他们中最杰出的是摩西①、居鲁士②、罗慕洛③、提修斯④等，以及像他们一样伟大的人⑤。虽然我们没有资格对先知摩西评头论足，他只是在执行上帝的命令，他正是具有很多高尚的品质，才有资格同上帝对话，仅凭这一点，就应当受到人们的尊重。让我们再来看看居鲁士和那些征服或创建王国的人们，会发现他们都是令我们无限敬畏的人。仔细观察他们各自的作为和行事方法，你会发现，他们其实与摩西之间并无多大区别，虽然摩西有上帝那样伟大的导师。他们把握住的主要是机会而并非运气，这可以从他们的伟大事迹中看到。机会让他们所选择的形式有了内容，没有机会，他们精神上的意志力就会白白浪费掉。而没有意志力，机会也会白白错过。对摩西来说，他必须找到那些正在埃及受苦受难的以色列人，他们愿意跟随摩西一起摆脱被奴役的命运。罗慕洛则不能留在阿尔巴，一出生就遭到遗弃，这样日后才能够成为罗马的王和国家的缔造者。居鲁士则需要洞察到波斯人对米提亚人的统治感到不满，而米提亚人因久处和平已变得柔弱不堪。对

---

① 摩西，犹太《圣经》中的希伯来先知和立法者。

② 居鲁士（公元前558？—前528）波斯国王、波斯帝国奠基人。领导波斯人出征，俘虏梅迪国王，自公元前550年成为梅迪人和波斯人的国王，公元前539年征服巴比伦，成为巴比伦人的国王。

③ 罗慕洛（公元前735—前716），传说中罗马的奠基者和第一位国王。相传罗慕洛及瑞穆斯是阿尔巴—隆伽城国王的女儿和战神所生的双生子。因王弟篡位受到迫害，被投河中，为母狼所救在山洞哺育，并由牧羊人抚养成人。罗慕洛恢复统治权后在母狼哺育地，以本人名字创建罗马城并成为该城的第一个国王。

④ 提修斯是古希腊著名的英雄，传说中的雅典国王和雅典国家的奠基者。

⑤ 马基雅维利在此处引用的人物，除居鲁士一人外；其他都是传说中的人物。

于提修斯来说，如果他不是碰到一盘散沙似的雅典人，也就英雄无用武之地了。虽说是机会使他们拥有了好运气，正是因为有了卓越的才能和品质，他们才能够把握并且利用这些机会为他们的国家增光，成就伟大的事业。

凭借个人杰出的才能而成为君主的人，在夺取君权的过程中会遇到很多困难，但是拥有之后保住它就相对容易多了。困难有相当一部分是来自于不得不建立的新的规章制度。因为成败无法预先知道，具体操作起来风险也就大得多。那些在旧制度下的既得利益者往往会成为革新的最大阻碍，而那些新制度的可能受益者也会因成效缓慢而摇摆不定，并不坚定地拥护。这种摇摆不定一方面是出于恐惧，因为旧制度下的既得利益者会顽固地保护对其有利的现有法律法规；另一方面来自于人类的多疑心理，对于新生事物没有确切地认知之前，人们是不会贸然轻信的。所以，一旦那些反对者有机会进攻，他们就会结成狂热的党羽，而自己人只是不冷不热地抵御。

要比较明白地了解这些，就必须看看这些改革者主要是仰仗他人还是依靠自己，也就是说，他们为了实现雄心壮志，要么祈请臣民支持自己的改革，要么以武力强迫臣民支持。祈请臣民支持的改革往往会陷入困境一无所成，通过武力的方法就没有什么大的危险。所以，凡是有武装的革新者都获得了成功，没有武装的革新者最后都失败了。

除了上面说过的之外，还有一点需要提一提，那就是民众生性多变，要想说服他们相信某件事很容易，要让他们坚信这种信念可就困难多了。因此应该采取这种策略：如果民众不再信服了，就要通过武力迫其就范。假如摩西、居鲁士、提修斯和罗慕洛，当时没有武装力量，要使臣民们长期遵守他们的戒律是不太可能的。我们这个时代的季罗拉莫·萨沃纳罗拉修道士①的遭

---

① 季罗拉莫·萨沃纳罗拉修道士（1452—1498），佛罗伦萨宗教改革家。1475 年为多米尼加会修道士。五年后进佛罗伦萨圣马尔科修道院传教，抨击当时教会和教士腐化堕落，主张改革和复兴宗教，并建立一个有效的共和政府。1491 年萨沃纳罗拉成为圣马尔科院长，对佛罗伦萨政治影响日增。1494 年，自梅迪奇家族被驱逐出佛罗伦萨后，萨沃纳罗拉掌握了佛罗伦萨的支配权，主持制定 1494 年宪法；至 1497 年为其全盛时期。但为教皇亚历山大四世所敌视，其势力骤然削弱，1498 年作为异端者被捕，并被烧死。

遇正好证明了这一点。他既不能让那些曾经的信仰者坚定信仰，又不可能使那些不信仰者改变信仰。一旦民众不再信任他时，他和他的新制度也就一起被毁灭了。

这样的人物在事业开拓的初期会面临巨大的困难，过程中充满凶险，他们要运用自己的勇气和力量加以克服。而一旦克服困难，他们就会受到人们的尊崇，只要消灭了那些威胁其君位的人，就能够享有权势、安全、尊荣和富足了。

除了这些伟大的事例，我还想再举一个小小的例子，它们有一定的相似性。这是一个很具有代表性的事例，叙拉古的锡耶罗。他从一介平民一跃成为一国之君，就是因为他抓住了机会。遭受压迫的叙拉古人推举他成为军事首领，后来由于他功勋显著而被拥立为王。早在身为平民的时候他就能力超强，有人这样写道："除了没有土地之外，他具有当国王的所有品质。"他建立新军队，解散旧军队；结交新盟友，抛弃旧盟友。一旦有了自己的军队和可靠的盟友，他就可以在此基础上建立任何大厦了。虽然在创造王国的初期经历了许多艰难困苦，但在统治王国的时候就没有什么困难了。

第七章 依靠他人的军队和好运而取得的新君主国

仅依靠运气而从平民一跃成为君主的人们，在登上宝座的过程中并没有什么麻烦，但想要坐稳江山就会困难重重。刚开始时他们并没有遇到什么困难，因为是一步登天的，可是等到落地之后，所有的麻烦和困难都会纷至沓来。那些凭金钱或别人的恩赐而成为一国君主的人们就属于此类。希腊的爱奥尼亚和赫里斯蓬等城邦的君主就属于此类。他们都是由波斯王大流士一世所封的君主，为大流士的安全和荣誉而统治这些城市。还有一些人是通过笼络和收买军队从平民跃登君主宝座的，上述的两位也属于这一类。这些统治者所依靠的只是赐予者的意志和运气，而这两者都是飘忽不定的。

他们不懂得如何保住自己的位子，也不可能保住位子。他们没有卓越的才能和智慧，我们不能期望一个过惯了平民生活的人懂得怎样发号施令；他们缺少实力，因为他们没有真正忠于自己的武装力量。再者，在很短时间内建立的国家，就像自然界中一夜之间长大的植物一样，不可能根深叶茂。一旦遇到一场狂风暴雨，就会顷刻之间被毁坏。除非如前所述，那些忽然成为君主的人们能力非凡，能够当机立断，去维护君主之位，打好帝国的根基——这是其他人在成为国王之前就已经奠定好了的。

在此我想举两个例子，一个是依靠自己的能力而成为君主的，另一个则是凭借自己的好运气而成为君主的。这两个都是最近发生的事情，相信我们对此仍记忆犹新。他们是弗朗西斯科·斯福尔扎和切萨雷·博尔贾。

弗朗西斯科通过个人的卓越能力，运用恰当的手段成为米兰公爵。他经历很多困难，付出了很大的艰辛才取得其地位，但在维持地位时就没有多少困难了。而被大家称作瓦伦蒂洛公爵的切萨雷，则是另外一种情况，他完全依靠父亲当上教皇的好运气而得到的那个国家。这种好运一过，他也就亡国了——虽然在这个靠别人的武力和运气得到的国家里，他采取了各种措施，以使自己的地位能够更稳固；他使出浑身解数，做了一个明智的人所能做到的一切，然而最后还是亡国了。

如上所述，如果根基是不牢固的，事后可以通过超凡的能力和卓越的手段来巩固基础。但这对于建筑师来说就是非常困难的，对建筑物本身来说，也是很危险的。考察米兰公爵所采取的各种措施，我们就可以看到，他曾经如何为自己未来的权利打下坚实的基础。

在我看来，把这件事情拿来讨论并非多余，而是非常有必要的。除了这位米兰公爵的事迹之外，我实在想不出什么更好的事例来为一位新的君主提供谏言。如果说他采取的所有行动和措施到最后都无济于事的话，这并不是他本人的错，而是因为他的运气实在太差了点。

当初，教皇亚历山大六世决意为其子谋取高位时，面临着许多困难，这些困难有的在当时就存在，有的后来才逐步显现出来。首先，他明白在当时要使其子成为教皇辖地外的任何一个国家的君主都是几乎不可能的。

要想夺回原本属于教皇辖地的地方，米兰公爵和威尼斯人是绝不同意的，法恩扎[1]和里米尼[2]当时就属于威尼斯的势力范围。其次，教皇本人也知道，他能够调动的军队都掌握在担心教皇亚历山大的人手中，这些人是奥尔西尼[3]和科隆那[4]家族的盟友，所以不能依靠。想要成为这些国家的部分地区的首领，他就必须打破原有的秩序，使其混乱不堪。这对他来说是很容易的，他发现威尼斯人受其他利益的驱使，准备把法国人再次请到意大利来。对此，他自然是不会反对的，而且还帮助法王路易十二解除了以前的婚姻关系。

于是在威尼斯人的帮助和教皇的授意下，法国国王路易十二便率军进入意大利。法国人刚抵达米兰，教皇便向其借兵夺取罗马尼阿。罗马尼阿慑于法国国王的威名，只有向教皇屈服。

瓦伦蒂洛公爵占有罗马尼阿，打败科隆那家族之后，想要稳固统治地位和扩大战果就面临两个困难：第一个困难是军队对他的忠诚问题；第二个困难则是来自于法国的意愿。具体来说，他的军队是借用奥尔西尼家族的，军队可能不再听他的指挥，而且还可能会夺走他所占有的一切。法王路易十二也可能存有这样的居心。

当瓦伦蒂洛公爵夺取法恩扎之后，进攻波洛尼亚的时候，他发现奥尔西尼对这次进攻并不是很热衷，他便知道了奥尔西尼家族的态度。当攻下乌尔比诺公国，进攻托斯卡纳的时候，法王阻止了这次战役，由此瓦伦蒂洛公爵便明白了法国国王的心思了。所以，瓦伦蒂洛公爵决定再也不依靠别人的军队和运气了。

他所要做的第一件事情，就是削弱奥尔西尼家族和科隆那家族在罗马的党羽。他拉拢投靠这两个家族的所有贵族们，给他们优厚的赏赐，并依

---

① 法恩扎，意大利北部古城市。

② 里米尼，意大利古城市。

③ 奥尔西尼家族，13 世纪在罗马兴起，投身于军职，很多人任雇佣军的首领，受雇于切萨雷·博尔贾。

④ 科隆那家族，中世纪和文艺复兴时期罗马居统治地位的家族，在军界占有重要地位。

据等级地位许诺他们文武官职，使他们成为自己人。数月之间，这两个家族在罗马的党羽们便都转投到公爵门下。随后，公爵便解散了科隆那家族，并等待时机消灭奥尔西尼家族。没过多久，他就等到了机会，并且很好地利用了这次机会。

此时，奥尔西尼家族终于意识到公爵和教廷势力的扩大，就意味着自己的灭亡。于是，他们便在佩鲁贾的马吉奥内召开了一次会议。恰在此时乌尔比诺发生了叛变，罗马尼阿也发生了暴动，瓦伦蒂洛公爵处于危机之中。不过在法国人的帮助下，瓦伦蒂洛公爵成功化解了危机，恢复了自己的声望。

为了避免自己再次陷入新的危险之中，瓦伦蒂洛公爵使用了很多的计谋。他奉送金钱、华美的服饰和骏马给保罗·奥尔西尼[①]，通过保罗的调节与奥尔西尼家族达成和解。随后，在西尼加利亚，奥尔西尼家族的首领们全部落入公爵手中，他便将他们一网打尽，并使其党羽变成了自己的朋友。

自此，瓦伦蒂洛公爵已拥有罗马尼阿全境和乌尔比诺公国，为自己以后的政权打下了很好的基础。尤其是他已在罗马尼阿获得了全部民众的支持，因为他们已品尝到公爵治理下的幸福生活的甜头了。

这一点很值得注意和效法，我不想略而不谈。瓦伦蒂洛公爵在占领罗马尼阿之后发现，以前统治该地的是一些软弱无能的领主，与其说他们是在统治自己的属民，不如说是在掠夺。他们制造各种事端，让属民们四分五裂而不是团结一致，致使这个地区社会秩序混乱，盗贼横行，各种胡作非为随处可见。

瓦伦蒂洛公爵认为要使当地恢复秩序并服从统治，就必须建立一个行之有效的政府。他挑选以冷酷和机智而著称的雷米罗·德·奥尔科，并授予他独断的权利。雷米罗在很短的时间内便使当地恢复了秩序，重获安宁，为新政府获得了极大的声誉。但他的做法也招致了人民的恐惧。

---

① 保罗·奥尔西尼是奥尔西尼家族的头头之一，拥有军事力量，于1502年被切萨雷·博尔贾杀害于西尼加利亚。

瓦伦蒂洛公爵在这个地区的中心设立了公民法庭，委托了一名优秀的法官——那时的每个城邦都有自己的辩护人。公爵深知，雷米罗的严酷统治已在民众心中产生了怨恨，要想办法消除民众心中的郁结和负面情绪，把他们全都争取过来，让他们彻底臣服。

他想向人民表明，过去的严酷统治和残忍行为和自己无关，而是大臣残酷无情的本性使然。他抓住时机，在一个清晨将雷米罗处死，并暴尸于切泽纳广场，并把一块木头和一把血淋淋的刀子放在旁边。这种残忍的景象既使人们感到痛快满足，又充满恐惧惊愕。

我们还是回到刚才的话题吧。当时瓦伦蒂洛公爵觉得自己已足够强大，对抵御当前的风险已有几分把握，也有了听任自己调令的军队。并且，已经消灭了可能侵犯自己的敌人，想要继续扩大地盘的话，他就得考虑法国国王的问题了。法王路易十二已经察觉出自己当初犯了错误，不再支援瓦伦蒂洛公爵了，于是公爵便开始寻求新的盟友。当法国进军那不勒斯，进攻正在围攻加埃塔的西班牙人的时候，公爵的态度变得摇摆不定。他靠摇摆不定的态度保住自己，免受其害——如果亚历山大教皇还活着的话，他会迅速取得成功的。

对未来，瓦伦蒂洛公爵忧心忡忡。因为一旦现任教皇去世，新教皇对他可能就不会这么好了，而且教廷会谋划夺回亚历山大教皇已经给他的东西。为了避免这一危机，他需要未雨绸缪——他决定采取四项措施：

第一，彻底灭绝那些已被他废黜的领主的家族，让新教皇无机可乘；

第二，如前所述，把罗马的贵族们都拉拢到自己一边，利用贵族们牵制教皇；

第三，尽力争取枢机主教团偏向自己；

第四，抓紧时机在亚历山大教皇没死之前获得更大的统治权，以便自己能够抵御终将会来的进攻。

这四项措施中，亚历山大教皇在世时，公爵已完成了三件，第四件也完成得差不多了。对于那些被他废黜的领主，除了个别的逃脱之外，他把剩下的都杀了。同时他也把罗马的贵族们争取到了自己的一边，就连枢机主教团里面，大部分也是他的同党。下一步他打算成为托斯卡纳的主宰，已经占领了佩鲁贾和皮奥姆比诺，也已经将比萨置于自己的羽翼之下。只要法国不插手，他可以随时夺取比萨。此时他也不必顾虑法国，因为法国已经被西班牙人赶出了那不勒斯，他们中任何一方都得讨好公爵。接下来就是卢卡和锡耶纳，他们部分出于对佛罗伦萨的妒恨，部分出于惧怕，都会立即向公爵投诚，对此佛罗伦萨人也是无计可施。

假如他所有这些计划能成功（他本可以在亚历山大教皇去世的那年完成的），他就会拥有巨大的权力和威望，就能够开始自立，不再依靠别人。在公爵挥剑征战五年之后，眼看着所有的计划即将实现之际，他那带给他好运的教皇父亲去世了。教皇给瓦伦蒂洛公爵留下了罗马尼阿，只有罗马尼阿是稳固的。在两个强大的敌军之间，其他的都是不牢固的。而此时，公爵自己也病入膏肓[①]。

不过，他既勇猛又充满智慧，他知道如何争取民心，也知道民心是怎样失去的。他能在很短的时间内建立牢固的基础。假如他没有腹背受敌，假如他身体健康，他是可以战胜任何困难的。我们可以从罗马尼阿人坚守一个月来等候他这件事情上看出他的基础是多么的牢固。

虽然他在罗马已生命垂危，但其地位依然稳固。虽然巴利奥尼人、维泰利人和奥尔西尼人进入罗马攻击他，他们都没有获得成功。假如瓦伦蒂洛公爵不能使他中意的人成为教皇，那他至少可以阻止他不喜欢的人成为教皇。如果亚历山大教皇去世时，公爵的身体是健康的，那么一切事情就好办了。

在朱利奥二世当选教皇的那天，公爵告诉我，他已经料到父亲死时所发生的一切，并且早已做好应对之策。没想到的是，父亲去世时他自己也濒临死亡。

---

① 教皇亚历山大六世在1498年已任命其子切萨雷·博尔贾为“神圣教会保护人”。其后博尔贾在酒中放毒拟毒死某些敌人，但亚历山大和博尔贾自己误饮，致亚历山大死于1503年，博尔贾亦得重病。

回顾瓦伦蒂洛公爵的所作所为之后，你会发现，他是无可指责的。相反，他应该受到推崇，那些依靠他人的武力和运气获得统治权的人都应该向他学习。他具有伟大的勇气和高远的目标，理应有所作为，只是由于父亲当教皇的时间过短和他自己的身体状况不佳，才使得他的伟大理想最终成为泡影。

为了确保新王国的领土免遭敌人侵略，他争取朋友，凭靠武力，甚至欺诈制胜。他想方设法使民众对自己既爱戴又畏惧，使军队既遵从又尊敬自己，消灭掉那些有能力或定会危害自己的人，采取措施改革旧制度。他既有尊严的一面，又有慈善的一面，宽宏大量且慷慨好施，能摧毁不忠诚的军队，也可以创建出忠于自己的军队，还可以保持同各国君主间的友好关系，使他们在你需要的时候对你施以援手且不敢得罪于你。除此之外，我们就再也找不出比瓦伦蒂洛公爵更恰当的例子了。

我们唯一可以指摘瓦伦蒂洛公爵的是选举教皇朱利奥二世这件事情。他在这件事情上作出了一个错误的选择，正如我在前面讲到的那样，他本来是有能力阻止任何人当选教皇的。即使不能够选择一个自己看中的人当教皇，他也不该同意一个自己已经得罪过的枢机主教，或一当上教皇就会对自己心存恐惧的枢机主教来当教皇。因为不管是出于恐惧，还是出于仇恨，这样的人都是会伤害他的。

瓦伦蒂洛公爵曾得罪过的人有：圣·皮耶罗·阿德·温库拉、科隆那、圣·乔治和阿斯卡尼奥等人。除了罗阿诺和西班牙人外，其他人一旦当上教皇，都会惧怕他。罗阿诺由于与法国国王的关系密切而享有权利，西班牙人则因为与公爵有同盟关系而拥有权力。瓦伦蒂洛公爵本应该选择一个西班牙人当教皇的，如果办不到，他就应该赞同罗阿诺来当教皇而不是选择圣·皮耶罗·阿德·温库拉[①]。相信那些大人物会因你给予他新的恩惠而忘掉你曾经对他造成的伤害，那是自欺欺人的。瓦伦蒂洛公爵在这次的教皇选

① 圣·皮耶罗·阿德·温库拉，枢机主教，即朱利阿诺·德拉·罗韦雷，按习惯以其任职的教会堂区的名字命名；1503 年当选教皇后，称朱利奥二世，参见前注。

举中犯了致命的错误，并导致了自己的最终覆灭。

第八章　论以邪恶当道获取君主国的人

由平民跃升为君主还有另外两种办法，它们不能够完全归结为是靠运气或能力，我认为应当在这里讲一讲，虽然，我在论述共和国的时候还会对其中的一个进行评述。

这两种方法就是：一、依靠邪恶和卑鄙的方法登上统治地位；二、身为一介平民，依靠同胞们的帮助而成为国家的君主。关于第一种方法，我将举两个例子加以说明，一个是古代的，一个是现代的。在我看来，这两个例子对于那些想要效法的人已足够，而无须讨论其是非功过。

西西里人阿加托克雷[①]，身为一介平民，地位很卑微，最后成为叙拉古国王。他出生于一个陶工的家庭，在一生的各个时期都过着邪恶的生活，与其恶行相伴随的是他在身心方面都具有极大的力量。投身军界之后，他便一步一步向上爬升，成为了叙拉古的地方执政官。得到这一职位之后，他便决意要当国王——不是依靠别人的帮助，而是打算使用暴力手段来达到这一目标，这样就无须承担什么义务。

他让迦太基人阿米尔卡雷了解他的这一计划。此人当时正率军在西西里作战。一天早上，阿加托克雷召集贵族和元老开会，似乎是要同他们商量什么国家大事。当所有人都集中起来以后，他便发出信号，让士兵把所有元老和最富有的人们全部杀掉。这些人被杀掉之后，他就毫无阻挡地当上了叙拉古的国王。

当上国王之后，虽然他两次被迦太基人打败并被围困，他不但能够保住城市，还可以分出兵力进攻非洲。这样他就在短期内化解了叙拉古之围，

---

① 阿加托克雷（公元前 361—前 289），西西里人，叙拉古的暴君（公元前 316—304），后成为希腊西西里国王（公元前 304—前 289），支配西西里岛的大部分；公元前 310 年出征非洲获胜；后回归西西里，完成其专制的统治（公元前 305 年）；以后入侵意大利本土和科西嘉（公元前 300—前 295）。

使迦太基人陷入困境，被迫同他讲和。迦太基人甘愿占有非洲，而把西西里让给阿加托克雷。

任何人只要考察一下阿加托克雷的行为及其能力，就很难把他的成就归功于机遇。他夺取王位并没有依靠其他人的帮助，而是经历了无数的艰难险阻，是自己在军队中从士兵开始一步一步爬上来的。以后他能够继续保住王位，也是由于采取了许多勇敢且风险十足的行动。但他的所作所为是不能称作德行的。屠杀同胞、出卖朋友、背信弃义、毫无恻隐之心、没有宗教信仰，等等，这些虽可以帮他取得统治权，但绝不可能被称为美德。从化险为夷的能力和卓越的军事才能方面来看，他不逊色于任何一个卓越的将领；但由于他的野蛮和残忍的做法，使他不可能跻身于名垂青史的最卓越的人物之列。我们不能把他的成就归功于运气或德行，他本来就不是那样获得的。

在我们这个时代，教皇亚历山大六世在位期间，费尔莫的市民利韦罗托从小父母双亡，由其舅舅乔万尼·弗利亚尼抚养长大。从少年时代开始，舅舅就把他送到保罗·维泰利[1]手下当兵，指望他在保罗的训练下，以后能在军界谋得高位。保罗死后，他就在其弟维泰洛佐手下从军，由于机智英勇、军功卓越，他在很短的时间内就成为军中的一员猛将。但他不愿屈居人下，他与一部分费尔莫市民勾结，在维泰洛佐的支持下，占有了费尔莫。他写信给舅舅乔万尼说，自己已经离乡多年，希望能够探望舅舅和故乡，顺便看看自己的祖产。他又说，除了荣誉之外自己并无所求，只想让家乡父老知道，自己这么多年在外边并没有虚度光阴，希望能够带着朋友和侍从组成的骑兵荣归故里。他请求舅舅从中安排，以使自己可以受到费尔莫市民的隆重欢迎，这一切不仅是他自己的荣誉，同时也是舅舅的功劳，因为他就是舅舅抚养长大的。

舅舅乔万尼依照他信中所说分毫不差地安排好了一切，利韦罗托受到

① 保罗·维泰利，在对比萨的战争中任佛罗伦萨的雇佣军将领，后因涉有背叛嫌疑被捕，1499年10月在佛罗伦萨处决。

了费尔莫市民的盛情礼遇，之后住到了舅舅乔万尼家中。他在那里待了几天，把一切都谋划得当之后，便举办了一场盛大的宴会，邀请舅舅乔万尼和费尔莫所有头面人物出席。酒过三巡之后，利韦罗托便装腔作势开始发表讲话，他大谈教皇亚历山大及其子切萨雷的伟大和他们的丰功伟业。当乔万尼和大家对他的讲话表示出兴趣之后，他便立刻站起来说，这样的事情应当在较为秘密的地方讨论。于是他自己便先退到一个房间。当所有人都跟随进来之后，事先埋伏好的士兵便一拥而上，把乔万尼和其他人全都杀掉了。谋杀成功之后，利韦罗托便骑上高头大马在城市里往来驰骋，他围住了地方行政长官的官邸，使其屈服。他将所有心怀不满并有可能加害于自己的人，通通抓起来杀掉。同时颁布新的规章制度，巩固自己的统治。

在他统治费尔莫的一年时间中，城市非常安全，所有的邻国都惧怕他。就像我在上一章所提到的那样，如果切萨雷·博尔贾意图在西尼加利征服奥尔西尼和维泰利的时候，他没有上博尔贾的当，他就像阿加托克雷一样不会被别人所灭。但可惜的是，他没有做到。在他统治费尔莫一年之后，他受到了进攻，与其善战之师维泰洛佐一同被绞死了。

可能有人会感到奇怪，像阿加托克雷这样奸诈残暴的人，却能够长期在他们的国家安全地生活下去，能够保卫自己不受外敌的侵扰，而且本国的民众也没有阴谋反叛。而另外一些人同样是使用冷酷残暴的方法，却仍难以在和平时期稳固自己的统治，更不用说在胜败未卜的战争时期了。

假如残酷手段的使用也有好坏之分，我认为最重要的就是使用技巧的问题。

好的使用，指的是刚刚建立政权时，为了自己的安全必须使用的；政权稳固之后，除非残酷可以为臣民谋得利益，否则绝不再用。

坏的使用，指的是政权建立初期，很少使用残酷的手段；政权逐渐稳固，残酷手段的使用却与日俱增，而不是日渐减少。

巧妙地使用残酷手段的人如阿加托克雷，因天佑人助，自己的地位逐渐巩固。而拙劣使用的人其地位则可能不保。

因此，在占领一个地方之初，应审视自己不得不去做的所有冷酷残忍的事情，一次性将其全部做完，不要留到以后，不得不经年累月地做下去。这样一来，由于没有反复的扰民，人民的安全感也会增强。然后通过慢慢对人民施以小恩小惠的方式，将人民的心争取过来。

反之，如果由于怯懦或受人教唆而在开始不去这样做的话，就得时刻手握屠刀，这样就永远争取不到民心了，因为他经常的恶行不可能使人民感到安全。所以冷酷残忍的事情应该一次性做完，以便人民少受点伤害，减少人民的积怨。而恩惠则应该一点点地赐予，以使人民能够品尝到恩惠的滋味。

总的来说，君主应该和人民生活在一起，以免发生任何好的或坏的意外而改弦更张。因为变革常常在不利时期发生，而此时再采取任何严酷手段为时已晚，再做什么好事来弥补也都于事无补，人民会以为你是被迫无奈，是不会因此而心存任何感激的。

第九章 市民君主国

现在来看看另一种政体：一个平民不是依靠犯罪或其他的残暴恶劣的行为，而是由于受到同胞的帮助成为本国的君主的，这种国家就是市民君主国。这种地位的取得，既不完全依靠能力，也不完全依靠幸运，而是需要一种机智。

在我看来，在每个城邦里都可以找到两个互相对立的党派，这种君主权利的获得不是得到人民的帮助，就是得到了贵族的帮助，人民不想被贵族压迫与统治，而贵族则必然会压迫和统治人民。城邦里的这两种相反的需求便导致三种结果：君主权、自主权、无政府状态。

君主政体要么是由贵族建立，要么是由人民建立，这就要看两方中哪一方能获有机会。当贵族感到自己无力抵挡人民时，他们就会扶持自己阵营中的某个人，让他来当君主，以便在他的庇护下，可以实现他们的愿望。当人民察觉自己不能够抵抗贵族的时候，也会推荐他们中的某一个人做君主，以便能够依靠他的权位获得保护。

一个依靠贵族的帮助而获得君权的人，比依靠人民的帮助而得到君权的人更难以维持其权利。依靠贵族获得君权的人，会发现自己周围有许多人自以为可以同他平起平坐，而不愿听其指挥。他不能够按照自己的意愿而随意指挥或者管理他们。而由人民的帮助而获得君权的人，会发觉自己高高在上，周围没有不服从自己命令的人，即使有也只是极个别的。

以公正的方式处理各种事情，往往能够让人民感到满意，但却不能让权贵们满足。比起贵族们的要求，人民的需求更公正一些。人民只是希望不再受到压迫，而贵族却希望实行压迫。如果人民不满意，君主很难得到安宁，因为人民数量众多；如果打压权贵，君主则可保安宁，因为权贵毕竟是少数。

可以预料，人民被激怒，他们所能做出的最坏的事情，就是抛弃君主。而与权贵为敌，君主不但要担心自己被抛弃，还要担心他们会团结起来反对自己——在这件事情上，贵族比平民看得更深远、更敏锐，他们总能迅速地解救自己，进而联合对自己更有利、更有胜利希望的人。

君主总是需要与人民一起生活的，如果没有权贵，他也能够过得很好。因为君主可以随时废黜权贵，也能依据自己的意愿，随时取消他们的爵位。

为了更清楚地说明这个问题，我认为应从以下方面对权贵们进行考察：看他们行动的目的是否会为了君主的利益，而时时处处约束自己。对于时时约束自己而并不贪婪的权贵，君主应该给他们荣誉并加以保护。至于那些不约束自己的权贵，君主可以从这个方面检验：看他们这样做的原因是否是由于胆怯，是否是因为天生缺乏勇气。

对于天生缺乏勇气的权贵，君主可以利用他们，特别是那些能够出谋划策的人。当君主隆盛之时，他们会尊敬你；而当君主处在逆境之时，他们因为天生缺乏勇气，也无须害怕他们。

但是，对于那些为了自己的野心，而故意不依靠君主的权贵们，就要格外小心了。这是一个信号，表明他们是在为自己着想比替你着想多。对于这类人，应该严加防范，并把他们视为公开的敌人加以警惕。因为在君主不利之时，他们总会落井下石，帮助别人消灭君主。

因此，依靠人民的帮助而成为君主者，应同人民保持友好的关系。这一点也是很容易做到的，因为人民所要求的只是不再受到压迫。假如一个人是依赖贵族的帮助而成为君主的，他所需要做的第一件事就是想方设法获取人民的支持。要做到这一点也是比较容易的，只要把人民置于自己的保护之下即可。人民本以为你会给他们带来痛苦，没想到却从你那里得到好处，就会更加亲近你。人民就会对你拥戴有加，胜过那些帮助你登上君主之位的权贵们。

君主可以有许多的方法来赢取民心，这些方法因实际情况而各不相同，不能制订一定的规则，在此就不多说了。我想强调的是，君主必须与人民保持良好的关系，否则在逆境的时候就会孤立无援。斯巴达国王纳比德，成功地抵御了全希腊人和一支罗马常胜军团的围攻，保住了祖国和自己的地位不受侵害，为什么呢？原因只在于，危难来临时，他所要做的只是保证少数权贵不会倒戈。但是如果人民与他为敌的话，他这样做就远远不够了。

“以人民为基础，无异于在泥沙上盖房子”，请不要用这句陈腐的谚语来反驳我的这一见解。假如一位平民把自己政权的基础建立在人民之上，并且一相情愿地认为自己受敌人进攻或官吏压迫时，人民会来解救他，这种情况下这条谚语是个中肯的提醒。像罗马的格拉古①和佛罗伦萨的乔治·斯卡利②就属于这方面的例子，最后发现自己上当了。但假如把政权基础建立在人民之上的是一位指挥若定的君主，他充满信心，身处逆境而不畏惧，以其精神意志和制度措施激励全体人民，他永远是不会被人民抛弃的，事实将会证明他的政权坚不可摧。

---

① 格拉古，指由平民选出的有名的古罗马护民官格拉古兄弟蒂贝里奥和卡伊奥，（公元前 163—前 133，前 153—前 121）。二人分别于公元前 133 年和前 121 年，在罗马贵族所挑起的反对他们的骚乱中被杀害。

② 乔治·斯卡利，十四世纪，佛罗伦萨下层民众领袖之一，于 1382 年 1 月 17 日被捕杀害。

这种市民的君主国在从平民政治转向专制政治的时候常会陷入危机。这类君主国要么是君主亲自施政，要么是通过官吏发号施令。如果是通过官员发号施令的话则更加危险，因为他依赖的完全是那些从普通市民中提拔上来的官吏的意志，而在这样的危急时刻不是拒不服从君主的命令，就是转而反对君主。这就很容易发生谋权夺位之类的事情。这时，君主如想要抓住绝对权力则为时已晚，民众和臣属已习惯于从地方管理官员那里接受命令，在危险时刻也就不会服从君主的命令。特别是在动荡的时候，君主往往找不到可以信赖的人。

君主不能以和平时期看到的情况作为依据，因为和平时期大家都为国家奔走，人人都需要政府，每个人都信誓旦旦。当远离危险的时候大家都喊着愿意为国家和君主而献出生命，可当危险真正来临的时候，能找到的人就寥寥无几了。而这样的考验是非常危险的，只需要经历一次就再也没有机会了。所以，英明的君主应该有办法使民众无论在任何时候都对国家和君主本人有所依赖和企求，这样他们才会永远忠于他。

第十章　该如何衡量一切君主国的实力

在讨论这些君主国性质的时候，我们还必须对其进行另外一种考察。这就是在困难来临的时候，君主是可以依靠自己的力量独当一面还是常常需要别人的帮助。具体来说，那些能依靠足够的财力和人力征募一支令人满意的军队，并可能与任何来犯之敌决战于疆场的君主，就是可以独当一面的人；而那些不敢同敌人决战于疆场，而躲在城墙里面进行防御的人，就是需要别人帮助的君主。第一种情况，我已经讨论过了，以后有机会，还可以再说一说。对于第二种情况，我就只好奉劝这种君主加强城防，备足粮草，至于乡村地区就不要去顾及了，此外也就没有什么可说的了。只要做好了城防工事，并且依据我前面说到的那些方法与人民的关系处理好，那样任何人想要进攻的话就得三思了。君主已加强了城防，同时人民又拥戴他，对这样的君主展开进攻其困难是可想而知的。

德国城邦是很自由的，乡村居民较少。各城邦常依据自己的意愿决定是否服从皇帝，他们不害怕皇帝，也不惧怕邻近的其他统治者，他们的城防非常坚固，大家都知道要攻破这样的城池是旷日持久的，会遇到许多的困难。所有的城邦都修有壕沟且炮火充足，粮仓里随时储备可供一年所需的粮食和燃料。为了解决民众的吃饭问题，同时，又不使大家受损失，他们总是有办法让民众常年在那些关乎城邦存亡和民众衣食的行业中工作。他们还非常重视军事训练，并配有各种制度以保障军事素养。

假如一位君主拥有坚固的城邦且受到人民的拥戴，他就不太可能会受到攻击。如果真有人胆敢攻击他，也一定会被狼狈不堪地赶出去。事情的变化常常是很快的，要让一个人带领一个军队围困一个城邦整整一年时间，那几乎是不可想象的。可能有人会说，如果人民在城外有财产，眼看着被敌人付之一炬，他们将难以忍受，长期被围的困扰和私心将使他们忘记君主。我的建议是，一个勇敢而坚强的君主一方面要给臣民以希望，要让民众相信敌人会很快被赶跑的。另一方面要让人民对敌人的残酷感到恐惧，同时把那些散布谣言的人巧妙地控制起来。此外，当敌人来犯时，定会沿途烧杀抢掠，此时如士气高昂、决意抵抗，君主就不应该犹豫，因为等待几天之后士气就会消沉了。损失已产生，灾难已临头，就没有什么挽救之计了。人民决定同君主一起抵抗外敌时，他们的房屋和财产被损毁，这时君主应该对人民负责任。施恩与受恩一样使人民产生义务感，这是人之常情。

通盘考虑各种情况，粮食充足，防卫得当，在敌人围城时使人民能始终保持坚定的意志和信念，是不难做到的。

第十一章 论教会君主国

现在只剩下教会君主国没有讨论了。对这种国家而言，所有的困难均来自于夺取它之前。夺得这种国家的统治权要么是依靠能力，要么是依靠运气，而统治它却不是依靠这两样东西，靠的是与宗教相伴而生的古老制度。这种制度非常强大，它使君主掌权却不过问他是如何治理和统治的。君主拥有国家却不防卫，拥有臣民却不进行管理。国家虽无防卫却无人夺取，虽不治理却也无人背叛。因为臣民们既没有意愿也没有能力去背叛君主。这样的君主才是安全和富足的。这样的君主国是靠我们凡人所不能达到的、更高的力量维持的，是由上帝建立和维护的，对它横加讨论，是自不量力的。

可能有人会问，罗马教廷为什么能在世俗事务中取得如此大的胜利。在亚历山大教皇之前，不仅那些意大利的掌权者们，就连那些地位低下的男爵和领主们也不把教会在世俗事务上的权利放在眼中。如今法国国王却也在它的面前吓得发抖，它把法国赶出意大利，并灭掉了威尼斯人，虽然这些事情人尽皆知，但我认为重新唤起人们的记忆也是很有必要的。

在法王查理八世入侵意大利之前，此地由教皇、威尼斯人、那不勒斯国王、米兰公爵和佛罗伦萨人共同监管。这些为政者所操心的主要有两件事：一、不能让外国军队入侵意大利；二、不允许他们中的任何一方扩张自己的领土。大家最关注的是威尼斯人和教皇。为了遏制威尼斯人的野心，其他各国就必须联合起来，就像保卫费拉拉时一样。为了压制教皇，他们就利用罗马的贵族们，将其分裂成奥尔西尼和科隆那两派，并使他们之间争斗不断，经常在教皇的眼皮底下手持武器大打出手，搞得教皇心惊胆战、六神无主。

偶尔也会出现一个像西克斯图斯[①]那样非常勇猛的教皇，但无论是靠运气或才智都无法使他摆脱这种烦恼。教皇在位时间短是一个主要原因，平均在位时间有十年左右，十年时间很难把一派打压下去。比如一位教皇在位期间差不多就要将科隆那派整垮了，而另一位新上位的教皇却与奥尔西尼派为敌，他为了复兴科隆那派，恐怕也没有太多时间专门对付奥尔西尼

---

① 西克斯图斯（1417—1484），即西克斯图斯四世（在位：1471—1484），原名弗朗西斯科·德拉·罗韦雷。在位时，竭力使教皇辖地成为一个武装的强大领地，并为此目的任命他的许多私生子为代理人。

派。这就是教皇的专制权力在意大利不受重视的原因。

直到教皇亚历山大六世即位，情况才有所改善。在历代教皇中，他充分地显示出了一个教皇利用威力和使用金钱都可以得势。他利用法国人侵意大利的机会，以瓦伦蒂洛公爵为其代理人完成了所有事情，关于这些事情我在前面讨论公爵的行动时已详细讲述过了，在此不再重复。虽然其意图并非为了壮大教廷的势力。在他和公爵都死了以后，教廷就成为他们劳动果实的自然继任者。

其后继位的是教皇朱利奥二世[①]，他感觉教廷势力是非常强大的，此时教廷已占有罗马尼阿全境，镇压了罗马的贵族，党派之间的争斗也在亚历山大的打击下销声匿迹。朱利奥还找到了一条新的积累财富的办法，在亚历山大之前从来没有人使用过，他继续实施这些方法，并加以改进。他决心消灭威尼斯人，夺取波洛尼阿，并将法国人赶出意大利，这些目标最后都实现了。这一切行动都是为了提高教廷的地位而非私利，这些行为使他获得更高的赞誉。他把奥尼西尔和科隆那两派的争斗限定在一定的范围内。虽然他们之间仍有能够兴风作浪的头目，但有两件事限制了他们：一是教廷实力的强大，使得他们心生畏惧；二是决不让他们中的任何人担任枢机主教——枢机主教是党派之争的根源。如果枢机主教中有他们自己的人，他们就绝不会保持沉默，他们就会在罗马内外培植自己的党羽，贵族们也被迫起来自卫。贵族之间的纷争与骚乱，就是由于枢机主教们想当教皇的野心引起的。

现任圣父教皇利奥[②]陛下定会明察教皇之地位的强大势力。如果说先前

---

① 朱利奥二世于1506年征服了波洛尼亚；战胜了威尼斯，然后解散康布雷联盟；另外于1511年成立反对法国路易十二世的神圣联盟，由教廷、威尼斯、西班牙联合起来驱逐法国人。1513年2月朱利奥去世后，法国人再次被驱逐出意大利。

② 圣父教皇利奥，指马基雅维利作此书时在位的教皇利奥十世（1513—1521在位），即乔万尼·德·梅迪奇（1475—1521），是著名的大洛伦佐的一员。马基雅维利在被罢官后有意同教皇利奥结交，在1519年（小）洛伦佐·德·梅迪奇死后，曾向教皇利奥建议在佛罗伦萨恢复共和国。

的教皇是凭借武力和金钱使教廷强大起来的话，我们则希望当今教皇依靠慈悲之心和无限美德，使它更加强大且令人尊崇。

第十二章 军队的种类及雇佣军

至此我已经对本书开始提到的那些君主国的性质做了全面的考察，探讨了它们兴亡的原因，指出了许多人曾经夺取并维持统治这些国家的方法。现在我要开始探讨他们可以采取的攻守之道了。

此前我已提出，君主必须为自己打下良好的统治基础，否则必然招致灭亡。所有一切国家，无论是新的君主国、世袭君主国还是混合君主国，拥有完善的法律和训练有素的军队是其保证安全的首要基础。没有优良的军队做后盾，就不可能有完善的法律；有了优良的军队，定会有完善的法律。故在此不讨论法律问题，而只谈军队。

君主用来保家卫国的军队，要么是自己的军队，要么是雇佣军、援军，或者是混合的军队。在我看来雇佣军和外国援军基本上是没有什么大的作用的，并且还比较危险。如果君主以雇佣军为主要力量来保卫国家，那他将永无宁日。因为这些军队各怀鬼胎，野心勃勃，纪律散淡，不讲信义，在朋友面前表现得英勇无比，在敌人面前却是彻头彻尾的懦夫。他们对上帝不敬，待人不真，他们之所以迟迟没有被消灭只是因为敌人的进攻推迟了。君主在和平时期受到这些军队的掠夺，而在战争中则受到敌人的侵夺。除了那点军饷之外，他们既没有理由对你忠诚，更没有理由走上战场，而这点军饷并不能够使他们心甘情愿为君主献出生命。在你不打仗的时候，他们很情愿给你当兵，可一旦真的发生战争，他们便避之唯恐不及。要证明这一点是没有什么困难的，意大利的崩溃不是由于其他原因，而正是由于多年来依赖雇佣军造成的。此前，他们确实帮助某些人取得过一些小的胜利，显得勇猛异常，可是一遇到外敌入侵，他们就会现出原形。所以，法国国王查理八世拿着粉笔[①]就能占据意大利。有人说[②]这是由于我们的罪过而造成的，他说得没有错，可是亡国的罪过并不是他所说的那些残暴和作恶多端的罪过。那些真正导致亡国的罪过是我已经论述过的君主们的罪过，所以他们应该受到惩罚。

我想进一步论证这种军队的不可靠。那些雇佣军的首领们要么是能力超强的人，要么是能力平庸的人，二者必居其一。如果是有能力的人，你就不能相信他们，因为他们总是千方百计地扩张自己的势力，不是压迫你这个雇主，就是违反雇主的意思欺压别人。假如你是无能的人，他们往往使你陷入毁灭的困境之中。如果有人说，只要控制了军队无论是否是雇佣军，都会干出这种事来。我的看法是军队必须听命于君主或共和国，君主必须亲自挂帅，指挥战斗。而共和国应该委派自己的公民担任军队统帅，如果此人能力不足，则须立即撤换；如能胜任，则应用法律约束其行为，不要让他超越自己的职权。事实告诉我们，只有亲自挂帅的君主和武装起来的共和国才能够取得巨大成就，而雇佣军只能造成祸患。让一个依靠自己的军队武装起来的共和国服从一个公民的支配，要比依靠一个由外国军队武装起来的国家困难得多。罗马和斯巴达都是以武立国，所以他们都享有长久的独立自主。瑞士人更是彻底地把自己武装起来，所以他们拥有完全的自由。

关于古代使用雇佣军的事情，我们以迦太基人为例。他们虽然派了自己人担任雇佣军的首领，可是在与罗马人进行第一次战争之后，他们就几乎被自己的雇佣兵打垮。在近代的意大利，埃帕米农达死后，底比斯就邀请马其顿的菲利普当他们军队的首领。战争胜利后，底比斯人就被菲利普

---

① 引用教皇亚历山大六世形容法国查理八世征服意大利轻而易举所说的俏皮话。据说，在 1494 年查理穿过意大利时没有遭到抵抗，因此教皇亚历山大常说法国人侵入意大利，手里拿着粉笔（石膏），只要在那里画上标记就能够在那里安营扎寨，而无须拿着剑进行战斗。

② 萨沃纳罗拉在 1494 年 11 月 1 日早就预言法国查理八世将要入侵。后来他指出其原因在于意大利、罗马和佛罗伦萨的渎神、残暴和作恶多端。但马基雅维利则把此种不幸归罪于放弃军事训练，使佛罗伦萨无能力自卫。

剥夺了自由。菲利普公爵一死，弗朗西斯科·斯福尔扎便被米兰人招募过来讨伐威尼斯人。在卡拉瓦焦克敌之后，斯福尔扎却转而与威尼斯人联盟，调转部队来击溃了其雇主米兰人。斯福尔扎的父亲曾被焦万娜女王招募帮助那不勒斯王国打仗，后来却突然间离开女王使其军队解体；为了保住王国，女王不得不对阿拉冈国王投怀送抱。

如果有人说，威尼斯人和佛罗伦萨人过去都曾利用雇佣军扩张自己的版图，军队的首领们并没有自立为王而是保卫了他们，这又该如何理解呢？我要说的是，佛罗伦萨从中受益完全是出于幸运，因为那些本应该让他们感到忧虑的能干的将领们，有些人没有取得胜利，有些人受到阻挠，还有一些人则另有图谋。

没有获得胜利的那个人就是焦万尼·奥库特，因为他没有取得胜利，也就无从证明他的忠诚。但是大家都明白，假如他真的取得了胜利，那么佛罗伦萨人就得任其宰割了。斯福尔扎则始终是同布拉奇奥家族对立，他们互相牵制对方。弗朗西斯科则把其野心转到米兰去了，布拉奇奥则把矛头指向了教廷和那不勒斯王国。还是看看不久以前发生的事情吧。佛罗伦萨人委派了保罗·维泰利担任其部队首领。此人深谋远虑，以平民身份发迹，在军队中名声显赫。假如他真的攻下了比萨，佛罗伦萨人则必须与他保持密切的联系，对此大家都不否认。如果他变成对手的战士，转而攻击我们，那就毫无办法了；如果我们要雇佣他，那就必须得服从他。

我们再来看看威尼斯人的情况，当他们派遣自己人作战的时候，他们进展平稳，战绩辉煌（在转向陆地之前），武装起来的平民都表现出极大的英勇气概。但自从转向大陆作战之后，他们便抛弃了这种美德，转而效法意大利人作战的习惯。

在扩张陆地领土的初期，由于领土不是很多，加上他们的赫赫名声，他们还不是很害怕其雇佣的将领。但是后来在卡尔米纽奥拉的指挥下，他大规模扩张领土之后，威尼斯人便尝到了这样做的苦果。军队在卡尔米纽奥拉的指挥下打败了米兰的公爵，感到他是一个能力极强的人。此外，他们又觉察到卡尔米纽奥拉对战争变得日益冷淡，便认定由他继续指挥军队就很难再取得胜利了。他们又不可能把他解雇，否则已经夺得的土地可能会再次丧失。出于保全自身的需要，他们不得不把他杀死。此后，威尼斯人先后招募了巴尔托洛梅奥·达·贝尔加莫、鲁贝托·达·桑·塞韦里诺、皮蒂利亚诺伯爵等这样的人担任军队的首领。这样一来，威尼斯人经常患得患失，害怕打败仗，害怕一无所获。在维拉战役中，他们八百年来历尽艰辛所取得的一切都丧失殆尽。因为依靠雇佣军所获得的收获是既缓慢又微小的，但是损失却是突然发生的，而且是不可预料的。

你也一定清楚，最近，在意大利，皇权开始遭到排斥，教皇在世俗事务中取得了更大的权利，意大利被分成更多的小国家。在城市中，不少市民武装起来反对那些以前在皇帝支持下压迫他们的贵族，而教会也在援助他们，以便扩大教会自己在世俗方面的权势。在许多城市中，市民也变成了君主。这样一来，整个意大利几乎全部落在教廷和一些共和国的手中。由于教廷的神父们和共和国的市民们都对军事不太懂，他们便开始招募外国人当兵。

第一个使这样的军队名声大振的是罗马尼阿人阿尔贝里戈·达·科尼奥。布拉奇奥和斯福尔扎等这些人都是由他训练出来的。他们几乎主宰了当时的意大利。继他们之后，其他的雇佣军将领相继登台亮相，至今他们仍指挥意大利的军队。然而他们的勇武带来的却不是什么好的结果，意大利遭受查理八世的蹂躏、路易十二世的掠夺、费尔迪南多的摧残[1]和瑞士人的凌辱。

以前他们采取的政策是贬低步兵的势力并借机抬高自己。他们这样做的原因就是因为自己没有领土，所有的生活来源都依靠雇佣的收入。数量不多的步兵不能够使他们赢得足够的声势，供养一支数量庞大的步兵又是他们所负担不起的。所以他们便改为依靠骑兵——既能赢得声势和荣誉又

① 费尔迪南多二世（1452—1516），西班牙王国的创建者，曾出兵援助那波利驱逐法国查理八世入侵，作为侵略意大利的手段；后于1500年与法国路易十二世瓜分那波利；1508年与德、法、西班牙及教皇合谋瓜分威尼斯，其后为了争夺意大利同法国作战（1511—1513）。

可以获得足够的供养。这样的结果便是，在一支两万人的军队之中，步兵不足两千人。此外，这些雇佣军首领们还想出各种方法来减轻自己和士兵们的痛苦和危险。他们在战斗中并不互相屠杀对方，而是活捉俘虏，并且不要求任何赎金即予以释放。他们不在夜晚攻夺城池，城里的防军也不会夜袭围困城市的敌人的军营。他们在军营的周围既不竖立栏栅，也不挖掘壕沟，并且到了冬季便不再出征。这全都是为了避免疲劳和危险。这样一来，便使得意大利陷入奴隶状态和屈辱之中。

第十三章 外国援军、混合军和本国军队

另一种无用的军队是外国援军。它是一个强国应你的请求而派出的前来援助和保护你的军队，就像教皇朱利奥二世最近做的那样。他在进攻费拉拉的时候吃了雇佣军的苦头，便转而寻求外国援军。于是向西班牙国王费尔迪南多发出请求，后者便派出军队来援助教皇。

这些军队本身能征善战，训练有素，但对于借兵的一方来说却是有害的。如果他们打败了，你也就完了；如果他们战胜了，你就会成为他们的俘虏。虽然在古代历史上，这样的事例数不胜数，但我想探讨一下我们记忆犹新的朱利奥教皇的例子。他当时向西班牙借兵的那个决定实在是欠缺考虑：为了占领费拉拉，把自己的命运完全置于一个外国人的手里。只是由于他的运气好而出现了第三种情况，他才没有吞下这个错误选择的苦果。西班牙援军在拉文纳被法国人击败之后，瑞士人出兵把法国征服者驱逐了出去，这与所有人预料的完全相反。由于他的敌人——法国人已经逃跑，他才没有成为俘虏。敌人逃跑后，援军也被打败，这完全属于第三种情况。佛罗伦萨人在自己没有任何武装的情况下，却招募了一万名法国士兵去攻打比萨，这种做法所带来的危难更甚于他们以往所经历的任何危难。君士坦丁堡的皇帝为了对抗他的邻国，竟然想向土耳其苏丹借兵，后者派遣上万名土耳其士兵到希腊，战事结束之后，他们拒绝离境，这就是异教徒奴役希腊的开端。

谁要是不想取得胜利，那就去利用援军。他们的危险比雇佣军要多得多，只要援军一到，你就注定了要毁灭。因为他们全体团结一致，完全听命于自己的君主。可是雇佣军就不一样了，他们即使获得胜利，也需要较长的时间和一定的机会才会危害到你。雇佣军并非铁板一块，他们是由你雇来帮你打仗的，他们的军饷由你提供，并且他们的首领也是由你派第三者担任，这个首领在短时间内是不会获得足够的威望来危害你。总之，对雇佣军来说，最危险的是懒散怯懦；但对援军而言，最可怕的却是英勇剽悍。英明的君主总是避免使用援军，转而求助于自己的军队。他宁可依靠自己的军队战败，也不愿依靠援军取胜。在他们看来，依靠别人的军队所取得的胜利并不是真正的胜利。

在此我将毫不犹豫地引用切萨雷·博尔贾和他的成功事例。这位公爵依靠法国援军进入罗马尼阿，占领了伊莫拉和富利。但是后来，他发现这种援军是不可靠的，便转而使用雇佣军。他认为雇佣军的危险相对要小一点，于是他雇佣了奥尔西尼和维泰利的军队，可是在后来的管理中，他发现这些人并不可靠，不讲信义，而且是危险的，他便立即消灭了他们，转而依赖自己的军队。我们发现公爵在使用法国援军的时候，在依靠雇佣军的时候，以及他依靠自己人的时候的名声是不一样的。由此我们就能够很容易地认识到，这些军队之间的差别了。我们发现，当一个人意识到他是军队的绝对主宰的时候，他的名声就会愈来愈大，受到的敬佩，是其他任何时候都比不上的。

虽然我不想对意大利最近发生的事情视而不见，但是我不想忽略我在前面提到的那些人当中的一个，他就是叙拉古的锡耶罗。正如我在前文所提到的那样，他被推举为叙拉古军队的长官，很快他便认识到那些雇佣军是毫无益处的，自己既不能够保有他们又不能将他们解散，最后被迫将他们全部斩杀。以后，他所率领的就不是别人的军队而是自己的军队在作战了。

我还想提及《圣经·旧约》中的一个人物，也是与此相关的，他就是大卫王。大卫请求扫罗王让自己同非利士人挑战者歌利亚战斗。扫罗为了鼓舞大卫的士气，便让他穿上自己的铠甲，大卫试了一下之后就立即谢绝了。他说穿上盔甲不能够很好地发挥自己的实力，他宁愿使用自己的投石器和刀子来迎战敌人。总的来说，他人的铠甲不是太宽大从你身上滑落下来，就是太重而把你压倒，或者由于太紧而备受束缚。

法国国王路易十一的父亲查理七世，凭借自己的幸运和能力，从英国人手中解放了法国。他认识到，拥有自己的武装力量的重要性，制定了关于步兵和骑兵的规章制度。可是后来，其继承者路易十一废除了本国的步兵，转而招募瑞士步兵。就像我们看见的那样，这个错误以及由此引发的一系列错误，正是这个王国变得危难的原因。路易国王把能征善战的美名拱手送给瑞士兵，而使自己的士兵灰心丧气。他已废除了整个法国步兵，而其所依赖的骑兵却依赖于外国士兵。法国骑兵已经习惯于和瑞士兵协同作战，在他们的心中已形成没有瑞士兵就不能够战胜的信念。这样的直接结果是，法国人没有能力对抗瑞士人，而没有瑞士人他们也不敢对抗别人。

这样法国军队就变成了混合军，部分是本国军队，部分是雇佣军。总的来说，这样的军队比单纯是雇佣军或单纯是外国军队要好一些。但同全部是本国人的军队比还差得很远。这个例子表明，如果查理七世的法令和制度能得到贯彻和保持，那么法兰西王国将是不可战胜的。可是，人们在开始从事某件起先看起来不错的事情时，往往难以察觉到其中的隐患，就像我在前面谈到的医生看病一样。作为一个君主，如果不能事先察觉到潜在的隐患，他就不是英明的君主。而真正有这种先见之明的却是少数。

研究罗马帝国覆灭的原因，就会发现首要原因正是从他们开始雇佣哥特人当兵而开始的。从那时开始帝国的势力便逐渐衰微了，而使罗马帝国兴盛的那些力量都被吸收并转移到哥特人身上去了。因此，我便可以得出以下结论：一个没有自己军队的君主国是不稳固的。在危难之际他没有能力来保卫自己，那时就只能听天由命了。智者常有这样的论断："世界上最虚幻缥缈的东西，就是不以自己的力量为基础的权利而带来的声誉。"所谓自己的军队就是由臣民、市民或者自己的属民组成的军队。所谓其他的军队就是雇佣军或者援军。

回顾一下我上面已经谈到的四个人的方法，再考察一下亚历山大大帝之父菲利普以及许多其他的共和国和君主是怎样武装并指挥自己军队的，就会很容易找到自己的治军之道。我个人对这些方法完全赞同。

第十四章　论君主在军事方面的责任

君主除了关注战争、战略和军事训练之外，不应该再有其他的无关想法，也不应该把其他事情作为自己的专业，因为这些是做统帅之人的唯一专业。其作用不仅使那些生来而为君主者保有其地位，而且还可以使人们从平民而变成君主。假如君主一味追求安逸生活，贪图享受，不思军务，就必会亡国。亡国的首要原因就是因为君主疏忽了自己的这一唯一专业，而获得一个国家的原因，恰是因为精于此道。弗朗西斯科·斯福尔扎就是由于专心于军事，而从一名平民跃居米兰公爵；而他的子孙们也恰恰由于躲避军事而从公爵降为平民。没有强大的军事力量，就会受到人们的蔑视，这是君主必须提防的奇耻大辱之一，我后面还会再谈。

武装者同没有武装的人是无法比较的。让一个全副武装的人心甘情愿服从一个赤手空拳的人，或者一个没有武装的人能安安稳稳地侧身于已经武装起来的臣仆之中都是不太现实的。一方抱着蔑视的态度，而另一方则满心猜疑，很显然双方是不可能很好地相处共事的。假如一个君主对军事一窍不通，除了已提到的不幸之外，他既得不到士兵的尊敬，而自己也不能够信赖士兵。所以，一个君主在任何时候都不能对军事训练掉以轻心，尤其是在和平时期更应重视这一问题。要做到这一点，可以有两个方法：一是加强军事训练，二是勤于思考。

说到军事训练，除了对士兵进行常规军事训练之外，还应该时常把部队拉到外面进行狩猎活动，借此使身体适应艰苦环境。同时熟悉各地的地理环境，了解山川是如何起伏的，峡谷是如何凹陷的，平原是怎样展开的，也需要了解各个河流沼泽的特点，对于这些地理知识要了如指掌。这种知识有两种作用：第一，了解自己国家的地理环境，就能够懂得如何更好地进行防卫。第二，凭借这些已了解的地理知识，以后就可以更容易地了解其他地方的情况。例如，托斯卡纳的丘陵、山谷、平原、河流和沼泽与其他地方的具有相似之处。只要了解了一个地方的地形地貌，就能很容易地了解其他地方的地势。一个君主如果缺乏这种技能，他就缺少一个统帅应该具备的基本素养。因为这种技能会教他如何发现敌人，如何选择根据地，如何部署兵力，以及怎样指导战斗和利用有利条件围攻目标。

阿卡亚人的君主菲利波门[①]就是因为在和平时期仍专治于军事而受到历史学家的许多赞誉。和朋友一起在乡村散步时，他常常停下来边观察地形边与朋友探讨军事部署：如果敌人在这个山丘出现，而我们和我们的军队也在那里，谁更占有地理优势呢？我们怎样才能够保持队形稳妥地打击敌人？假如我们想撤退，应如何采取行动？如果敌人撤退，我们又该如何追击。当他和朋友一起行走时，会提出一支军队可能遇到的各种情况，并耐心倾听朋友的意见，说出自己的想法，并提出理由加以论证。由于经常对这些问题进行推敲思索，他在领兵作战时就不会发生应付不了的意外事件了。

为了训练思考能力，君主还应阅读历史，考察历史上伟大人物的作为，看看他们在战争中是如何指挥的，仔细分析他们取得胜利或遭受战败的原因，以避免他们失败的覆辙。最重要的是应效法过去的那些伟大人物，选择一个受到赞美和尊崇的前人作为榜样，时时揣摩其功绩和行为，并铭记于心。据说亚历山大大帝就效法阿喀琉斯，恺撒[②]效法亚历山大，西奇比奥[③]效法居鲁士。读一读色诺芬所写的居鲁士王的生平，就会看到西奇比奥效法居鲁士的行为给他带来多大的荣耀。而且西奇比奥在洁身自好、和蔼、

① 菲利波门（公元前 253—前 183），在同马其顿的菲利普五世的战争中，他是阿凯亚同盟的首领；先后战胜斯巴达，打败其暴君纳比斯，最后被俘处死；被希腊传记家普鲁塔克称为“希腊的最后一人”。

② 恺撒（公元前 100—前 44），罗马名将及政治家。

③ 西奇比奥（公元前 237？—前 183），绰号大阿非利加，罗马将领，因征西班牙有功，当选为执政，并战胜迦太基人，大败汉尼拔于扎马之役。

仁慈和宽宏大量等品质方面和居鲁士是一脉相承的。

贤明的君主应做到在和平时期毫不松懈，努力利用这些时间做好各种准备。这样在危难时刻就能争取主动，一旦情况发生逆转，就可以随时进行反击。

第十五章　使人们特别是君主受到褒贬的原因

现在谈谈君主对臣民和朋友应该采取的方法和行动。关于这些我知道有不少人写过相关文章，发表了不少的见解和看法。现在我又把这些问题提出来，我的观点可能与他们的不尽相同，可能会有人说我的看法有点自大。

我认为既然是给那些能理解的人写的东西，最好还是直面事情的真实情况，而不应拿那些想象中的东西说事。许多人是在幻想那些从没人见过，也不知道是否真的存在过的共和国和君主国。可是这距离人们的实际生活和应该怎样生活实在是相差太远了。一个人如果只是沉迷于应该怎样生活，而将现实生活抛诸脑后，那他不但不能保存自己，反而会自我毁灭。一个人在任何事情上都想行善，那么当他身处不善良的人的包围之中时，一定会遭到毁灭。君主若想要永保自己的位子，就必须学会做恶事，并且要知道何时应当用，何时不用。

所以，应当抛弃那些想象中君主应该做的事情，讨论确实存在的事情。我认为被别人评头论足的所有人——尤其是君主，因其地位更高，都突出地具有某些引起赞扬或招致批评的品质。也就是说，有人被认为是慷慨的，有人被认为是吝啬的；有人被认为乐施好善，有人被认为贪得无厌；有人被认为残酷成性，有人被认为仁慈宽厚；有人被认为言而无信，有人被认为诚实可信；有人被人为软弱可欺，有人被认为勇猛强悍；有人被认为和蔼可亲，有人被认为桀骜不驯；有人被认为淫荡好色，有人被认为洁身自好；有人被认为诚恳，有人被认为狡猾；有人被人为虔诚，有人被人为多疑；有人被人为容易相处；有人被人为稳重，有人被人为轻浮，如此种种，不一而足。人人都希望君主能够拥有我上面列举的所有优良品质于一身，这当然是值得称赞的。但由于人类自身条件所限，君主不可能拥有全部的优良品质，更不可能完全地奉行这些卓越信条。因此，君主须谨慎行事，知道如何避免那些使自己亡国的恶行，同时保留那些不会使自己亡国的“恶行”。如果做不到，不用管它们就是了。有些恶行，如果可以挽救国家的话，君主完全不应担心这些恶行会受到责备而良心不安。如果仔细考虑一下，就会发现有些事情看起来似乎是好事，可如果君主真的照办就会导致灭亡；而另外一些事情，看起来似乎是恶行，如果君主主动实践，却会给国家带来长治久安。

第十六章　论慷慨与吝啬

现在我将从上面提到的第一种品质开始谈起。人们通常认为，慷慨可能是好的，但是如果因为慷慨而出了名，那就可能会给你带来损害了。假如你正当地慷慨行事而别人却不知道，那别人可能会让你背上与此相反的恶名。如果一个君主想要享有慷慨的名声，那他将会因此而耗尽自己的资财。为了继续保有慷慨之名，最后不得不额外增加人民的税收，横征暴敛，为了获得金钱而不惜一切代价。这样，就会使臣民心生仇恨，随着钱财渐尽，他将得不到任何人的尊重。这种慷慨损害的是大多数人民的利益，而受惠者只是极少数人。一旦发生任何的灾害，他都会先受其害陷入危机。当他意识到这一点想要住手的时候，却会立即招来吝啬的恶名。

君主若想以慷慨的名声而闻名于天下，那他就必须承受很大的损失。如果一个君主足够明智，就不应该对吝啬的名声有所介意。当人们看到君主由于节俭而国库充足，能够抵御任何外敌的入侵，能够在不加重人民负担的情况下而开拓疆土，那么随着时间的推移，人们就会认为他越来越慷慨了。这样对于大多数人民来说他就是慷慨的，因为没有增加他们的负担，而对于那些想要得到君主施与的人来说是吝啬的，他们数量极少不必在意。

我发现，在我们这个时代里能做出伟大事业的人，恰恰是那些被视为吝啬的人，而其他人却默默无闻。教皇朱利奥虽因慷慨之名而登上宝座，可后来为了能够作战，他就不想再保有慷慨之名了。法王路易十二虽多年征战，却没有因此而增加特别的赋税给臣民，而是依靠多年的节俭所得，为其提供额外的开支。如果西班牙国王费尔迪南多享有慷慨之名的话，他就不可能成就这么多的丰功伟业了。

所以，为了不对人民强取豪夺，为了能够保卫自己，为了不使自己陷入穷困而遭人白眼，为了不致被迫横征暴敛，君主不应该介意那些吝啬之名，因为这是维护统治所必需的恶名之一。也许有人会说："恺撒就是因其慷慨而赢得了统治，还有许多其他人也是由于慷慨或被称赞为慷慨而取得至高无上的统治权的。"对此，我的回答是，他要么已是一位君主，要么是正在争取君主的地位。如果是前者，那么他的这种慷慨是非常有害的；而如果是后者，那么被人誉为慷慨则是十分必要的。恺撒正是那些想要取得罗马君权的人之一，但是，如果他大权在握之后，想要统治下去而又不节省支出的话，他就会毁灭帝国。

可能会有人反驳说：曾经有许多君主依靠军队成就了伟大的事业，而同时又享有极高的慷慨之名。对此我的看法是，先要判断君主所花费的钱财是自己或臣民的，还是别人的。如果是前者，那么他实在不应该慷慨行事；如果是后者，那么他不应该忽视任何可以显示慷慨的机会。

一位率军出征的君主，依靠掠夺、勒索、敲诈和占用别人的财物来进行补给，慷慨是必要的，否则士兵就不会追随你了。对于那些既非你的，亦非臣民的财物，就应尽可能地做一个慷慨的施予者，就像居鲁士、恺撒、亚历山大那样。因为你是在慷他人之慨，它不仅不会损坏你的名声，还可以提高你的声誉。只有挥霍自己的财产时，才会损害到你自己。

没有什么会比慷慨更消耗自身的了，因为当你慷慨行事时，也就是正在失去慷慨行事的能力。其结果不是陷入贫困而被人轻视，就是为了避免陷入贫困而对臣民横征暴敛遭人忌恨。一个君主最应该避免的就是贫困和遭人忌恨，而慷慨却恰恰会带来这两样东西。

贤明之君宁愿背负吝啬之名，尽管它会带来恶名但却不会招致憎恨。而追求慷慨之名，则必然带来贪婪之名，它给你带来恶名的同时又遭人忌恨。

第十七章 残酷与仁慈，受人爱戴是否强于令人畏惧

现在谈谈我上面提到的另一种品质，每一位君主都希望自己在人民心中是仁慈宽厚的而不是残酷无情的。但是必须注意的是不要滥用这种仁慈。人们认为切萨雷·博尔贾是残酷的，但正是他的残酷才把罗马尼阿统一起来，并且带它走向了和平与诚信。如果仔细想一想，我们会发现博尔贾比佛罗伦萨人仁慈多了，后者为了获得仁慈的美名却使得皮斯托亚人[①]遭受了极大的痛苦。

所以说，为了让自己的臣民团结一致，同心同德，君主就不能对残酷这个恶名过于介意。因为除了极少数的情况外，他比起那些想要保有仁慈的美名，坐视混乱、凶杀、趁机掠夺等恶劣行径而不管的人仁慈多了。因为后者会危及到整个社会群体的安危，而那些残酷的君主的刑罚不过伤害个别人。

在所有的君主当中，新君主总是无法避免残酷的名声。因为新生国家总是充满各种危险，正如维吉尔[②]借迪多之口说的那样：

疆土初定，形势严峻。

吾辈需潜心策划，保家卫国。

此外，君主应慎重对待所信之人和所行之事。不应妄自恐慌，草木皆兵，而应慎思明辨，仁而有节。以免由于太自信而粗心大意，或由于过分猜疑而不能容人。

这样一来就会引出一个问题：究竟是受人爱戴好，还是被人畏惧好呢？答案最好是两者兼备——当然将两者集于一身是难上加难。如果君主必须

---

① 皮斯托亚，在1501—1502年间由于坎切列里和潘恰蒂基两派之争，佛罗伦萨的统治者采取容忍态度，最后酿成流血、掠夺与破坏的悲惨状态。

② 维吉尔（公元前70—前19），罗马诗人。

在两者中作出取舍，那么，受人畏惧要比受人爱戴好一些。

对于人类，一般可以这样说：他们是忘恩负义、容易变心的，是伪装者、冒牌货，见危险就躲开，有好处就上。当你对他们有用的时候，他们会对你全心全意——正如我在前面所讲到的那样，当危险很远时，他们会信誓旦旦地表示愿意为你流血牺牲，奉献自己的财产、性命和子女。可是，当危险真正来临的时候，他们就会弃你而去。如果一个君主完全听信他们的花言巧语而不做其他准备，他就要灭亡。因为这种友谊不是建立在伟大崇高的精神之上的，而是依靠金钱买来的，这样的友谊在真正需要的时刻是指望不上的。

人们在冒犯一个自己爱戴的人时，比冒犯一个自己畏惧的人顾忌要小得多——因为爱戴是靠恩义的纽带维系的。而人性是恶劣的，为了自己的利益，人们随时都会背信弃义。可是对于畏惧，人们则由于担心那些必然降临的惩罚而心存忌惮。

在使用“畏惧”这一行为准则时，君主应当注意：即使不能赢得人们的爱戴，也要避免被人们所憎恨。如果能够做到既被人畏惧，同时又不被人们憎恨，那是再好不过的。只要君主不去抢占民众和下属的财产和他们的妻女，就能得到这样的结果；在剥夺他人的生命时，必须要有正当的理由和确凿无疑的证据，才可进行，否则就会招人憎恨。剥夺他人的财产与剥夺他人亲属的生命比起来，还有不同。人们忘记父亲的死容易，但忘记财产受损却是不容易的。再者，对于君主来说，夺取他人财产的理由是非常好找的，以掠夺为生的人总是可以找到夺取他人财产的理由。但是，夺取他人生命的理由却很难找，而且很快就会无影无踪。

当君主指挥一支庞大的队伍的时候，他就必须将残酷的名声置之度外；如果没有这个残酷的名声，他就不能够使军队团结一致，并死心塌地地奔赴战场。下面这件事情可算得上是汉尼拔①的惊人成就之一。他曾率领一支

① 汉尼拔（公元前 247—前 183），迦太基军队统帅，曾越过阿尔卑斯山入侵意大利，后失败逃亡（公元前 196），联合叙利亚国王对罗马人作战，失败后自杀。

由众多民族组成的混合大军在外国的土地上作战，无论是处于逆境或顺境，无论是在军队当中还是对待君主都没有发生任何龃龉。这并没有什么原因，正是由于他的残酷无情和超强的个人能力，这样就使他在士兵心目中既可敬又可畏。如果不是残酷无情，仅依靠其个人能力是不能够产生这样的效果的。

然而，那些不明就里的历史学家们，一方面对汉尼拔取得这样的成就大加赞赏，另一方面却谴责他取得这种成果的主要原因。如果汉尼拔仅有超强的个人能力，那是不行的，这一点可以从西奇比奥的事例中得到印证。西奇比奥不仅在他那个时代是一个伟大的将领，而且在所有的历史记载中也是一位罕见的人物。然而他的部队却在西班牙背叛了他，没有别的原因，就是由于他对士兵过于仁慈了。他竟让士兵享受军规之外的自由。他也因此在元老院受到法比奥·马西莫的弹劾，被称做罗马军队的败坏者。西奇比奥的手下曾杀害洛克伦斯的当地居民，可他却没有为当地居民伸张正义，也没有对这个手下进行任何惩罚，这完全是由其温顺的性格造成的。在元老院里有人替他辩解，有些人更懂得如何不犯错误，而不是如何纠正别人的错误。假如他继续以这种性格行事，他迟早会葬送掉全部的名声和荣誉。由于元老院的庇护，他的这种有害的性格被掩盖起来，而且还给他带来了光荣。

现在回到受人畏惧或者被人爱戴这个问题上来。我的结论是：人们爱戴君主，取决于自己的意愿，人们畏惧君主则取决于君主的意志。因此，一位聪明的君主应立足于自己的意志之上而不是立足在别人的意愿之上。当然，还必须避免招致憎恨，就像我前面说的那样。

第十八章　论君主应当怎样守信

人人都知道君主能遵守信用，坦率正直，不搞阴谋诡计，那将是值得赞赏的。我们这个时代的经验却告诉大家，那些建立了丰功伟业的君主们却很少遵守信用，与此相反的是，他们大搞阴谋诡计，把人们搞得晕头转向，并最终击败那些盲目守信的人们。

因此，一位君主必须学会这个世界上的两种斗争方法：运用法律和依靠武力。前者是人类特有的，而后者则是属于野兽的。但是，法律往往不足以成事，所以人们还要借助于后者。君主必须学会怎样善于运用野兽和人类所特有的斗争方法。历史学家们早已将这一机密传授给君主了。他们描写阿喀琉斯[①]以及古代的许多君主们，如何被交给半人半马的怪物基罗尼喂养，并在它的训练下长大成人。这无非是想告诉我们，君主以半人半兽的怪物为师，他就应该懂得如何运用这两种能力，知道二者是缺一不可的。

既然君主必须学会善用兽性，他就应当向狐狸和狮子学习。狮子不知道如何防止自己落入陷阱，而狐狸则不能够抵御豺狼。所以，君主应该既是一只能识别陷阱的狐狸，又是一头能抵御豺狼的狮子。

那些只知道单纯效法狮子的勇猛的人却不理解这一点。如果信守诺言已对自己不利，或诺言的前提条件已不复存在的时候，一位精明的君主绝对不能也不应再去遵守诺言。如果全天下所有的人都是善良的，那这条真理就不合适了。但是，人的性格是丑恶的、是利己的，他们并不守信，所以你也不必再对他们讲什么信用。一位君主总是会轻而易举地找出一堆理由为自己的背信弃义进行掩饰。对此，我可以举出无数近代的例子，这些例子表明：和约和诺言由于君主们的背信弃义而变成废纸一张，而深知狐狸之道的人却取得最大的成功。

但是君主必须懂得如何掩饰这种兽性，必须学会做一个卓越的伪装者和假好人。人们总是头脑简单，目光短浅，常受制于眼前的需要，因此行骗之人总是能找到上当受骗者。我不想忽略最近发生的一件事情，教皇亚历山大六世除了欺骗之外，没有做过任何好事，也不曾想着去做其他事情，但他却总能找到行骗对象。从未有人比此公会更加信誓旦旦地保证说话算数，同时没有如何一个人比他更加随心所欲地毁约失信了。可是，他的骗

① 阿喀琉斯，传说是希腊英雄，从小就由半人半马的基罗尼教养，学会狩猎和作战的本领。

术总是能轻而易举地取得成功，因为他深知人性的这一面。

事实上，君主没有必要具备我在前面所提的所有品质，他却必须表现出自己拥有这一切品质。我可以断言，如果真的具备那所有品质并且坚持不懈，那是非常有害的。但表现出自己拥有这一切品质，却是有益的。君主要显示出慈悲宽厚、笃守信义、悲天悯人、淳朴正直、虔敬神灵，但同时要时刻做好准备，一旦有需要就立刻改弦易辙。

必须明白，一位君主，尤其是新即位的君主，没有必要去做那些认为好人应做的所有事情，因为他为了稳固统治，常常被迫做出许多背信弃义、不讲仁慈、违背人道、违反神道的事情。君主应有心理准备，随时根据命运的安排和时势的变化而随机应变。然而，正如我在前面所讲到的那样，只要还有可能就不要背离正道；一旦需要，就要懂得如何搞歪门邪道。

君主应特别注意，不要让那些与上述五种美德不符的言语从自己的口中流露出来。并且要使君主左右的人和那些有机会接近君主的人觉得君主是一个以慈悲为怀、笃守信义、讲究人道、虔敬神灵的人。表现出上述品质的最后一种，尤其必要。人们通常用眼睛而非用双手进行判断，因为人人都能看见你，而很少有人能够接触到你；每一个人都看见你的外在表现，而至于你内心到底是怎么想的，恐怕只有极少数人能够猜得到。而少数人是不敢反对多数人的看法的，因为后者有国家机器的保护。

对于人们的行为，尤其是君主的行为，如果不能提出控诉，我们就只能看其结果。所以一个君主如能开疆扩土并巩固自己的统治的话，他所采取的手段总被人们看做高明的，并且受到大家的称赞。庸人总是被事物的外表和结果所吸引。这个世界到处都是庸人。多数人能站得住脚的时候，少数人是没有活动的余地的。

我们这个时代的某位君主[①]，现在我不便点出其名，除了和平与信义之外，从来不宣扬其他任何事情，但其内心却是与这两者相反的。如果他曾

① 指西班牙的“天主教徒”费尔迪南多。他死于 1516 年 1 月 23 日，如果马基雅维利写作时点名，对于马基雅维利显然是不利的。

经遵守其中任何一个的话，那他的名望和权力就会屡遭不测了。

第十九章 论如何避免受到蔑视与憎恨

前面提到的君主的品质，我已对其中最重要的一些作了论述，现在我想对其余的品质作简要的讨论。在讨论时我将根据一条总的纲要来进行论述，那就是君主如何避免那些可能使自己受到憎恨或者轻视的事情。如果能够避开，那就可以看做尽到了自己的本分，即使有其他的过错也不会产生危险。

正如我前面说的那样，贪婪臣民的财产和霸占他们的妻女是很容易招致憎恨的，因此君主必须避免这两件事情。对于大部分民众来说，只要他们的财产和事业没有受到侵犯，他们就能安居乐业。君主只需要和极少数有野心的人进行斗争，他可以用各种手段且较容易地控制他们。

一个君主如果被认为是变幻无常、轻率肤浅、怯懦无能、优柔寡断的，那么他就会受到民众的轻视。因此，君主必须非常谨慎地提防这一切。他应该在实际的行动中向人们展示自己的伟大、英勇、严肃、庄重和坚韧不拔。对于臣民的私人问题，君主的判决应是不可更改的。他应该使人民对他持有这样的看法：谁都别想着去欺骗或者瞒哄他。

使人民对自己持有这样看法的君主就会受到敬重，妄图阴谋反对这样的君主是不会得逞的。要攻打一个在臣民眼中卓越不凡并且深受爱戴的君主是很困难的。身为君主，应该做好两件事情：一是内部事务，来自于国内臣民；二是外部事务，来自于外国势力。对于后者依靠强大的军队和亲密的盟友就可以对付了。只要拥有强大的军队，不愁没有亲密的盟友。除非国内有阴谋叛乱，一般来说只要对外局势稳定，国内也将会是安然无恙的。即使遇有外患，如果君主能够按照我所说的那样去处理和应付，且不自我放弃的话，他就能像我谈到的斯巴达的纳比德那样抵御一切攻击。

关于臣民，在没有外患的时候，君主所要担心的就是他们可能会密谋叛乱。关于这一点，如果君主能够得到臣民的拥戴，避免臣民的憎恨和轻视，他基本上就可以放心了。这也是君主必须做到的一件事情，就像我在前面谈到的那样。君主能够对抗一切阴谋，最好的办法就是取得广大人民的爱戴，因为搞阴谋者总是希望砍掉君主的脑袋来取悦民众，当他们发现这样做不会取悦民众而只会招致民众仇恨的话，也就没有勇气来这样做了。经验告诉我们，自古以来，谋权者数不胜数，而成功者甚少。

搞阴谋的人不可能一个人单干，他需要到那些自认为同样对君主心怀不满的人中去找同谋。只要向一个心怀不满之徒吐露了心声，就给他一个借此获得满足的机会。因为很显然，他可以从中得到好处。当人们看到，站在阴谋者一方，自己可以获得的利益是确定的，而站在君主一方，自己的利益是不确定且充满危险的，他就会成为阴谋者的朋友，或者成为君主的敌人。

现在来简单总结一下，对于阴谋叛乱者，我认为除了恐惧、妒忌、担心受到令人丧胆的刑罚之外，就没有别的东西了；而君主拥有作为一国之君的威严、法律、盟友和国家对他的保护，如果再加上民众的拥戴，任何人都不敢轻举妄动去搞什么阴谋。在这种情况之下，阴谋者在行事之前就会有所畏惧，行事之后也会惶恐不安，因为他已与人民为敌。一旦实施了罪恶，他就找不到藏身之所了。

像这样的例子我可以举出很多来，这时我想举一件在我们的父辈时代发生的事情为例。如今的梅塞尔·安尼巴莱的祖父，也就是以前波洛尼亚的君主梅塞尔·安尼巴莱·本蒂沃利，被坎尼斯基家族阴谋杀害，除了年幼的梅塞尔·焦万尼之外，安尼巴莱·本蒂沃利家族中无人幸存。可是在他们被阴谋杀死之后，民众立即起来杀死了坎尼斯基家族的所有成员。这是由于本蒂沃利家族在波洛尼亚深受人民的爱戴。在安尼巴莱死后，其家族中能够统治这个国家的人无一幸存，可是当波洛尼亚人听说佛罗伦萨有一个一直被当做铁匠儿子的人其实是本蒂沃利家族的后代，他们便来到佛罗伦萨将其迎接回去，并且把这个城市的统治权交给他。随后波洛尼亚就由此人统治数年，直到梅塞尔·焦万尼长大亲政为止。

我的结论是当人民对君主心悦诚服的时候，他就没有必要对阴谋感到忧心重重；而一旦人民对君主充满怨恨、怀有敌意，任何一件事，任何一个人都会使他心惊胆战、忧惧不安。管理有方的国家和贤明的君主，都非常注意不置贵族于死地，同时让人民感到满足，安居乐业。这是君主所必须做的头等大事。

在当代，法国是组织有方、管理有术的国家之一。在法国有优越的制度使过往的自由与安全得到保障，其中最值得一提的就是议会①及其权力。王国的创建者深知贵族们的野心和傲慢，认为有必要在他们的嘴上套上嚼子来约束他们；同时又深知人民面对贵族心怀怨恨，应设法让人民感到安全。但是，作为君主又不能让别人感到自己对此事特别关心。为避免因偏袒人民而受到贵族非难，同时为避免偏袒贵族而受到人民非议，于是国王建立了一个作为第三者的裁判机构。此裁判机构可以打压贵族，维护平民，而无须国王本人承受责难。对于国王和王国来说，再没有比这个更安全、更审慎、更好的制度了，据此，我们可以得出另一个值得关注的结论：君主应把那些得罪人、承担责任的事情委托他人办理，而把施恩布惠、做老好人的事情留给自己。还可以得出一个结论，那就是：君主应该尊重权利，但不能因此使人民心生怨恨。

有人在研究了罗马皇帝的生平之后，可能会对我的这一论断提出不同意见。他们可能会发现，有些罗马皇帝立身行事一向与众不同，甚至表现出伟大的精神和品质，但他们最终不是丧失了皇位，就是被叛乱的臣民杀死。

为回应这些反对的意见和看法，我想探讨一下罗马皇帝的品质，并会提出他们灭亡的原因与我所指出的那些原因其实并无不同之处。同时，我也会谈及研究那个时代应注意的一些问题。列举从哲学家皇帝马可②至马西

---

① 议会，这个机构在法国大革命前的职能与现代“议会”不同，它在路易九世的1254年，以“法国议会”或者“巴黎议会”之名，开始作为中央的皇家法院建立起来；其后菲利普四世于1302年召开第一次“三级会议”，使这个机构进一步确立。

② 马可·奥勒留（121—180），罗马皇帝（160—180），以斯多噶派哲学家出名，著有《沉思录》。

米诺[①]，在我看来已经足够了。这些皇帝分别是：马尔科、马尔科的儿子科姆莫多[②]、佩尔蒂纳切[③]、尤利亚诺[④]、塞韦罗[⑤]、塞韦罗的儿子安托尼诺·卡拉卡拉[⑥]、马克里诺[⑦]、埃利奥加巴洛[⑧]、亚历山大[⑨]和马西米诺十位罗马皇帝。

首先我们需要注意的是，在其他君主国中，君主所需要面对的是贵族的野心、人民的傲慢，而罗马的皇帝们却还要面临第三种困难：必须面对军队的残暴与贪婪。这是一个大难题。它导致了许多皇帝的灭亡，因为同时使军队和人民都满意是很困难的。人民向往和平安静，他们喜欢温和谦逊的君主；而军队则喜欢具有尚武精神、贪婪残暴的君主。军队希望君主对人民残暴贪婪，从而使自己能够提高军饷，贪婪得逞。

许多皇帝们或由于父辈没有留下伟大声誉，或自己能力有限无法获得伟大声誉而无法驾驭军队和人民，所以他们总是被消灭。大多数的罗马皇帝，尤其是那些新即位者面对这两种困难的局面，只能一味地顺从和满足部队的要求，而对人民的伤害则很少顾忌。这种做法似乎也有一定道理，君主想要避免所有人的怨恨；如果不能做到这一点，那至少应该避免受到最有势力的一方的怨恨。新皇帝们因为初登大位，往往需要特别的帮助，这时依靠军队就比依靠人民更重要。至于这种做法是否对君主有利，那就要看他能不能在军中保持自己的威望了。

---

① 朱利奥·韦罗·马西米诺（173—238），罗马皇帝（235—238），被自己的军队杀害。

② 科姆莫多（169—192），罗马皇帝（180—192）。

③ 普布利奥·埃尔维奥·佩尔蒂纳切，罗马皇帝（193），在位仅八十七日被叛军杀害。

④ 马尔科·迪迪奥·尤利亚诺，193年佩尔蒂纳切被杀后立为罗马皇帝，在位六十六日被元老院所杀。

⑤ 塞蒂米奥·塞韦罗（146—211），罗马皇帝（193—211）。

⑥ 安托尼诺·卡拉卡拉（188—217），罗马皇帝（211—217）。

⑦ 马尔科·奥佩利奥·马克里诺（164—218），217年谋杀卡拉卡拉成功后为罗马皇帝，218年被杀死。

⑧ 埃利奥加巴洛即瓦里奥·阿维托·巴西亚诺（204—222），以卑劣的怪癖出名，马克里诺被杀后，为罗马皇帝（218—222），222年被杀死，时十八岁。

⑨ 亚历山大·塞韦罗（208—235），罗马皇帝（222—235），在一次军事暴动中被杀害。

基于我上面讲到的那些原因，虽然马尔科、佩尔蒂纳切和亚历山大都温和谦让、热爱正义、痛恨残暴、仁慈而友善，最后却都落得个悲惨的下场，只有马尔科例外。他是这十位皇帝中唯一一个生前享尽荣华富贵的人。因为他是依靠世袭登上皇位的，既没有依靠军队也没有依靠人民，而且他本人又具有许多美德受人尊敬。他在位期间，一直使军队和人民各安本分，各尽其职，既没有惹人怨恨，也没有招人轻视。

佩尔蒂纳切被选为皇帝是违反军队意愿的。那些士兵们在先皇科姆莫多时代习惯了放纵的生活，而佩尔蒂纳切想要约束他们安守本分的生活，他们便难以忍受，于是心生怨恨。加上皇帝本人年老体衰，在憎恨之外又受到轻视，所以一开始就被消灭掉了。

其次需要注意的是善行和恶行一样，也可以带来憎恨。如前所述，君主为维持自己的统治而常常被迫做恶。为了维持统治，君主认为自己需要的那些人——民众也好、军队也好、贵族也好——腐化堕落的时候，为了使他们高兴，君主不得不迎合他们的口味，从而使自己与善良为敌。

现在我们来一起看看亚历山大的情况吧！他是一位心地非常善良的人，有这样一件事情常受到人们的称赞：其在位的十四年里，没有任何人不经审判就被处死。但也正是因为这样，很多人认为他是软弱无能的，听任母亲的摆布，因而受到人们的轻视，最后军队发动政变把他杀害了。

我再来谈谈同上述几位性格相反的人，他们是科姆莫多、塞韦罗、安托尼诺·卡拉卡拉、马西米诺等人。考察他们的性格会发现，他们全是最残酷、最贪婪的人。为了满足军队的需要，他们不惜把任何的危害加到人民身上。他们中除了塞韦罗之外，其他几个人下场都很可悲。塞韦罗才华出众，同时与军队保持着亲密的关系，尽管他也压迫人民，却能成功地维持其统治。他的卓越才能使其在军队和人民的眼中都表现得十分神奇，人民对其惊讶恐惧，军队则对其敬佩又畏惧。

作为一个新君主，塞韦罗的行动是伟大而卓著的，在此我想简单地说明他是如何出色地扮演狮子和狐狸的角色的，正如我在前面谈到的那样，这两者都是君主必须效法的。

塞韦罗知道尤利亚诺皇帝是昏庸无能的，他便说服其驻扎在斯基亚沃尼亚[①]的军队，并告诉士兵们他们要进军罗马为那个被罗马禁卫军杀害的佩尔蒂纳切皇帝复仇，且这样做是正义的。在此借口之下，他便率领部队向罗马进军，在整个过程中他丝毫没有表露出自己对帝位的觊觎之心。当他的部队到达意大利的时候，人们还不知道他什么时候出发的。当他抵达意大利时，元老院的元老们非常害怕，于是他们杀死尤利亚诺，选塞韦罗为皇帝。此时他想要成为整个罗马帝国的主宰还存在两个困难：一是亚洲，统帅尼格罗[②]已在当地称帝；二是在帝国西部，阿尔皮诺[③]已在那里执政，同样对帝位存有野心。他认为暴露自己而与两者同时公开为敌是危险的，于是他决心攻击尼格罗，欺骗阿尔皮诺。他首先给阿尔皮诺写信说自己被元老院选为皇帝，愿意同阿尔皮诺共享这一殊荣，并赠送给后者"恺撒"的称号，并由元老院决定加封阿尔皮诺与自己共为帝国皇帝，阿尔皮诺竟对此信以为真。塞韦罗杀死了尼格罗，解决了东部之后，一回到罗马便立即向元老院申诉，他指责阿尔皮诺背信弃义，企图使用阴谋诡计杀害他，所以他必须对阿尔皮诺的忘恩负义进行惩罚。后来，塞韦罗在法国找到了阿尔皮诺，剥夺了其政权和生命。

仔细考察塞韦罗的行为就会发现他既是一头最凶猛的狮子，也是一只极狡猾的狐狸。他同时受到每个人的敬畏，军人也不憎恨他，这也就是为什么他作为一个新君主能统治这个帝国的原因所在。他极高的声誉总是能够抵消人民因其掠夺行为而产生的憎恨。其儿子安托尼诺也是一个非凡的人物，其在民众眼中既可敬又可畏，在士兵中也很受欢迎。同时他又是一个尚武的人，能忍受一切艰难困苦，对奇珍异宝和山珍美味不屑一顾，因此赢得了军人的拥护。但是其凶暴残忍却是史无前例的，他杀人无数，后来竟屠杀了罗马城大部分居民和亚历山大里亚的全部居民，这就使得全世

① 斯基亚沃尼亚，在今斯洛文尼亚附近。

② 尼格罗，194 年称帝，195 年被士兵所杀。

③ 阿尔皮诺，193 年称帝，197 年被杀。

界都痛恨他，甚至连他身边的人们对他也很恐惧，最终他被自己军队中的一个百人队队长杀死了。

必须注意的是，像这一类的死亡是他人蓄意造成的，任何人只要不怕死，都能够危害君主的性命，这类的灭亡是很难避免的。君主也不必过于担忧这样的危险，毕竟这种人是非常罕见的。君主所需注意的是不要过度地伤害在你左右服侍你的人，或在你身边为国家日夜操劳的人。千万不要像安托尼诺那样，他把百人队队长的兄弟凌辱致死，还常常恐吓他，却又让他继续担任自己的贴身侍卫。事实证明，这是一种非常冒失的做法，简直是在自取灭亡。

下一个我要谈的是科姆莫多，他是从父亲马尔科手中继承的帝位，只要他能踏着父亲的足迹前进，使人民和士兵满足，就能较轻松地统治帝国。但其生性野蛮残暴，为了能够施暴于人民，他纵容军队，任由他们为所欲为。同时，他也没有维护自己的尊严，常跑到竞技场同角斗士格斗，还干出了其他很多卑劣行径，实在不配为帝国至尊。于是，军队对他很是轻视，一方面被人民憎恨，另一方面被士兵蔑视，后来人们合谋反对他并最终将他杀死。

现在，来看看马西米诺的性格特点。他是一个非常好战的人物，就像我前面讲到的那样，军队对亚历山大皇帝的昏庸无能而感到不满，于是杀死亚历山大后推举马西米诺为帝。可是他却没有当多久皇帝，因为有两件事情使他招人憎恨和轻视。第一件事是因其出身卑贱，他曾在色雷斯牧羊(此事人尽皆知，大家认为是很不体面的)；第二件事是在即位之初，他没有急着赶到罗马去登基，而是指使其在罗马和帝国各地的行政官们做了很多坏事，使自己落得了一个残暴的名声。由此一来，人们都对他的出身卑贱抱有轻蔑之感，又由于害怕他的残暴而产生憎恶之情。非洲率先造反，后来元老院和罗马城的人民以及整个意大利都反对他，最后连他自己的军队也反对他了。他的军队包围阿奎莱亚，但要攻打下来却遇到了很大的麻烦，士兵们对于他的残酷感到恼恨，发现他的仇敌非常多也就不再害怕他了，后来干脆将他杀死。

至于埃利奥加巴洛、马克里诺、尤利亚诺等人，我就不一一论述了，他们都可鄙之极且很快被消灭了。就上面的论述，在此我想作一个总结。在我们这个时代，由于统治的方式特殊，君主们在满足军队的需要方面比以前少多了。虽然他们有时也需要给军队一些照顾，但任何困难都能很快得到解决。因为我们当代的任何一位君主都没有拥有一支像罗马帝国那样的和帝国政府及地方当局关系根深蒂固的军队。如果说在罗马帝国的时代满足军人的要求比满足人民的愿望重要得多，那么今天除了土耳其皇帝和苏丹[①]之外满足人民的愿望反而比满足军人的愿望重要多了。因为当今人民比军人更有力量了。

我把土耳其皇帝排除在外，是因为他的情况比较特殊。土耳其皇帝身边拥有一支常备军，由一万二千名步兵和一万五千名骑兵组成，帝国的安全和力量主要依靠他们，皇帝必须与他们友好，必须首先满足他们的任何愿望，而把其他一切事情放在后面。苏丹统治的王国也是掌握在军人的手中。需要注意的是：苏丹的国家形式和我们的君主国是不一样的。它有点类似天主教的教皇制，既不能称作世袭君主国，也不能算是新的君主国。前一位君主的子孙并不能作为继承人来继承君主之位，新的君主是由享有特权的人们选出来的。这是一个古老的制度，所以这样的君主国并没有遇到我谈到的那些新建君主国的困难，不能称为新君主国。虽然君主是新的，但制度是旧的，因为是制度来安排新的君主，似乎它才是世袭的君主。

现在回到主题。只要思考一下上面的内容就会看出，是憎恨和轻视导致了上面提到的那些罗马皇帝的灭亡。尽管我把他们中的一些人归为一类，而另一些人归为另一类。但无论哪一类中只有一个人得以善终，其余则下场悲惨。对于同是作为新君主的佩尔蒂纳切和亚历山大来说，想要效法依靠继承权而取得帝位的马尔科，不但是没有效果的，而且是有害的。同样地，卡拉卡拉、科姆莫多、马西米诺想要学习塞韦罗的残酷与狡猾也是很危险的事情，因为他们能力有限，不足以使自己追随塞韦罗的步履。

---

① 指君士坦丁堡的苏丹和埃及的苏丹。1517 年埃及王国合并于土耳其。

所以，一个新君既不能一味模仿马尔科的行动，也不能一味学习塞韦罗。但他可以向塞韦罗学习巩固国家的手段，向马尔科学习如何维护国家的长治久安。

第二十章 堡垒以及君主们的日常事务是否有益

有些君主为了能坐稳江山而解除臣民的武装；有些君主将城市分裂；有些君主故意为自己树立敌人反对自己；有些君主则大力争取那些在即位之初怀疑过自己的人；有些君主大兴土木，兴建坚固的堡垒；有些君主则拆毁堡垒。如果不考察实际情况是很难对君主们的这些行为作出正确判断的，但我还是想就这个问题本身所涉及的范围来做一番探讨。

从来没有一个新君主会去主动解除属民的武装；相反，当他看到属民没有武装的时候，总是会把他们武装起来。这样一来，这些武装起来的臣民就变成了君主自己的武装，你过去怀疑的那些人也会变得忠诚，原先就对你忠诚的人也因得到了你的信任而对你更加忠贞不渝，会从属民变成你的亲信，由于不可能把所有的属民都武装起来。而那些被武装起来的人会感到受了很大的恩惠，此时就可以安心对付其他人了。武装起来的人也会由于认识到待遇的差别而对你更加忠诚，尽力回报；而其他的人会谅解，因为他们知道，那些承担更大的风险、负有更大责任的人理应获得更多的奖赏。但要解除他们武装的时候，那就要得罪他们了。这表明由于胆怯或缺乏信义而不再相信他们了，这都会使他们心中产生对你的憎恨。但你不可能不需要武装，最后不得不依靠雇佣军，而关于雇佣军我已在前面论述过了，即使他们再好，也不能帮助你抵御强大的敌人和你所怀疑的臣民。所以在一个新君主国里的新君主常是忙于训练士兵，整备武装。历史上这样的事例举不胜举。

但是如果君主占领了一个新的国家并将其纳入到自己原来的国家的管辖范围时，他就必须解除这个新国家的武装，除了那些在你占领之前已是你的拥戴者的人之外。即使是他们，你也应该抓住时间和机会，使他们变得柔弱和服从命令。同时必须对部队作出调整，使这个国家的全部武力都掌握在你的嫡系部队手中。

在我们的祖先和那些被认为明智之士中常流传着这样的说法：想要统治皮斯托亚需要利用党派之争，而想要统治比萨则必须依靠城堡。基于此，他们在自己统治下的一些城市先煽起纷争，以稳固统治。这样的策略在过去意大利处于一定的均衡状态时，当然是有效的。但时至今日，我认为它们已不再适用，因为分裂没有什么好处。当敌人入侵的时候，这些内部分裂的城市就会立即陷落，较弱的一派总是投靠外国军队，而剩下的则很难再坚持下去。

威尼斯人就是那样做的。他们在下属的城邦中培植分别支持教会的格尔夫派和支持神圣罗马帝国皇帝的吉伯林派，让他们互相争斗，但又同时保证两方面不至于到流血的地步。威尼斯人设法制造摩擦，使两派民众纠缠在自己的内讧之中，而没有机会团结起来对付威尼斯人。但不幸的是，威尼斯人的如意算盘落空了。当威尼斯人在维拉战败之后，下属城邦中的一些人立即鼓起士气，从威尼斯人手中夺回了全部领土。

威尼斯人的这种做法只是表明君主的软弱无能。在一个强大的君主国中是绝不允许这样的分裂的。这样的方法在和平时期似乎有点作用，可以较为容易地统治属民。可一旦战争来临，这样的政策是会导致严重问题的。

毫无疑问，当一个君主战胜困难并挫败对手后，他就会成为人民心中的伟大人物。当幸运之神要使一位新君主成为伟大人物时，他比世袭的君主更需要好的名声。女神就会给他树立很多敌人，使他们发动反对君主的战争，这是为了给新君主找理由去战胜他们，从而使他的声望日益提高。因此不少人认为，英明的君主应该时不时地给自己找敌人，以便把他们制服，从而使自己变得更加强大。

君主们，特别是新君主们常常会发现那些在国家建立之初被他们所怀疑的人，会比那些起初所信赖的人更加忠诚和有用。锡耶纳的君主潘多尔福·佩特鲁奇就更多地任用那些曾经被他怀疑过的人来治理国家。这样的事情不可能有统一标准，要视具体情况而评判。我想说的是，在一个新的君主国中，君主往往更容易赢得那些在国家成立之初对其怀有敌意的人们，因为他们需要君主的支持以保持地位。他们自己也深知必须用实际表现，来消除自己当初留在君主心里的坏印象，所以就会更加尽力地去侍奉君主。君主从他们那里得到的好处反而多于其他人，因为其他人就是抱着太多的安全感侍奉君主，往往会把自己的事情更放在心上，而不把君主的事情放在心上。

另外，我想提醒那些依靠当地内应的支持而获得新国家的君主们，一定要弄清楚，是什么原因促使这些人支持了你。如果不是出于对君主的自然感情，而只是因为他们对前政权的不满意，那么想与他们保持友好的关系就会遇到很多的麻烦与困难。想要使他们满足是不太可能的。回顾历史，认真考察这类事件的原因，我们就会发现，对前政权满意而当初是他的敌人的人，要比那些对前政权不满而成为他的朋友并帮助他获取政权的人，更容易成为朋友。

为了更加稳固地统治国家，君主们常会修建堡垒，用来对付那些企图反对自己的人，或作为危险袭来时的避难所。这种方法从古至今一直在用，我是比较同意的。然而同样在我们的时代里，也有另外一种破坏城堡的情况，比如梅塞尔·尼科洛·维泰利[①]就破坏了卡斯特洛市的两个堡垒以便统治那个国家。再比如乌尔比诺公爵圭多·乌巴尔多[②]一回到他曾经被切萨雷·博尔贾逐出的属于自己的领地，就把该城的所有堡垒全部拆除了。在他看来，没有了这些堡垒，他就不会再轻易丧失自己的国家了。还有本蒂沃利奥[③]回到波洛尼亚的时候也是采取了拆除城堡的做法。

堡垒到底是有益还是无益，要根据实际情况来判断。在一种情况下是对你有利的，而在另一种情况下则可能有害。关于城堡的问题可以简单概

① 梅塞尔·尼科洛·维泰利，保罗和维泰洛佐的父亲，雇佣军队长，由于教皇西斯托四世死亡，1482 年收复了卡斯特洛市，任该市的统治者。死于 1486 年。

② 圭多·乌巴尔多（1472—1508），乌尔比诺公爵，1502 年收复了乌尔比诺。1508 年死亡。

③ 本蒂沃利奥，于 1506 年被尤利奥二世所驱逐，于 1511 年重新恢复了统治权。

括如下：如果君主害怕外部势力超过害怕内部的人民，他就应当修筑堡垒；反之，如果害怕人民超过害怕外部势力，他就应当抛弃堡垒。弗朗切斯科·斯福尔扎在米兰修建的堡垒给其子孙们带来了损害，并且现在来看损害只会越来越大，同该国遇到的其他问题相比，导致的混乱有过之而无不及。不招致人民的憎恨就是最好的堡垒。一旦招致民众的憎恨，任何坚固的堡垒都是保护不了你的，一旦人民拿起武器，自然会有外敌来援助他们——这是必然的。

在我们这个时代，单纯城垒已经失去了保护君主的意义。只有一个人从堡垒中获得了帮助，她就是富尔利伯爵夫人[①]。在她丈夫死后，她利用城堡使自己逃避了来自民间的暴动，等来了米兰的援助，从而重新恢复了国家。当时的情况是，外敌不可能帮助人民。但后来当切萨雷·博尔贾进攻她时，反对她的人便同外敌联合起来，她发现再坚固的城堡也救不了自己。如果在当时和之前她没有遭到人民的憎恨，就比拥有城堡安全多了。

把各种情况都考虑在内，我称赞修筑堡垒的君主，同时也称赞不修堡垒的君主。但我要谴责那些只依赖堡垒而对人民的憎恨视而不见的君主。

第二十一章 君主怎样做才能赢得尊重

对君主来说，赢得尊重的最好方法，就是干出一番伟大的事业，建立卓越非凡的功绩。

我们这个时代的阿拉贡国王费尔迪南多[②]，也就是现在的西班牙国王，就是这方面的典范。他强大的声望和荣誉，使他从一个小国的君主一跃成

---

① 富尔利伯爵夫人，当她的丈夫富尔利伯爵季罗拉莫在1488年被暗杀后，取得在富尔利的权力，直到1500年该城被切萨雷·博尔贾占领时为止。

② 费尔迪南多二世，原为阿拉贡的国王，后与卡斯蒂利亚的伊萨贝拉结婚，又成为卡斯蒂利亚的统治者。在意大利，他占有半岛的南部全部和西西里岛。经过十年战争，1492年征服了格拉纳达，实现了西班牙的全部统一。

为基督教世界国王中的佼佼者。考察一下他的成就，我们就会发现，他的几乎所有作为都是伟大的，其中不乏卓越的成就。

在即位之初，他就开始进攻格拉纳达，为国家奠定基础。他行事从容不迫，不畏险阻，使卡斯蒂利亚的贵族们集中精力于那场战争而无暇顾及革新的事情。这同时也为他无形之中赢得了好名声和掌控贵族的统治权。他依靠教会和人民的资助来维持他的军队，并在长期的征战中奠定了雄厚的军事基础，这支部队后来为其赢得了荣耀。此外，为了成就更为宏大的事业，他常以宗教为借口。他将马拉尼人[①]从其王国驱逐出去，并将他们掠夺一空。世上没有比这更卑鄙和罕见的事情了。他以宗教为幌子进攻非洲，侵犯意大利，后来又进攻法国。他总是完成一件大事之后又马上去筹划另一件大事，使他的臣民们心怀不安而又惊叹不已地关注着这件事情的结果。他的行动总是一个接一个地实施，两个行动之间几乎不留任何空隙，使得人们根本无法从容不迫地反对他的活动。

如果君主在国内统治中能够做出卓越的典范，就像记载中的米兰的贝尔纳博[②]那样——当有人在公共生活中做出异乎寻常的事情时，无论是好事还是坏事，他都会抓紧时机给予奖励或惩罚——这将会被人们大加传颂，这对于君主来说是大有裨益的。君主必须以自己的行动去赢得伟大的名声。

在面对分歧时，君主态度鲜明地充当真正的朋友或真正的敌人时——就是说当他毫不退缩地公开表示支持一方或反对另一方时，他也会赢得尊重。因为态度鲜明总要比模棱两可更有利。如果你的两个强大的邻邦打起来的话，情况一定会是这样的：面对他们中胜利的那个，你可能会害怕，也可能无须害怕。不管你是不是害怕面对战胜国，公开表明自己的态度，

---

① 对穆斯林和改信基督教的西班牙的希伯来人，称为马拉尼人，这是带有侮辱性的外号。他们在 1501—1502 年被驱逐出西班牙，以后并多次被赶逐，对西班牙王国的繁荣造成严重的损害。

② 贝尔纳博（1354—1385），米兰公爵。此人以残暴和行为怪异出名，他在政治上的能力和敏锐性也是突出的。据故事家讲，贝尔纳博奇行甚多。

并且勇猛参战总是有利的。如果你的实力不足以面对战胜国，如果你不公开表态，那你就会成为胜利者的下一个觊觎对象。你的这种遭遇只会让战败国感到高兴，而且你也没有为自己辩护的机会——因为战胜国不需要一个在自己身处逆境时，不伸出援救之手的朋友；而失败国也不会给你提供任何庇护，因为过去你不愿拿起武器同它并肩作战。

埃托利亚为了驱逐罗马人请求安蒂奥科率军进入希腊。安蒂奥科想让罗马人的朋友阿凯亚人保持中立，派使者前去游说。同时罗马人也在劝说阿凯亚人拿起武器同他们一起战斗。阿凯亚把这件事情拿到会议上进行审议，安蒂奥科的使者仍然劝说他们保持中立，而罗马的使者则说："这些人让你们保持中立，这与你们的利益是背道而驰的。如果没有友谊，没有尊重，你们将会成为胜利者的战利品。"事情总是这样的，那些不是你的朋友的人常常会希望你保持中立。而你的朋友，则希望你拿起武器公开表明立场。那些优柔寡断的君主们为了避免眼前的危难常采取中立的态度，这常常导致他们的灭亡。但当君主明确表态支持某一方时，而恰巧他又获得了胜利。如果胜利者是强势的，你要听从他的指挥，但他同时也对你负有一种义务，已同你建立了友好的关系，他不会无耻到不惜背负忘恩负义的恶名而去打压你。再者，从来就不存在什么彻底的胜利，以至于胜利者会肆无忌惮、目空一切。即使你支持的一方失败了，他仍然会感激于你，等他日后有能力的时候，他会帮助你的。

如果是第二种情况，即无论交战双方谁获胜你都不用担心害怕的时候，选择支持哪一方就需要谨慎。因为实际上是你在利用一方消灭另一方，而如果前者聪明的话，一定会去拯救后者。如果他取得胜利，他就必须听你的决定；有了你的帮助，他不可能不取得胜利。

在此应当指出的是，一个君主应千万不要为了进攻别的国家而去和那些比自己强大得多的国家结盟。如上所述，即使获胜也将会成为强国的俘虏，君主应尽力避免使自己处于任人宰割的境地。威尼斯人同法国人联盟来反对米兰公爵，结果是自毁灭亡，他们本来是可以避免结成这样同盟的。如果无法避免结盟时，像西班牙和教皇联合出兵攻击伦巴底时佛罗伦萨人的情况，那么，他就必须结盟了，但应采取我上面说的那种策略。任何一个国家都不可盲目地认为自己总是能够选择万全之法。相反，倒是应该想着自己常常不得不作出可疑的决定。因为人们常常会在避免一种不利的同时，招致另一种不利。而谨慎的选择就在于可以认识各种不利，选择对自己危害最小的那一种。

君主还应该表明自己是一个爱惜人才的人，他必须能识别人才，并给各个行业中的杰出人才给予特殊的荣誉。他应该激励人民在商业、农业及其他所有行业中安心从业，使得人们不会因为担心财产被剥夺而不愿增加投入，也不会担心赋税太重而不愿开办新的产业。相反，君主应时时奖励那些愿意从事这些行业的人，和那些为城邦的发展献计献策的人。

此外，还应在每年恰当的时候举行庆典，以便人民欢庆节日和聚会。每个城市都会有各种行会和部族集团，君主应重视这些集团，并时常接见他们，给自己树立好的形象。但必须注意时刻保持自己的王者尊严，任何时候都不可忽视。

第二十二章 论君主的大臣

选拔大臣是一件大事情，君主应谨慎对待。他们的明智与否与君主的明智审慎紧密相关。人们常常通过君主身边的人来判断一个君主的智慧。假如臣子是有能力且忠诚的，君主就被认为是明智的，因为他能够辨别才识并且使他们对自己忠心耿耿。假如臣子是些庸碌无能之辈，人们就往往会对君主作出不好的判断，因为他在用人上犯了重要的错误。

但凡知道安托尼奥·达·韦纳弗罗[①]是锡耶纳君主潘多尔福·佩特鲁奇的大臣的人，都认为潘多尔福才智超群，因为他选用安托尼奥为自己的大臣。人的头脑有三种类型：第一类是靠自己就能够理解一切；第二类是可以理解别人所说的事情；第三类是既不能自己理解，也不能理解别人的说明。

---

① 安托尼奥·达·韦纳弗罗，最优秀的法学家，是潘多尔福·佩特鲁奇的干练而可靠的大臣。

由此我们可以得出，第一类是卓越的，第二类也堪称卓越，第三类则是无用的。潘多尔福如果不属于第一类，也至少是属于第二类。君主即使自己缺乏创见，只要能对他人的言行作出判断，也就可以识别大臣的人格与品质。君主这时对大臣进行惩罚或褒奖，大臣们也就不敢心存欺君之念，从而保持善良。

至于如何识别大臣，这里有一个常用的方法：如果你发现某位大臣为自己着想多于为君主为国家着想，并且他的一切行为都是在为自己谋求好处，此人绝非良臣，绝不能信赖他。他在替君主操持国家大事，应该只想着君主，不该处处为自己着想，不该去想同君主无关的事情。另外，为了保证大臣们的忠诚，君主也应该时常惦记着大臣，尊敬他，常给他赏赐以使他感恩戴德，给他荣誉以便分担职责，让他知道如果没有君主，他就没有一切。给他荣誉而使其不必再去追求什么荣誉，给他足够多的钱财使他不再贪图钱财，他已负重任所以害怕被别人替代。君主若能与大臣们建立这样一种关系，他们就会相互依赖，彼此就能真诚相处，否则就会贻害双方。

第二十三章 应该怎样避开谄媚者

还有一个重要的问题是我不能忽略的，对于这个问题如果君主不能认真恰当地处理，就难保不犯错误。这就是来自于那些谄媚者的危害。人总是容易自大，对自己做的事情自鸣得意，自满自足，这就使得人们很难抵御来自谄媚者的谄媚之言。而一旦他们试图抵制，就会面临被人轻视的危险。除非君主使人们明白，对你讲真话不会迁怒于他们自己，否则就无法阻止人们的阿谀奉承。但是，如果人人都敢于和君主讲真话，那对君主的尊敬便会大打折扣。

明智的君主应该选择第三种方法，就是在王国中选拔一批有识之士，只给他们讲真话的权利，但仅限于君主所询问的事情，而并非所有事情。即便这样讲，君主还是应该在每件事上都征询他们的意见，再结合自己的看法作出判断。君主应使这些人意识到，谁坦言直谏，谁就越受欢迎。除了这些人之外，君主不应该再去听别人的流言闲语。而且决定一旦作出，就应该坚决贯彻和执行。如果不依此行事，君主不是被那些谄媚者所毁，就是由于多变而遭人轻视。

我想引用一个当代的例证来加以说明。神圣罗马帝国皇帝马西米利阿诺[①]的宠臣卢卡神父，谈及皇帝陛下时说，他从不征询任何人的意见，但又从来未能按照自己的意愿行事。这正是由于皇帝采取了和我上述所讲的相反的做法。皇帝一向守口如瓶，从不把自己的想法告诉任何人，也不听取别人的任何意见。等到这些计划开始实施的时候，人们才知道这些计划，自然很容易受到人们的反对。结果就常常是朝令夕改，谁也不理解他的想法和打算，于是也就没有人相信他的决定了。

君主应该常常听取意见，但一定是基于自己的意愿而不是别人的愿意。对于自己不想征询意见的事情，君主应严禁说三道四。但君主应该是一个经常征询别人意见的人，对于征询之事应耐心听取真话。一旦知道有人故意向君主隐瞒真相，他应该立刻对隐瞒者严加处置。许多人误以为，赢得英明之誉的君主，并不是因君主本人的聪明，而是由于他身边有优秀的谏臣来辅佐，这显然是不正确的。这里有一条基本的原则：如果君主本人不够明智，他是不可能获得好的忠告的；除非他运气不错，碰巧遇到一个极为英明的人，而他又完全听从这个人的建议。这种情况下，君主有可能过得不错，但是不会长久的，因为那个人会在极短的时间内谋权篡位。但如果君主征询的不是一个人的意见的时候，不明智的君主就很难得到一致的意见，他自己也不知道如何把这些意见统一起来。谏臣们都想着自己的利益，君主却不能洞察和纠正，事情还是得不到解决。除非人们由于需要而不得不效忠于你，否则他们总是会变邪恶的。

因此得出的结论是：一切良好的建议，无论来自任何人，都离不开君主的贤明，而非君主的贤明来自于良好的建议。

---

① 马西米利阿诺（1459—1519），1486 年当选为神圣罗马帝国皇帝，但从未加冕。

第二十四章 意大利的君主们丧失国家的原因

如果一位新君主能够严谨地遵守上述事情，他就能像旧君主一样，并且会比立国久远的旧君主更加安全和稳固。比起世袭的旧君主来说，人们更加关注新君主的作为。如果这些作为被认为是卓越的，那么他就会比古老的家族更能赢得人心，更能把人们维系在君主身边。因为人民常常是被当前的事物而不是过去的事物相吸引，如果他们发现现在比过去好，人民就会心满意足而别无他求。只要君主在其他大事情上没有明显的不足，人们就会竭尽全力拥护他。这样一来，由于这个新的国家是你所创立的，并且法律公正、武器精良、盟友可靠，这个国家就会强盛且稳固，君主也会获得加倍的荣耀。如果一个世袭君主只知道坐享其成，不理政务，就会轻率失去国家，也就会蒙受加倍的羞辱。

如果对我们这个时代那些丧失了国家的意大利统治者进行研究，就会很容易在他们身上发现这些问题，像那不勒斯国王、米兰公爵等其他一些君主。首先，这些君主的军队都有一个共同的问题，具体情况我在前面已经讲过了。其次，有些君主不是与人民为敌遭到人民憎恨，就是虽与人民关系友好，却不懂得如何避免与贵族对抗。如果这些君主们没有这些致命的缺陷，只要他们能够拥有一支英勇善战的军队，他们也就不会丧失国家。

马其顿的菲利普五世——不是被亚历山大大帝的父亲，而是被蒂托·昆托打败的那位国王——他的国家并没有强大到一举击败攻击他们的罗马人，但其英勇善战，知道如何与人民保持友好关系并能做到防止贵族的捣乱，所以他的反击战持续了很多年，虽然最后失去了几座城市的统治权却依然保有其王国。

所以我们的那些拥有王国多年而最后又失去的君主们，不应该去埋怨命运的不公，而应该归咎于自己的庸碌无能。太平时期从不去想可能的变故，风和日丽时从不去想狂风暴雨，这是人类的通病。有朝一日风云突变，他们能想到的仅是逃亡而不是自卫——他们希望饱受征服者凌辱的人民会召唤他们回来。

如果实在无计可施，这个方法倒也不错。如果只是将希望寄托于此而忽视其他补救办法，那就糟糕透顶了。所以，任何人都不应该拥有日后会有人请他回去复位的想法。即使这种情况出现，也不会给君主带来安全，这是一种懦夫的防卫之道，只有依靠自己和自己的才能，才是安全、可靠的长久之计。

第二十五章 命运在人间事务上有多大力量和怎样对抗

我很清楚，有不少人认为人世间的事情都是由命运和上帝安排好了的，人们是无法运用个人才智进行更改的，甚至连任何的补救也是不可能的。所以他们断定，人们只能听从命运和上帝的安排，而不必对此白费心思。在我们这个时代持这种看法的人比以往任何时候都要多，因为人们看到了许多的事情的变化发展远远在人们的意料之外。

对此，我有时在一定程度上也倾向于他们的看法。但是，为了不把我个人的自由意志完全抹掉，我认为正确的见解应该是这样：命运是我们行动的半个主宰，剩下的一半应归我们自己支配。在此，我要把命运比作一条脾气暴躁的河流，在它发怒的时候，它会淹没原野，毁掉良田，迁移土地。在洪水面前，人们毫无办法，只能屈服于它的暴虐而四散逃跑。虽然如此，我们也不能就此得出结论说：天气好的时候人们不能够也不应该修筑堤坝和水渠做好防备，将来涨水的时候，使洪水沿着渠坝倾泻，使其不致肆意横流而泛滥成灾。命运的情况也是如此，当我们还没有准备好力量抵抗命运的时候，命运就会兴风作浪——哪里没有水渠和堤坝，它就在哪里兴风作浪。

考察一下意大利，正是这些变动的滋生地推动了这些变动，意大利是一个既没有水渠也无堤坝的旷野。如果能像德国、西班牙和法国那样，有适当的力量加以保护，洪水就不会造成今日这样的巨大灾难，甚至压根儿就不会出现任何变动。

如果只是简单地谈论抵抗命运的问题，这些就足够了。

但在此我还想再作些具体的分析：我们只看见某位君主今日威风八面，明天却垮台，但其天性和品质却没有什么改变。我认为他之所以会如此，是由于我在前面已经详细讨论过的那些原因，也就是说，君主如果完全依赖于命运，而一旦命运改变他就会垮台。我还相信，君主如果能与时俱进，就会得心应手，相反，如果其行为与时代背道而驰，他也就不会顺利。人们追求荣耀和财富所采取的方式是五花八门的：有的人谨慎小心，有的人急躁鲁莽，有的人依靠暴力，有的人依靠技巧，有的人凭借耐心，有的人则完全相反，所以人们最后都可以达到各自的目的。

人们还会看到，两个人都是采取谨慎小心的方式，一个人如愿以偿，而另一个人则无功而返。同样两个人脾气完全不同，一个人谨慎小心，另一个人急躁鲁莽，最后却都成功了。其原因主要在于他们的做法是否符合时代特性，就像我前面讲到的那样，两个人虽然行动方式不同，却取得同样的效果；而另外两个人行动方式虽然相同，结果却完全不同，一个人达到了目的，而另一个人却失败了。盛衰的变化也是这样，如果一个人行事谨慎又具有耐心，而他的这种做法刚好又合乎时势，那么他就能取得成功。但是如果时势发生了变化，他就失败了，因为他没有根据时势的变化采取相应的改变。

或许很少有人能够如此谨慎小心地使自己适应这种情况，因为人们总是江山易改，本性难移，一直以来都是在这样行事且很顺利，所以就很难说服自己改弦易辙。所以谨慎的人一旦需要他做出迅猛行动时，他就会不知所措，结果只能是灭亡。但是如果能随着时势的发展而改变自己的性格，那么命运就会改变。

教皇朱利奥二世做什么事情都是雷厉风行的，他发现自己的行为与时代是协调一致的，所以他总是会取得成功。来看看焦万尼·本蒂沃利奥还活着的时候，教皇对波伦尼亚的第一次出征。当时威尼斯人是不赞成这件事情的，西班牙国王也不同意，教皇就同法国人商议这个计划。计划仍在商议之中，教皇就已经急不可待了。他迅速出征，并且亲自发动了远征。这一行动使得西班牙和威尼斯人手足无措，前者非常恐惧，后者则担心自己重获那不勒斯王国的愿望落空。另外，教皇把法国人拉拢了过来，法国便成为教皇的朋友并以此威胁威尼斯人，于是认定除非公开得罪教皇，否则就得给他提供军队。于是朱利奥以迅猛的行动完成了这一事业，这是任何其他教皇都不可能做到的。如果他像其他教皇一样等待时机成熟，一切都安排妥当再从罗马出发，他就绝对不会取得成功。因为法国国王就会有各种推托之辞，而威尼斯人也会对此有所担忧。关于他的其他行为，在此我就不多讲了，几乎都是同样的模式，且都大获成功。由于他生命短促使他没有过相反的经历，假如时光倒流到需要他谨慎行事的时候，他很可能就会遭到毁灭，因为这些行事方式都是由其天性决定的。

命运常处在变化之中，而人们又总是墨守成规，我的结论就是：如果人们能同命运协调一致，就能获得成功；如果不能协调一致，就易遭受失败。在我看来勇猛行事总是会胜过小心谨慎，命运就如同一个女子，想要驾驭她，你就必须首先征服她。我们常看到，命运常倒于那些勇猛行事的人而不是谨慎的人的脚下。所以，命运如女子一样，常与年轻人为伍，因为他们较少谨慎，更多勇敢，能够勇猛无畏地制伏她。

第二十六章 奉劝你将意大利从蛮族手中解放出来

回想一下我上面讨论过的所有事情，我不禁问自己：今日之意大利能否给一位新君主展示才华的机会，能否给一位聪明能干的君主提供舞台，让他采取某种方式，为自己赢得荣耀，给人民带来幸福？我个人认为此刻就是最好的时机，目前许多条件都对新君主开拓自己的事业有利。正如我前面所说的那样，为了表现摩西的伟大才能，就必须使以色列人在埃及遭受奴役；为了彰显居鲁士的伟大，就需要使波斯人流离失所。那么今天，为了领略一位意大利领袖的能力，就必须让意大利沦落到目前的处境，就必须让他们遭受比希伯来人更深的苦难，比波斯人更大的压迫，比雅典人更加流离失所。他们没有首领，生活没有秩序，受打击，遭掠夺，惨遭分裂，任受摧残，尝尽各种艰难困苦。

最近我们似乎在某个人的身上可看到一丝光亮，认为他可能是上帝派来拯救意大利的。可是后来我们看到在他事业如日中天之时他却被命运抛弃了。意大利依然死气沉沉，满目疮夷，她在等待着一位新君主能够医治她的累累伤痕。期待他能制止伦巴底的洗劫，结束对那不勒斯王国的敲诈，终止对托斯卡纳的勒索，彻底消除心中积压已久的恨事。

我们看见她如何苦苦乞求上帝派人把她从蛮族的残酷和侮辱中拯救出来。一旦有人举起旗帜，她就随时准备响应。现在除了在殿下您的显赫王室之中，她再找不到一个可以寄予如此希望的人了。您的伟大家族由于好运和美德，受到上帝和教会的宠爱，现在正在担任着教会的首脑，因此您的家族一定能承担拯救意大利于水火之中的大任。

如果您能够想想我在上面提到的那些伟大人物的生平和事迹，就会发现这并不是很难的事情。虽然他们都是少有的旷世奇才，但他们都是人，而且他们当初每一个人所面对的条件和机遇都比不上今日好，他们所成就的事业并不比这项事业更加正当、更为容易，上帝并没有特别地眷顾他们。这些事业是伟大的，“对于必须战斗的人们，战争是正义的；除了拿起武器别无其他希望的时候，武器是神圣的”。处处都有这种伟大的意愿，只要您的王室采取我推荐的那些方法，完成这样的伟大事业就不会有太大的困难。

此外，我们还看见了上帝所行的奇迹：大海分开了，云彩为您引路，岩石也涌出泉水，上帝所赐的美食从天而降；一切都因您的伟大而联合起来，剩下的就需要您亲自来做了。上帝并不会为我们包办一切，以免夺取我们的自由意志和属于我们的那份荣耀。

如果说我前面提到的那些意大利人中没有一个能够实现我们期待您的显赫家族所需完成的事业，如果说在意大利的多次革命和战役之中，意大利的军事力量被消灭殆尽，这并不值得惊奇，因为旧制度不好，而且没有创立新制度。一个新近当权的君主想要获得巨大的荣誉，最好的办法就是创建新的法律和制度。如果这些建立得当，且确有其伟大之处，就一定会赢得人们的尊敬和钦佩。而意大利并不缺乏任何创新的基础。要是头脑不愚笨，肢体就会有巨大的能量。在决斗中或者在几个人的搏斗中，意大利人的力量、机敏和智力都是非常优秀的。但是一旦进入军队他们就技不如人，这一切都是由于指挥官的软弱而造成的。那些高明的兵士们不服从他们，人人都自认为自己最高明，所以至今为止无一人由于能力和运气而出人头地，令人折服。于是，在过去的二十年的历次战争中，一支完全由意大利人组成的军队逢战必败。关于这一点，我可以举一些主要的战争来说明，比如塔罗战役、亚历山大战役、卡普亚战役、热那亚战役、维拉战役、波洛尼亚战役和梅斯特里战役等[①]。

如果您显赫的家族决心效法那些拯救自己国家的优秀人物，首要的事就是组建一支自己的军队，这是任何一项伟大事业的真正的坚实基础，没有比他们更忠实、更真诚、更优秀的士兵了。他们个个都很优秀，当他们看到由于君主的指挥而得到荣誉和优待的时候，他们就会团结一致而变得更加优秀。为了使意大利人自己有实力防御外敌，必须组建一支这样的军队。

虽然人们认为瑞士和西班牙的步兵是可怕的，但是他们各自都有各自的缺点，因此我们将要创建的这第三种类型的部队不仅可以抵御他们，而且有把握战胜他们。西班牙人难以抵御骑兵，而瑞士人在战争中一遇到比自己还顽强的步兵时，就会彻底泄气。历史经验已经证明，并且还将证明，西班牙人不能抵挡法国骑兵，而瑞士人则会被西班牙步兵所打败，虽然这后一种情况还没有得到完全证实，但在拉文纳战役中已显示出这种迹象，当时西班牙步兵与德国军队会战，德国人与瑞士人采取的是一样的战术，西班牙人身体灵活，依靠圆盾做掩护潜入德国人的长矛阵下，对德军发动突然袭击，德军毫无招架之力。如果当时西班牙人没有受到骑兵的袭击，他们一定会歼灭德国军队。所以，借鉴这两种类型步兵的弱点，我们就可

① 塔罗之役在1495—1513年；亚历山大之役在1499年；卡普亚之役在1501年；热那亚之役在1507年；维拉之役在1509年；波洛尼亚之役在1511年；梅斯特里之役在1513年。

以创建一支新型的部队，它既能抵挡骑兵，又不会害怕步兵。要做到这一点，就需要更新武器和改变战术。而这正如创建新制度一样，会给君主带来名誉和地位。

所以，希望您一定不要错过这个机会，使意大利在经过了漫长的黑夜之后，能够看到她的救赎者的出现。我无法表达出在那些备受外国蹂躏的地方，人们将会怀着怎样的热爱、怎样的复仇之心和顽强的信念和赤诚之心来欢迎他的到来。谁会把他拒之门外，谁会拒绝听从他的命令，谁会怀着嫉妒而反对他？没有一个意大利人会拒绝为他效忠，因为我们对蛮族的统治已深恶痛绝。

恳请您的王室，以从事伟大正义事业的那种精神和希望，来担当这个重任，让我们的祖国在这样的旗帜下绽放光芒，在她的指引下，彼得拉克[①]的诗句就会变成现实：

勇敢的人们呀，拿起你们手中的刀枪，
反抗那野蛮的牢笼。
战斗不会很长，
因为祖先的勇气，
从未在意大利人的心中消亡！

（高朝阳　译）

① 彼得拉克，意大利诗人，具有强烈的爱国主义思想。他和但丁曾经宣称，一个共同的意大利是她所有儿女的最崇高的奋斗目标。

托马斯·莫尔传

The Life Of Sir Thomas More

〔英〕 威廉·罗珀

主编序言

随着托马斯·莫尔的女婿威廉·罗珀所著的《托马斯·莫尔传》的完成，这本书向读者粗略地呈现了托马斯·莫尔的传奇一生。

当莫尔还是林肯学院一名年轻的法律专业的学生的时候，他就以在圣·劳伦斯教堂发表关于圣·奥古斯丁的“上帝之城”的演讲而闻名。有人推测，可能正是这次演讲导致其《乌托邦》的诞生。

《乌托邦》是莫尔于1515年在安特卫普开始写作的，这时莫尔正代表英国的羊毛商在佛兰德进行谈判。他对这些低地国家[①]城镇的观察，再加上天才的想象，构成了《乌托邦》的主要素材。

书中叙述了一个虚构的航海家到奇乡异国——乌托邦的见闻。在对这个理想社会的详尽描述中，莫尔借鉴了柏拉图的《理想国》和圣·奥古斯丁的许多重要思想，但总体上说，这部书还是作者自己政治思想和观察的结果。

在日常生活中，莫尔是一个喜欢开玩笑的、幽默的人，要找到其说话

---

① 低地国家是荷兰、比利时、卢森堡的总称。

严肃认真的时候，你会感觉非常困难。因此，在《乌托邦》中，也包括了大量这种异想天开的幽默。同时，此书也包含了莫尔的坚定信仰——有些部分带有试验的性质，有些甚至是自相矛盾的。

尽管莫尔的态度有不确定性，但这部书依然在两方面造成了巨大影响：一是富有想象力的文学作品；二是提出了一种新的社会理论。他是理想的民主国的鼻祖，现代的改革家依然在这部书中寻找对未来社会的构想。

查尔斯·艾略特

托马斯·莫尔，英国的一位爵士、贵族、大法官，一位清白的、富有良知的人，一位比最白的雪还要纯洁、还要白的人。在英国，过去没有，将来也不会有这种人。他一生致力于英国法律及其他科学的研究。他的一生给我留下了许多值得回味的记忆。

我，威廉·罗珀，莫尔的女婿（与其大女儿结婚），没有哪个人比我更了解莫尔其人其事了。因为，我作为莫尔家庭的一员，与其共处了十六年，甚至更长的时间，至今还记得曾经与其相处的点点滴滴。即使随着时间的流逝和难以避免的对细节的疏忘，但那些重要的事情依然历历在目。同样地，一些外在的东西虽然消亡了，但记忆深处的人和事却历久弥新。

在伦敦的圣·安东尼拉丁语学校接受教育之后，莫尔通过其父亲来到尊敬的、智慧的、学识渊博的主教莫顿大法官身边。在那里（虽然莫尔很年轻），莫尔会在圣诞节期间，突然出现在表演者的队伍里，尽管他从未接受过专门的训练，但他的表演总是出类拔萃，令观看者赞叹不已。他的表现令莫顿大法官非常高兴，致使他经常向那些权贵们说："在我们桌子旁服侍的这个孩子，将来会对每一位能看到他成长的人表明，他是一位出类拔萃的人物。"

为了继续学业，莫尔进了牛津大学攻读古典文学。在牛津期间，莫尔接受了希腊语和拉丁语的学习。随后，他在父亲的逼迫下转学法律，进入新法学院（又称新学院）攻读法学，在此期间，他的表现依然非常优秀。随后，他进入林肯学院学习英国法，拿着非常少的津贴坚持学习，直到取得外席律师资格。

在宗教信仰方面，莫尔沉浸较深，他认真研究过奥古斯丁的作品。在伦敦期间，他经常在圣·劳伦斯教堂听有关圣·奥古斯丁的演讲，还在卡尔特修道院住过四年，以祈祷洁净心灵。

在伦敦求学期间，他常常拜访一位智者格罗辛博士，与智者的谈话使他进一步加深了对伦敦的了解。

他还经常到一位名叫科尔特的绅士家拜访，这位先生也经常邀请他前往。科尔特先生有三个女儿，她们待人真诚，谈吐优雅，这深深地吸引了莫尔。莫尔内心深处最喜欢的，是科尔特的二女儿。他认为她不但容貌美丽，还人情练达。但莫尔认为，如果妹妹在姐姐之前结婚，对于姐姐来说，就是一件悲痛又羞辱的事。出于同情，莫尔与其大女儿结了婚。婚后，莫尔继续法律的学习，经过不断努力，最终成为议员。

婚后，莫尔和他的妻子住在伦敦的伯克郡。在那里，他们生育了三个女儿。莫尔非常重视女儿们的教育，从小培养她们好的学习习惯和品德养成，经常告诫她们，要以德为先，刻苦学习，自食其力。

莫尔就是那位与国王论战的法官！

当时的国王亨利七世，向议会索要其大女儿（当时是苏格兰王后）的结婚费用，莫尔对此进行了辩论，陈述理由，反对国王的请求，致使国王的要求被推翻。

国王的私人顾问禀报国王说：“一个还没长胡子的男孩，打乱了陛下的全盘计划！”国王非常愤怒，马上采取措施惩罚他，直到满意为止。国王鉴于莫尔当时一无所有，便以一种“莫须有”的罪名惩治莫尔的父亲，把莫尔的父亲关进了伦敦塔，直到莫尔支付了一百英镑的保证金后才被放出。

随后，莫尔将此事控诉到温切斯特主教那里。这位主教把他叫到一边，假装仁慈地向莫尔承诺，只要服从统治，承认冒犯了国王，他就向英王请愿，恢复莫尔的职务。否则，国王以其至高无上的权力，还可以给莫尔治更重的罪。

莫尔从主教那里回来后，与韦特福德先生（莫尔的一位好友，从牧师升到主教，后又成为基督教教父）进行讨论，告诉他主教说的一切，希望得到这位朋友的建议。韦特福德劝告莫尔“为了君主，为了英王国，希望他谅解”。于是，托马斯·莫尔没有再回到主教身边。

考虑到国王的愤慨，他不可能平安待在英国，莫尔曾一度考虑出国。所幸，亨利七世不久就去世了。亨利八世即位，莫尔重返政界，起先承担出使国外的工作，后来成为伦敦的行政司法长官。

我听说，莫尔淡出政界以后，一边工作一边学习，每年的薪金达到四百英镑。

莫尔担任律师期间，大量接触了下层社会的讼案，并以其博学、智慧、知识和经验，为受屈者撑腰，在伦敦很有名望。他曾两次代表英国商人与斯蒂尼尔德进行谈判。由于莫尔的睿智、细致周到的考虑和辛勤工作，两次谈判都取得了很好的效果，为莫尔赢得了很高的声誉。这些声誉，再加上沃尔西大法官的举荐，为他赢得了英王亨利八世的理解与信任，随即被召入宫廷工作。

进入宫廷之后，尽管莫尔一直按照国王的要求认真工作，真诚待人，但还是有人劝说并断言，无论他为国王服务多么细致周到，也不可能给他带来多少荣誉，甚至还面临降低报酬、失去财产的风险。

这时，发生了一件事情，一艘来自罗马教皇的轮船满载货物到达南开普敦[①]英王声称，这批货物应该没收归英国所有。罗马教皇的大使自然坚决不肯，并声称，他们学习并了解英国的法律，他们的行为并不触犯英国法律。对于英王的不合理要求，他要把事情公之于众。

托马斯·莫尔一直用拉丁语向这位大使陈述理由，平息他的怒气。这场诉讼在双方贵族及观众在场的情况下，在议会厅宣判。托马斯·莫尔既顾及了英王的尊严，又保护了罗马教皇的权益。莫尔的正直又为他带来了巨大

① 南开普敦为英国一个港市。

的声誉。国王从此以后也保持克制。

一个月以后，莫尔成为国王的私人顾问，成为国王的座上宾，有时还与国王一起度假。国王邀请莫尔到自己的书房，与他一起讨论天文学、几何学、神学等，还就一些世界大事与莫尔交换意见。有时，国王甚至在夜晚把他叫去，一起讨论恒星及行星的运动与变化。

莫尔的智慧和博学，使国王和王后非常乐于与他交谈。他们在喝过茶，吃过晚饭之后，通常都会叫上莫尔与他们一起散步。但当莫尔意识到，这种交谈虽然使国王很高兴，但却使他自己一个月不能回家见妻子和孩子(这正是他最渴望做的)，连续两天不能出席他应该出席的法庭审判的时候，他开始讨厌这种自由被抑制的生活，他不得不掩饰自己的反感，一改以往的欢笑幽默，变得郁郁寡欢。从那时起，他就再没去过法庭。

此时①，英国财政大臣韦斯顿先生去世了。对于这一职务空缺，国王没征求任何人的意见，独断地任命托马斯·莫尔担任。

亨利八世十四年②，托马斯·莫尔被选为英国下院议长。当时，英国的实际统治权掌握在议会手里。他不愿意依附于王权，于是发表演说称，“从现在起不再全盘履行国王的指示”。

国王并不赞成此举，为维护王权，国王声称：“我觉察到（君主统治再次遭到质疑）你们要改革选举，这会引起政局动荡！你们的主张，通过罗马教父的使者——大法官之口说出，我会支持你们的——但是，你们要有良知。符合良知的请求，我均可接受。我会使我的行为与你们的宗教戒律相一致。

“至于君权，我关心两点：一是我个人；二是英国上院的集会。就我个人（尊敬的国王），如果发生行为不当，请代我向臣民宣布，以免发生误解，或因缺乏信息而引起民怨。请给你们最高贵的国王以最大的体面，用你们世俗的同情，来原谅我的无知。关于第二点，请让我再次出席众议院，

---

① 1521年。

② 1523年。

共商国事，征求民众的真实建议。

“对外要维护臣民的体面与尊严，对内不要因为我的无知和愚钝而导致不幸事件的发生，不要因为我的失察而使你们的尊严受损，否则，就是我人生的失败，就是我内心深处永远的痛。记住以上几点，是我作为最尊贵的国王的最低诉求，也是对你们最高贵尊严的同情与保护。

“你们按规定通过国会开会解决问题，在众议院按照人们习惯的方式来处理一些常规事情，按照你们谨慎的建议，以议会的名义发布一些法令。对于议会法庭而言，将是很明智的。毋庸质疑，议会有这方面的权利，同时，也有这方面的人才。

“在我们中间有许多智者，他们既有知识，又有智慧，而且，都善于表达。但也经常发生这样的事，说的很好，但行为却很愚钝。人们往往知其然，不知其所以然，而知行合一才是最聪明的人，也是国家最宝贵的思想财富。因此，鉴于事情本身的复杂性和重要性，要充分商讨。

“当一个人对一件事富有热情的时候，他总要表达出来——表达的方式或者聪明或者愚昧，但说出来总是好的。[①]因此，（最尊贵的国王）认为，议会高级法庭最重要的是关心、关注英王国以及王室财产。

“对于那些善良的、经过周密思考的臣民所提出的意见和建议，王室不会无动于衷，一定会认真考虑，并采纳执行。是的，这就是最重要的事情，这就是最可敬畏的事情!

“对于那些胆小的臣民，针对最高权利提出的一些问题（可以怀疑国王，但不可怀疑英王国），国王会给在此集会的臣民最大的尊严和最充分的自由。毫无疑问，你们的不愉快，就是最大的恐惧。

“每个人都要履行职责，保持耐心，并大胆地提出意见和忠告。任何人无论说了什么，只要对王国有利，都会予以采纳。不能打断其发言，让他为了王国的尊严与利益，继续说下去。他们的财产会受到保护，这是我最乐意做的事情，也是我的职责，同时也正是我们共同的渴望与追求。”

---

① 此句指莫尔发表的“从现在起不再全盘履行国王的指示”这一就职演说。

在议会，沃尔西大法官感到很沮丧，因为很久以来，他在议会没有树立起自己的权威。当时，国王想要一笔补助金，这一要求需要议会通过。正如沃尔西所担心的那样，经过长时间的辩论，只有少数几个人同意国王的这一要求，作为王室培养费支付，但更多的人则不同意支付这笔经费。

鉴于此，大法官发表了一个严肃的演说，陈述诸多理由，以证明补助金的要求是多么地必要，应该给予准许。并进一步保证说，我们以后将很少再满足国王的要求。但演说结束后，大厅里仍然一片寂静，无人回应——与他的期望恰恰相反——人们对他的请求仍不同意。

最后，他说："长老们，在你们中间有许多富有智慧和学识渊博的人，国王委派我来到这里寻求对你们自身及王国的保护，我认为你们应给我一个合理的回答。"人们仍保持沉默，他便准备逐个突破，他问马雷先生是否同意。按照惯例，对于一个议项的回答，应该由发言人来做出。所以，马雷先生拒绝回答。

大法官无计可施，最后说："长老们，众议院的事（这一点最有可能）由发言者来回答才对。但是你们选择了沉默，这就表示没有质疑。下议院议长先生请发言，我们不能使出席会议的、如此高贵显要的人蒙受羞愧，而要使英王国这些最博学、最智慧的人高兴才对。"

大法官的所作所为令莫尔很生气，议会的一系列事也让莫尔非常失望，于是莫尔起身离开了。会议结束以后，大法官对他说："莫尔先生，你依然是下议院的议长。你的尊严没被冒犯，我的也没有。"莫尔不想继续谈下去，于是谈起了汉姆普顿的美术馆，以此来打断大法官的谈话。

然而，大法官在接下来的事情上，仍然对莫尔采取了惩罚措施。他任命莫尔为大使，出使西班牙。大法官的理由是，莫尔拥有非凡的智慧和博学，这使他成为这次出使的合适人选，至于困难是可以克服的。他提醒莫尔，"到那里好好为君主服务"。国王也说，对于莫尔而言，这是一次不合适的出使。作为国王，他是不同意把履行国家职责和被免官混为一谈的。他从来不会以损害别人的尊严而接受服务。他深知，如果派莫尔去那里，就像是送这位忠诚的人去坟墓。

然而，莫尔为了表示自己是愿意履行职责的，为了使国王高兴，尽管有危险也要完成任务，他接受了这次的任务。

国王同意莫尔的做法，并对他说："这不是我们的本意，莫尔先生，让你受到了伤害，为此，我们将尽力补偿。"基于这样的考虑，国王决定接纳他，并任命他为兰开斯特公爵领地的司法官，因为此时担任此职务的理查德·温福德已去世。

莫尔很高兴担任公爵领地的司法官，他将全家都搬到那里。君主有时也会突然到他家拜访，与他共度良宵。在那里，他们共进晚餐，晚餐过后在漂亮的花园里比肩散步一小时。君主一走，我[1]就高兴地告诉莫尔，他是多么有魅力！国王如此随意地和他聊天。国王以前从来没有如此高兴，除了沃尔西大法官，只有莫尔才能与国王如此亲密地散步。

莫尔回答说："孩子，我发现，在英国，我的君主的确给予我很多恩赐。这些恩赐告诉我，我没有理由骄傲自满。"

这就是托马斯·莫尔！他拥有所有的美德，尤其是谦虚和宽容。任何一个人去拜访他，无论他是来自牛津、剑桥或其他地方，都是拜访者的巨大荣幸。每年都有很多人拜访莫尔，有人是为了与其相识，有人是为了听其演讲，有人是为其学识和智慧，有人是为了上大学的渴望，有人是为了与他辩论问题。迄今为止，凡是与他交谈过的人，都可能发现，即使在与他的辩论中失利，也没有什么不便，至少不会让他们感到不自在。因为莫尔从不追求个人荣耀，而对对方冷嘲热讽。莫尔对待学生总是鼓励，而不是贬低——他曾经表示，他对待学习比教书更有兴趣。对待其他事情，莫尔也表现得有理有节。

对于莫尔的智慧与博学，国王曾给予高度评价。他在牛津大学读书期间，曾取得巨大进步。在那里，莫尔发表了多次雄辩的、有说服力的演说，老师也经常安排他（莫尔也总是按时参加，充分准备）回答问题。那时的

① 指本书作者。

他已经开始影响国内，甚至国外的大学。

他的好学使他总能胜任复杂的工作：他曾经是公爵领地的司法官，并且两度出任大使，还在查理斯国王时期担任弗兰德伯爵领地[①]委员会委员，其他一些时间则在国王身边工作。

莫尔担任公爵领地司法官不久，在伦敦，沃特·比利夫（莫尔有一段时间是其仆从）听说，一些商人把地圈到莫尔的领地[②]，于是很不高兴地找到莫尔，告诉他自己听到的一切。“如果我是你，先生，”比利夫说，“像你这样德高望重的君主，不应该受到恶棍的诽谤诋毁。我希望你把他们召回，使他们为其下流举动感到羞愧，并接受处罚。”莫尔微笑着对他说：“沃特·比利夫先生，你让我来处罚他们？他们都是我的朋友，我与他们的友谊非常深厚。以上帝的名义，他们从来没有这么攻击过我。只要他们不伤害我，就是我的幸运；假如他们伤害了我，我也不会生气。我相信，在上帝的帮助下，他们中是没有人愿意伤害我的；我也相信，沃特·比利夫先生会理解他们，而不是怨恨他们。”这样富有成效的沟通，熟悉莫尔的人都是知道的。

有一次，我和托马斯·莫尔在切尔西的泰晤士河边散步，他对我说：“基督教世界将发生三件事——如果我猜错了，你可以把我装进麻袋里投进泰晤士河。”

“先生，你这是什么意思，”我说，“那是你所希望的吗？”

他说：“第一件事是，为了世界的和平，基督教徒将有一场殊死的战争；第二件事是，基督教现在正面临许多异教的挑战；第三件事是，国王的婚姻现正面临麻烦，如果有一个好结果，那将是上帝的荣耀。”

“为了上帝的荣耀”，这就是他一生做的主要事情，也是他一生努力追求的目标。他从不追求奢华的生活——无论是他自己，还是其他人——他只想着为上帝、君主和英王国服务，并为此奉献了他的全部。在他后来的

---

① 欧洲中世纪的伯爵领地，包括现比利时的东弗兰德省，西弗兰德省及法国北部部分地区。

② 当时正是英国的圈地运动。

岁月里，从未向国王要过一便士的报酬。

现在我们来谈谈托马斯·莫尔的日常生活。

他如果在家，在睡觉之前，会和孩子们一起诵读七言圣诗，做应答祈祷等事情。有时，他和妻子、孩子、仆人一起到小教堂做礼拜，双膝跪地诵读圣诗。

由于他的住所与世隔绝，他又经常独居，所以，他对做礼拜有着强烈的渴望。距他的别墅不远的地方有一些新建筑，那里有小教堂、图书馆、美术馆等，在那里学习和祈祷占据了他的大部分时间。

周五，他会从早到晚虔诚地祈祷，以此激起妻子和孩子对宗教的强烈渴望。有时，他对孩子们说："现在，宗教对你们而言还没什么，因为人人都在给你们好的劝告，人人都在给你们树立好的典范；你会看到美德将得到回报，罪恶将得到惩罚，甚至人们牵着下巴把你们带向天国。但是，如果你生活的时代，没有人给你忠告，也没有人给你树立榜样；当你看到正义受到惩罚，邪恶受到奖赏，你如果忍受斋戒（绝食），坚定而虔诚地相信上帝，上帝将给你丰厚的回报。"

如果他的妻子、孩子生病或遇到什么麻烦，他会对他们说："一个人不能奢望躺在羽毛床上高兴地去天国，这种想法是不对的。作为贵族，我们需要肩负苦难与痛苦过我们的一生。那是一条狭长的小径，你走的肯定不会很愉快，但要想一想，世界上还有很多人比我们现在的情况更糟糕。"他总是以这种方式劝说他们要耐心地承受苦难，以这种方式教他们抵挡恶魔及诱惑。当上帝看到一个人无所事事，对诱惑毫无抵抗的时候，就会勃然大怒；而当他看到一个人勤奋工作，能抵御各种诱惑的时候，他就会感到欣慰。

这种对事情的处理方式，是一种精神的力量，这种力量不仅对莫尔有效，对其他人也是如此。莫尔不仅自己这样做，也要求他的妻子、孩子及家中其他人遵循此规则。

对于莫尔而言，由于其高贵和仁慈，上帝已经给予其非凡的恩惠。此时，我的妻子[①]，因病卧床不起。她长时间地昏迷不醒，两位内科医生——他们都是博学、智慧的人——对她进行了积极的治疗，但效果甚微。最后，她的病情令医生及其他人对她的康复都不抱任何期望。

她的父亲（一直在全力照顾她）仍然抱有希望，他虔诚地向上帝祈祷，以寻求上帝的治疗。他把她接到他的新住所，在他的小教堂，他双膝跪地，两眼流泪，恳求上帝，满足他的愿望，使奇迹发生。他相信，上帝一定会满足他的请求，并且会有一种好的办法来帮助她。

莫尔将自己的虔诚的祈祷告诉了两位医生，他们又绞尽脑汁寻求办法救助她。最后，她真的苏醒了过来，康复了！

她父亲说，如果取得了上帝的同情，她以后将永远不会再受此磨难。

之后几年，罗马教皇的职位出现了空缺。沃尔西大法官是一位非常有野心的人，对于权力和地位有着强烈的渴望与追求。他又想通过查理斯国王的举荐坐上罗马教皇的宝座。但他有一个强大的竞争对手——阿德里安大法官。阿德里安大法官的中学校长亲自向罗马大法官举荐了他，最后阿德里安终获胜利。

阿德里安大法官来自西班牙。他作为一个普通的公民，徒步来到罗马。在进城之前，脱掉袜子和鞋子，光着脚走过罗马的街道，一直走进宫殿。他的谦卑赢得了所有罗马人的尊重与敬畏。而沃尔西大法官只能遗憾地退出了竞争——尽管他使出浑身解数反对，以求报仇和获得转机，但都没有成功。

国王的反复无常的个性，不久就表现在对王后凯瑟琳[②]的不忠上。在一

---

① 指莫尔的大女儿。

② 1502年，亨利的哥哥阿瑟（也就是亨利七世）去世，亨利变成英国王位的法定继承人。1509年，亨利迎娶了他哥哥的妻子——阿拉贡的凯瑟琳、天主教双王费尔迪南多二世与伊莎贝拉一世的女儿。亨利八世娶妻的意义是为了维持和西班牙的同盟，同时他也发现他正爱着凯瑟琳。

些公开场合，国王屡次表示，“就气质、智慧、品德和美貌等方面而言，凯瑟琳都无法与安妮·布琳[①]相比”。尽管凯瑟琳也做出了巨大的努力，但都无济于事——那时国王已经坠入爱河，深深地爱上安妮·布琳，他整日想的都是与法国美女相爱的美好情景。但事情并不像他想得那么美好。

此时的法国与英国正陷于仇恨与战争[②]，他也希望通过这次婚姻能获得英法的关系的好转，但前提是亨利八世要与现任王后凯瑟琳离婚。为此，亨利八世向林肯主教咨询[③]，怎样合法地解除自己与凯瑟琳王后的婚姻[④]。最后的结果是，亨利八世与王后的婚姻是无效的，因为当初他娶的是自己哥哥的妻子。依照《利未记》的说法，亨利玷污了哥哥阿瑟的名声，让他以“裸体示人”。至于违背《圣经》的证据，就是他和凯瑟琳没有生养一个男孩，恰好与《利未记》中“没有子嗣”的预言相吻合。

国王的这一决定在国内引起轩然大波，贵族、民众一致反对，国王向托马斯·莫尔寻求对策。他先向莫尔展示了《圣经》里的一些文句，莫尔品读后表示，以国王的神德，用这样的借口推脱[⑤]事情，恐怕不太合适。国王对他的回答很不满意。

---

① 凯瑟琳一直无法帮亨利八世生一个儿子做王位继承人，于是亨利开始迷恋凯瑟琳王后的一位宫女——安妮·布琳。安妮·布琳曾在法国宫廷受过教育，倾向于宗教改革。

② 亨利八世自继位起就执行反对法国、联合西班牙的政策。1513 年，亨利八世以保护教皇为名，联合西班牙对法国开战，在圭内加特大败法军，并在英国北部夫罗登打败了法国的同盟者苏格兰的军队。从 1522 年起，亨利八世连年派兵入侵法国，并向西班牙皇帝查理五世提供征伐法国的军费开支。

③ 此时担任林肯主教的正是沃尔西大法官。

④ 按教会法规，天主教徒是严禁离婚的。但中世纪的国王们要想离婚，总能找到理由。至于离婚的理由，无非是通奸、近亲结婚或者违反教义。

⑤ 亨利八世与凯瑟琳的婚姻在当初就是不符合天主教教义的，但当时的罗马帝国皇帝，受制于西班牙王室，为了西班牙与英国的同盟更加坚固，罗马教皇批准了这场弟弟娶寡嫂的婚姻。批准的理由是：凯瑟琳并没有与亨利的哥哥阿瑟同房，一直保持处子之身。现在为了离婚，亨利八世推脱说，与自己结合时，凯瑟琳王后已经并非处子之身了。这样教皇当初的特赦令就是无效的，他们的婚姻就是不被承认的了。莫尔所说的“用这样的借口推脱”正是指亨利的这一说法。

但国王已经胸有成竹，[1]他自得地对莫尔说："杜斯塔、克拉克、达拉谟[2]和所有主教，都已参与此事的处理。"但是莫尔并不认同国王的做法，他起身离开了，并说，《圣经》上的那些文句连同解释说明，都是神圣的。

莫尔对国王说："君主，您要明白，我知道达拉谟和巴斯都非常聪明、智慧、高尚、博学，都是有名望的高级教士，但他们俩和我都不是您委员会[3]的成员，我们可以为您服务——因为您给了我们很多的恩赐，我们富有责任感——应该为您谋划。但是，您要做的事情必须符合事实与真理，这既是对臣民的尊重，也是对您自身的尊重，否则，就是在欺骗您。"

与此同时，沃尔西与其他的主教们还在激烈地辩论着，很多由国王册封神圣的学者——他们既懂希腊语，又懂拉丁语；他们还给国王赢得了荣誉——都不赞成国王的要求。托马斯·莫尔在中间进行了协调和沟通。经过激烈的讨论，大部分人的意见是找一个充分理由答应国王的要求，或者交给罗马教皇裁决——在那里国王也能达到目的。

然而，国王并没能在罗马教皇那里得到许可，罗马教廷委员会对国王的这一请求进行了审查与审判。最后的结果是，国王恋情被判定为不合法。为了证明恋情的合法性，国王随身带了许多物品，以示证明。但物品却是来自西班牙的国宝，于是被教皇判定应该归还西班牙。鉴于此，国王的恋情只好下次再审。

在国王的婚姻事件之前，我与托马斯·莫尔谈到英王国的社会等级问题：特权普遍存在，异教徒不敢抛头露面，牧师和教士品德高尚、学识渊博，权贵只有臭名，臣民善良、顺从。这些社会等级问题，使我非常忧虑。"是的，罗珀。"他说，"我们中间的一些人，就像是坐在山上，高高在上，踩踏异教徒就像踩我们脚下的蚂蚁。而更多的人生活艰难，我们很希望能

---

① 当时，沃尔西大法官已经是红衣主教，他的地位比英国首席大主教——坎特伯雷大主教的地位还要高。所以，沃尔西有权召集英国的高级主教们，并向他们施压。如果主教们达成一致，沃尔西就能宣布废除亨利八世和凯瑟琳的婚姻。

② 当时的英国大贵族。

③ 指沃尔西和他召集的高级主教。

与他们建立联盟，达到妥协，让他们拥有自己的教堂，平静地过日子。”

我们回到国王的棘手事上。在提供了证据并把它送往英格兰的审判委员会以后，国王欲尽快改善英法之间的关系。他安排达拉谟主教和托马斯·莫尔作为大使前往坎布里（既不属于英国，也不属于法国），从中调和。莫尔竭尽全力处理事情——力图给英王国带来更多的利益，而避免英王与委员会兜了个圈子后又回到原地。由于莫尔的出色表现，亨利八世授予他骑士爵位，这引起了很多贵族的不满，他们抱怨，全英格兰都给了莫尔。

托马斯·莫尔和达拉谟公爵回到英国后，国王急切地劝说托马斯·莫尔同意他的婚姻，并说是许多事情促使他这么做。然而，莫尔还是令国王失望了。他又被迫重回坎布里。莫尔思量如何避免此类事情的发生。

尽管国王的婚姻遭到教会法律和上帝的反对，但他依然坚持。他说，事情迟早会发生，他的婚姻很明显直接触犯了法律，而教会也不应该特许。当时伦敦的主教斯都克斯利则坚持以说服为主，祈求在此问题上与国王协商。但关于此事的所有会谈均无效果，没什么能促使国王改变主意。

只是出于国王的最高权威，便亲自把报告送给他，并渴望还能为国王服务，以使国王满意。

而不久前，斯都克斯利主教在星法院[①]还遭到沃尔西大法官的公开非难与指责。大法官说应该把主教投进伦敦的弗利河。

鉴于沃尔西大法官在处理国王离婚问题上缺乏预见性，国王对他很不满意，不久，大法官的职位就被托马斯·莫尔取代。

托马斯·莫尔在诺福克公爵和萨福克公爵的陪同下，通过威斯敏斯特大厅来到英国大法官法庭。诺福克公爵宣布：莫尔是国王本人亲自指示特殊委员会任命的，全英格兰人民都应该为他的出色表现而感激他，他应该享受英王国最高级的待遇，全体臣民都应该喜欢他、信任他。莫尔本人应该有充分的理由感到高兴。

然而，当时还有很多评论说：“虽然，他应该为殿下的荣耀而高兴，

---

① 英国历史上的星法院于1641年关闭，以专横暴虐著称。

但如此高的评价已远远超过他的功劳。他必须承认，他所做的所有事情不过是他的职责而已。作为一名高级教士，以前受过如此多的磨难，现在又有这么高的荣誉，他就应该更加尽职尽责才对，所以没有理由高兴。况且，他要为国王的利益负责，对案子做出公正的判决，确保没有腐败，没有不良影响。如果委员会发现他在任何时候、任何一件事上失职，出于对国王和上帝的忠诚，委员会就会把他解职，委员会会监督他，以防因他的过错而受到影响。”

莫尔当大法官期间，在空闲时（这样的时候很少），他的一位女婿高兴地对他说：“沃尔西当大法官的时候，不仅给他的亲信谋得了利益，还给他的随从争得了好处——他的一个随从甚至还与沃尔西的一位女儿结了婚。而你总是找理由拒绝那些能力和德行不足的人，尽管很多是你的亲戚和随从。你总是耐心倾听每一个人的意见，不论贫富，你的大门对所有人敞开，从未让他们失望，你总是力所能及地为他们做事，这进一步增进了他们的理解与信任。你完全可以为他们做更多的事，因为你有条件做更多的事，为此，他们给予你很高的评价。”

“你说得对。我不是不喜欢你考虑这么多的事，我们可以有许多方式让你及你的朋友高兴，有的事我们可以当面说，而有的事可以写信告诉你及你的朋友。如果你有什么要求，我可以倾听，如果你的理由不是很充分，我们可以讨论，我相信这些事他们会给予信任。如果当事人有分歧请求公断，我总是站在正义的一方，而抛弃邪恶的一方，尽其所能给予照顾。”莫尔回答说。

托马斯·莫尔因公正司法而受到人们的尊敬，他的另外一名女婿赫隆先生就是案例之一。在莫尔之前，赫隆先生还有一起案子。当时的大法官沃尔西偏袒赫隆，专横地给予其从宽处理，但莫尔不能同意法庭的结论而包庇自己的亲属。赫隆通过威斯敏斯特大厅被带到大法官法庭的被告席，他郑重而虔诚地在众人面前跪下，祈求父亲的原谅。莫尔仍然依据法律，进行了公正的裁决。裁决后，莫尔经常去看望他，安慰他，亲吻和拥抱他，并向上帝祈祷，祈求上帝的怜悯。在这个案件中，莫尔的裁决找不到一点瑕疵。最后，克劳克先生公布了一份公文宣布判决内容，伴随着威斯敏斯特法庭的钟声，赫隆的人生也走到了尽头。

在随后的晚餐期间，莫尔多次打断人们的抱怨，同时还展示了判决书。基于对这些事情的辩论，他们都被迫承认，在那种情况下，他们只能那样做。

如果每个法庭都能精准理解法律，更多考虑当事人的合法要求，这样就会更人性化，法律就不再成为冷冰冰的条文。莫尔对其他法官说："我的贵族们，我会为了减轻对人民的伤害而执行一些命令，希望你们不要责备我。"在那以后他曾神秘地对我说："孩子，我知道到他们为什么不喜欢这样做，因为通过陪审团的裁判就避免了与人辩论，这就是他们认为的防范措施。但我不得不承受这些风险。"

为了宗教论战，莫尔不得不占用大量的时间来学习研究《圣经》而很少休息，而关于国王和王国的其他事情，他也必须勤勉处理。此时，天主教也开始传入英王国，他还要进行有效的防范与抵御。同时，他还要确保主教的权力不因宗教改革而受到削弱，使宗教改革适合于人们的思想。

由于莫尔认真履行职责，并为此付出了辛勤劳动，再加上莫尔也不是富人，在一次宗教会议上，基督教牧师一致同意，每年至少拿出四五百英镑作为莫尔的劳动报酬。对于主教及其他牧师，依据他们的贡献大小及能力而确定。达拉谟主教、巴斯主教和埃克塞特主教经常去拜访莫尔，对莫尔认真履行上帝赋予的职责深表感谢，他们表示会认真考虑他的功劳——尽管他们不可能根据莫尔的功劳大小如实考虑——尽量报答他。他们说，这只是对他善行的报答，而且还只是这些善行的很小一部分，只是对他劳动的尊重，可能与他的实际贡献是不成比例的。他们会以宗教会议的名义支付一定的酬劳，希望他不要嫌弃，并说"对于他这么智慧、博学的人，实在不成敬意"。

但是莫尔从未考虑过什么报酬，他只是借上帝之手工作，他对他们的充分考虑深表感谢，但拒绝他们的金钱酬劳。但他们使尽各种手段让他接受，他们还把这些赠予他的妻子和孩子。"不是这样的，我的贵族们，"莫尔说，“我真想把这些扔进泰晤士河。我的工作只值一便士！尽管你们是出于友好，而且有充分的理由，但我一点也高兴不起来，我不喜欢这样。更重要的是，这样会使我晚上睡不好觉。我希望所有的异教徒能得到抑制，否则，我的劳动就算白费了。”

这就是大法官！即使哪一天他不在了，人们也会记住他的高贵品德。当然，莫尔也有一些怪癖，比如他会穿一些奇怪的服饰，或者有怪异的举止。有一次，我的妹妹——一位年轻优雅的女士，在一个夏日的晚餐时间，看到莫尔穿着男式马甲，男式紧身短裤和没有领子的素色衬衣，她觉得他的样子非常滑稽可笑。我的妻子也发现了同样的问题，就私下告诉他，说看到他那样很难过，并让他改正。他有时用鞭子抽打自己，以示惩罚——这一点只有我的妻子、他的大女儿知道。由于她所了解他的秘密，莫尔特别相信她。

不久莫尔进入大法官办公室工作，国王安排他处理最重要的事，莫尔双膝跪下，谦卑地恳求陛下坚持君主的仁爱。莫尔说：“世界上最令人悲痛的事情莫过于想做而不能做，就像鸟儿失去一只翅膀。”他表示自己一定会尽力服务好并使陛下满意，使君主能够敞开心扉，言语真诚。他希望君主能够给他指出服务中的不足之处，他对国王说：“如果我不能用我的耐心为国王提供很满意的服务，敬请国王雇佣其他更有学识的人。我会一如既往地忠诚，不会受此干扰。”

这段时期，国王仍然在积极推进与布琳王后的婚姻问题。国王与主教以及上议院的那些贵族沟通，莫尔也受托前往众议院平息民众的不满。然而，事情毫无结果，最后，莫尔假装称身体不适，不能再亲自前去服务。

诺福克公爵是莫尔的好友，有一次他到切尔西与莫尔一起吃饭，碰巧发现莫尔正与教会合唱队在教堂唱圣歌。晚饭后，两个人一起回家，公爵说:“上帝保佑，我的贵族大法官、教区执事，你让国王丢了脸。”“不，”莫尔说，“你的君主、国王，你和我的主人，不会认为，为上帝服务是在冒犯他或使他丢脸。”

诺福克公爵受国王的委托请求托马斯·莫尔在方便的时候辞去大法官的

职务。公爵带来了君主的感谢与致意，并说鉴于莫尔以前的工作与服务，国王会考虑给予其荣誉或者在经济方面的补偿。莫尔坦然接受了这一建议。

他放弃了大法官的职位，在他走出威斯敏斯特大厅前，他对他的侍从、主教以及八名送水工进行了安排，对在办公室曾经帮助过他的人，进行了感谢。随后，他把孩子叫到身边，问在他不再当大法官、能力减弱之后，他们有什么建议。并说，从今以后，他可以继续与我们生活在一起，他也希望我们愿意与他在一起。当他看到我们都沉默不语——在那种情况下，我们都不肯向他表达任何看法——时，他说："那么，我愿意向你们表达我的想法。我曾经在牛津大学的法学院、林肯学院以及王室法庭接受教育，从最低学位到最高学位。现在，我每年拿到的薪金也有一百多英镑。如果你们喜欢跟我在一起就可以在一起，我们的伙食费不会降到在牛津苦读时期的标准，也不会降到在新法学院学习时期的标准。我们可以从林肯学院时期的生活标准开始——在那里，我度过了许多美好的时光；如果第一年不能维持的话，那么从第二年开始，就降到新法学院时的生活标准——那时许多诚实的人都很满意；如果依然超出了我们的能力，那么，我们只有削减到剑桥时期的伙食标准；如果我们的能力还不足以维持的话，那我们只有背着口袋去乞讨了，挨门逐户去唱赞美诗以获得别人的同情而给予施舍，这样也可以使我们快乐地在一起。"

因此，你会听说有这么一个人，他因受人尊敬而被召入宫廷为国王服务，在那里，他工作勤奋，忍辱负重，对国王进行无微不至的照顾，他为英王国和王室做出了重要的贡献，他也因此过着富足的生活。然而，有一天他离开了大法官职位，为了维持生计，他不得不到处寻找食物、燃料、衣服及其他生活必需品。他曾经购买的土地每年在扣除费用后只值二十马克[①]，留给他的金银财宝仅价值一百英镑——但他却是一位贵族大法官。

---

① 是古代欧洲的货币计量单位，符号为£，最初相当于 8 金衡盎司（249 克）纯银，后来演变为半磅"马克"作为古代货币单位名称，曾通用于古代的欧洲西部地区，包括英格兰。

在他还在位时，每当假期，在做完礼拜之后，他都会来到他妻子身边，说："夫人，我很快将不再是贵族，在我离职后，我会有更多的时间来到你身边陪你。"他辞去大法官职务之后，他在他妻子的靠背长椅边蹲下，行了个屈膝礼说："夫人，我已经不是贵族，我将和你及孩子们一起享受天伦之乐，一起享受激情，面对死亡，宁肯忍受苦难也不冒犯上帝。为了上帝的爱，可以面临监禁，失去财产、土地甚至生命。"当他发觉他的妻子和孩子能够理解他，甚至鼓励他为信仰而死，他对此感到很欣慰。如今，在他遇到困难的时候，家人的理解激励着他，眼前的波折也就显得微不足道了。

莫尔辞去大法官职务后，就和家人生活在切尔西的家里。国王的亲信托马斯·克罗姆威尔来到切尔西，为他带来了国王的口信。在那里，莫尔与其进行了亲密的交谈。"克罗姆威尔先生，"他说，"你现在进入王室，在国王身边工作——如果你愿意接受我拙劣的建议的话——你要维护国王的尊严，告诉他应该做些什么，但从来不要告诉他能做些什么。"

不久，坎特布雷的大主教就完全按照国王的意见裁定了国王与凯瑟琳王后的婚姻问题，并没有经过罗马教皇的批准——从那时起，英国就与罗马教皇分离开来——而与安妮·布琳结了婚。托马斯·莫尔得知此事后，深有感触地对我说："上帝给了面子，孩子，但这件事情在一段时期内不会得到承认。"莫尔的这一说法冒犯了国王。幸运的是，安妮王后从伦敦塔到威斯敏斯特大教堂去参加加冕典礼时，没有出什么差错。很快，莫尔收到了一封来自达拉谟、巴斯和温切斯特主教的信，信中要求莫尔承认这一切，同时要求他接收通过送信人转送的二十便士以买一件长袍。莫尔对此表示感谢，但一直逗留在家。在接下来的一次会面时，莫尔高兴地对他们说："我的贵族们，在你们近来给我的信中，你们要求我做两件事，一件我很乐意同意你们的要求，但另一件我想我该否定你们的看法。"

在这一非常时期，国王使用各种手段使莫尔站在自己一边。他甚至威胁恐吓莫尔，想要使他屈服，但这一切却因坎特伯雷教堂的一个修女而改变。这位修女品德高尚，受人尊敬，像一个神学博士一样影响了许多信徒。

许多仰慕者和普通信徒都前来向她求助。她宣称自己有上帝给予的启示录，她在神示中警告国王不要过邪恶的生活和滥用权力。她同时宣示上帝知道罗彻斯特勋爵和主教费舍尔是名人，说他们拥有良好的生活和学习习惯。她准备动身前往罗彻斯特，用上帝给她的启示揭露国王亨利的所有罪行，并适时给他提出建议和忠告。这使主教明白最好遵循上帝制定的法规行事。主教建议她亲自去警告国王，从而能使他明白整个局势。她听从了主教的建议，亲自来到了国王面前，告诉了他启示录的所有内容，然后返回坎特伯雷。

不久之后，她在一个叫雷诺兹的商人的资助下坐船航行到锡永修道院。雷诺兹先生拥有一所大房子和许多财富。在她的旅行中，修女发现有些问题是关于国王的权力和婚姻的，她便拜访了莫尔，并与他谈论起来。莫尔当时还没有触犯法律，还可以自由地、安全地和她交谈。在整个的交流过程中，他谨慎谦虚，一再降低自己的身份。他不应该被指责，反而应该被称赞和表扬。他已经不在政府部门工作了，不再是为国效力的人了。但正是他摒弃了腐败的作风，摆脱了赃物，使自己保持清廉，没有人能够污蔑他。

在这个艰难的时刻，国王将所有的愤怒撒向他，给他捏造了莫须有的罪名。国王逼迫莫尔辞去大法官的职位，并把这一职位给了莫尔的宿敌沃恩法官。一个叫帕内尔的人向国王汇报说，莫尔在任期内，通过妻子收受了一只镀金的杯子。根据相关法律，这是违法的。沃恩大法官以及其他与莫尔不同政见的委员们都憎恨莫尔，他们联名就此事控告莫尔。

莫尔说，那个杯子是别人作为新年礼物送给他的。当他拿到了这个杯子以后，马上让管家在杯中倒满了酒，递给妻子喝。当妻子饮完酒后把杯子还给了莫尔，他再一次把杯子给了妻子。妻子最后将杯子作为新年礼物送给他，但他礼貌地拒绝了。这样，一切就都澄清了。

我记得有一年新年，一位名叫克拉克的富有的寡妇走进了莫尔的生活。她曾送给莫尔一副价值四十英镑的手套作为新年礼物。莫尔十分感激，可她拒绝收钱。于是他说："女士，拒绝一位贵妇的新年礼物是不礼貌的。

因此我很满意收到您的手套，但是钱还是要付的。”这样使得这位妇人最后不得不收下他的钱。另外，还有一个叫格雷沙姆的男士，同样有一个诉讼案由他审理。这位男士送给他一只镀金的杯子，作为新年礼物。尽管这只杯子不是很时尚，但也很漂亮，并且很值钱，但莫尔并没有自己留下。像这样的许多事情都证明他是无辜的，是远离腐败的。

在开议会的时候，有个人把账单放在他的房间里，用来污蔑他；同时指出其他宗教人士也犯有叛国罪，其中包括罗彻斯特主教和莫尔爵士。事实上，是国王给莫尔制造的事端，迫使他屈服并赞同国王的要求。但莫尔不知道以何种方式去欺骗自己。

关于这些账单，莫尔请求为自己辩解，但国王不同意。国王安排了坎特伯雷大教主、诺福克公爵和克伦威尔详细调查，并命令莫尔前来接受审判。

在那时，我认为，我的岳父大人应该向这些人求助，免得他被议会排除在外。他回答我说他会的。

在莫尔到来之前，法官们就约定要对他友好。莫尔到后，他们和莫尔坐在一起。随后，大法官开始告诉莫尔，国王通过各种方式表达了对他的爱和喜欢，而且非常乐意让他继续在政府工作，也很愿意给他所有的福利。然而，莫尔仍然不能说服自己，向国王索取荣誉和利益。

在当时，议会、主教、学校都已赞同了国王的意见。莫尔说道：“这里的人们，没有一个做事情做得比我更好，而且使国王满意的。只要我承认自己是错误的，就会获取各种好处。而我宁愿始终保持和拥有善良和诚实，也不愿违背自己的意愿。虽然我十分希望我从未听说过这件事情，并且总是想，如果我从一开始就平凡地生活，按照我的意愿做事，那么在我眼中国王看起来就会是一位亲切的国王，而且应该被人爱戴。他从不左右人们的思想，就像他说的，也不会干涉我的生活。而从某个时候开始，很多事情向我扑来，我却没能发现这其中的变化；如果我能发现这些变化，那么我就是世界上最高兴的人了。”

当法官们没能用荣誉与利益说服莫尔，使他放弃之前的决定，他们便开始对他打感情牌，告诉他如果没有成功说服他，国王将会惩罚他们。莫尔从没想到国王会如此恶毒，也从不知国王是如此的变化无常。国王曾借一个魔术师之手，写了一本名叫《为七圣礼辩护》的书，来维护教皇的权利，这使得他在整个信奉基督教的国家里名誉扫地，并且好像放了一把刀子在教皇手里来与自己搏斗。当法官们用这些恐怖的事情来吓唬莫尔时，他说："我的法官大人们，这些恐怖的东西应该用来吓唬小孩子，而不是我。但从某种程度上来讲，你们给了我很大的压力。我相信国王殿下会顾及他的声誉而不会控告我的，因为这儿的人们，没有一个人能比我更明白其中的缘由——他很清楚地知道，我不是他王权的捍卫者。"

随后，莫尔乘船回到了他在切尔西的家。他十分高兴，我也非常希望他摆脱议会议案。当他到家后，我们两人一起来到花园。我多么希望知道，为什么这一切如此突然，因此我问道："父亲，我相信一切都是好的。因为您如此高兴，我十分感谢上帝。可是您真的已经摆脱议会法案了吗？"

莫尔回答说："孩子，我从不记得这些事情了。"

我继续问："从来都不记得这些吗，父亲？最近发生在您身上的一件事，我们所有人都为您非常担心。听到您这么说，我感觉非常难过，因为当我看见您高兴时，我真的相信一切都好转了，但好像不是真的。"

莫尔说："孩子，事情就如你所知道的那样，但是为什么我如此高兴呢？"

我说："父亲，因为您摆脱了议会法案，所以感觉很高兴。"

他说："孩子，我高兴是因为我有好的信仰，那些邪恶的人们也受到了惩罚。我已经不是大法官了，我毫不羞愧地说我将永远不回去了，不会再为政府工作了。"父亲的这些坚定的话语使我更加悲伤。事实上，父亲非常喜欢大法官这一职位。

然而，此时国王与现任大法官经常谈到莫尔——国王强烈要求给莫尔定罪，并告诉法官们他已经做出了决定。因此，毫无疑问，议会会给莫尔治罪。为了满足国王的要求，议会会推翻法案。国王一旦有了自己的意愿，他就要实现。奥德利大人和其他的人看到国王如此趾高气扬，只能像他们的祖先一样向他屈服，并恳求他赐福于他们。如果有人想要推翻国王的决定，那就将意味着对王权的蔑视和侮辱。如果对莫尔的判决获得通过，国王的声誉就挽回了。

在法官们长时间地劝说之后，莫尔并未屈服。一天早上，克伦威尔在议会大厅接见我，他希望我转告我父亲议会的这一决定。我已经约好那天在伦敦宴请宾客，因此我叫仆人把这个消息带给了在切尔西的妻子，让她告诉她的父亲莫尔先生。得知消息后，莫尔说："因为坚持自己的信仰，我将会被关进了监狱——但我认为，这不是真正的被关。"

之后，诺福克公爵和莫尔终于有机会在一起说话了。公爵对莫尔说："与王室斗争是危险的，因此，我希望你稍微顺从国王，取悦于他。"

莫尔说："我要遵循上帝的旨意。"

公爵说："我的天啊，上帝就是一切吗？"

"实际上你的恩典和我所遭受的苦难之间有什么不同吗？我会在今天死去，而你也会在将来死去。"莫尔说。

大约一个月左右后，也就是国王新建的婚配宣誓雕塑建成后，伦敦和威斯敏斯特的所有牧师和居民——除了莫尔——都来到了朗伯斯区。所有人都在坎特伯雷大主教面前宣誓。大法官和国务卿克伦威尔被授权带领大家一起宣誓。莫尔还是像往常一样，习惯性地来到教堂处理一些重要事情，就像他第一次被选入国王的枢密院，被任命为大使者、议会首领和大法官的时候一样。他像往常一样处理一件件重大的事情。

到最后，莫尔听取了判决，被关了起来。法官们传唤莫尔，命人把他带到朗伯斯区。莫尔就这样永远地离开了他的家和他深爱的孩子们。莫尔曾经带他们坐船，亲吻他们，但现在却只能向他们告别了。莫尔将无法忍受没有他们的生活。法官们没有为他开放大门，仅仅给他开了一道小门，把他和家人永远隔开。

这一切使我的心情非常沉重。莫尔的相貌时常浮现在我的脑海。我们的四个仆人也坐莫尔的船来到了朗伯斯区。莫尔在那里静静地伤心地坐了一会儿后，挨着我的耳朵说："罗珀，我感谢我们的主，因为我们赢了。"

领会了他的话后，我知道他不再悲伤了，但他也只是勉强地放下了一切。我回答说：“父亲，我感到十分高兴。”根据我后来的推测，我知道了那是因为他对上帝的爱。这样的爱对他的影响如此深刻，无论是从肉体上还是精神上，都完全地征服了他，因此他已经不在乎最终的结果了。

在执行判决之前，莫尔来到朗伯斯区，他采取了一些莫名奇妙的行动，这可以从他写给妻子的信中了解到。那封信被完整地保存在他的著作中。在信中，莫尔写道：在这四天的时间里，他主要负责监督威斯敏斯特修道院院长。与此同时，国王向议会询问了对他的判决。虽然在开始时，法官们以为莫尔会顺从国王，但最终他还是没有宣誓。国王也因此犹豫是否应该以王权来命令他宣誓，抑或放过他。然而，安妮王后——这个令人十分讨厌的女人——从中作梗，加剧了国王对莫尔的治罪。

国王下定决心把莫尔关进伦敦塔。在那儿，莫尔衣食无忧，还有一条金链子套在脖子上。查理·克伦威尔建议莫尔，把金链子送回家给他的妻子和某个孩子。他回答说：“不了，大人，我不会的，我相信我的家人会比我过得好。”

伦敦塔的中尉大人到达塔门前迎接莫尔。当莫尔到达门外时，侍者要求帮他脱掉长外衣。莫尔说：“我非常抱歉给您带来麻烦。”服务员说：“不，先生，我必须帮您脱下外衣。”中尉大人也同样如此。

莫尔在伦敦塔待了一个多月了。我的妻子经常去看望他的父亲。无论什么时候，她去看望他，莫尔都会和她谈论国家大事，而且他也习惯和她谈论这些。此外，在一些其他的交流中，莫尔对她说：“他们把我关在这儿，自己却非常不高兴。我坚信我的信念，我亲爱的女儿。如果我没有妻子，没有你们这些孩子，那么这次控诉就是我的全部，我不会失败，不会让自己关在这个密封的房子里。我相信上帝会守护好我所关心的人和事，并且赐予你们所需要的。因此，我没有理由不被关在这个比我自己的房子还糟糕的房子里。我非常感谢上帝，因为他给了我想要的，他把我放在他的大腿上，安抚我。”

在苦难中，莫尔以优雅的姿态生活着。所有的烦恼对他来说都不算什么，因为他有信仰。尽管他从没有遭受过如此的痛苦，但他耐心地练习着，学着适应这一切。当房子里没有其他人时，他问我的妻子说：“你觉得安妮王后怎么样？”我的妻子回答说：“父亲，我认为，她非常不好！”他说：“一点都不好吗？对于我来说，她再好不过了。不知道在何种情况下她的灵魂才会回来？”

这之后，中尉前来拜访莫尔，多次向他表示友好。中尉在莫尔面前列出了很多诱惑，希望他接受这些。法官们也尽责地款待他，努力使他快乐。莫尔相信，如果国王没有大怒，他会接受其中那些好的建议的。但他在关键的问题上，坚如磐石。他说：“中尉大人，我坚信，就像你所说的，你确实是我的好朋友。我由衷地感谢你的盛情款待，但我还是要坚定自己的信念。”

法案[①]的第一条包含了霸权和婚姻的内容，大法官和国务卿按照自己的意愿又增加了几句话。国王听了非常高兴，因为他觉得这样的法律条文十分可信。牧师带领所有的人在雕塑前宣誓。莫尔知道了这些，他对我的妻子说：“我告诉你，他们很肯定我会拒绝宣誓，而且不会同意这条法规，因此他们也不能通过自己的法令来给我定罪。大法官和国务卿发现他们的疏忽，认为有几条法令需要修改，他们需要通过添加附属法令来扩大权力。”

莫尔不再过问世俗事务，他把自己献给了上帝，默默地为上帝服务。他处理了自己的所有土地，仅仅为自己留了一个房产以备生活之需。他所有的财产分配得很合理：一部分财产留给儿媳——一个寡妇，因为她曾经也是财产的继承人之一（可是那个寡妇却不知足，企图谋取更多的财产，这一问题最后被迫通过法律来解决。）；把另外一部分财产留给了我的妻子，作为我们婚姻的礼物。莫尔没有给国王留下任何东西。

莫尔在塔里通过一个小窗口看到了雷诺先生、一个宗教人士和那品德高尚的锡永之父。这三个人因为“触犯了王权”，被拉到塔外面处决了。作

① 这里指《至尊法案》，由创立英国官僚制度的托马斯·克伦威尔为配合英国脱离罗马教廷而炮制，要求人人宣誓，承认并效忠英国国王为英国教会的首领，不同意宣誓者即为叛国罪。

为志同道合者，莫尔对我妻子说：“你看这几个神父快乐地去面对死亡，就像是要去迎接新娘的新郎。所以我的女儿呀，你发现了这样的结果和他们痛苦的生活之间的区别了吗？例如，在世界上，那些可怜的人就像你贫穷的父亲用毕生精力坚守信仰一样，但最终恶势力还是那么肆无忌惮。考虑到他们生活的艰苦和痛苦的修炼，上帝决定不再让他们继续留在这个山谷里遭受痛苦和磨难了，让他们迅速地修成正果，到天堂做神仙。而你愚蠢的父亲就像一个最邪恶卑鄙的人，他向世人展示了他整个悲惨的生活。上帝认为他不值得拥有这样的快乐和永恒的幸福，因此仍然把他留在这儿，让他接受惩罚，承受世界上更多的无情和痛苦来。”

一段时间后，国务卿大人从国王那里跑到伦敦塔来看望莫尔。他假装对莫尔很友好，并安慰莫尔说：“国王殿下是他和蔼且亲切的主子，不会介意我来看你的。国王也有所顾忌，不想给自己引来太多麻烦，让自己良心不得安宁。”国务卿大人走后，莫尔为了表达当时的想法，他用煤块写下了这么几行话（因为没有墨水，所以只能用煤写）：

> 唉！财富啊，你从来都不公平，
> 也从不如此快乐地微笑过；
> 尽管你将摧毁我的所有，
> 但是你从未欺骗我的生活；
> 上帝，请相信我，
> 走进来，你将会确定这一切；
> 从此，你冷静了，我也没有了怒气。

莫尔继续在伦敦塔里关了很长一段时间，我的岳母（莫尔的妻子）也获得许可去探望他。岳母是一个看起来简单的女人，甚至还有些世俗。一见面，她就很直接地向莫尔敬礼致敬，说道：“莫尔，多么美好的一年啊……”

“我一直很惊讶你这样向我致敬。”莫尔说。

她接着说：“先生，这一年非常地美好，因为有一个很聪明的人装傻被关在这肮脏的监狱里。他甘愿和老鼠们关在一起，要是你在国外的话，你就拥有自由了，还会得到国王和议会的青睐。如果你想要这些的话，你就会按照主教的要求去做，顺从国王的意思。你就会拥有跟切尔西先生一样的一座房子，会有自己的图书馆。你的书，你的画廊，你的花园、果园，和其他你想要的应有尽有。在那里，我——你的妻子和你的孩子们也会陪伴你，我们会快乐地在一起。既然这样，你还是想要和你的上帝一起待在这里吗？请你好好想想吧！”

莫尔静静地听着妻子说，脸上露着喜悦的表情，他对她说：“我的艾丽斯太太，我求你告诉我，告诉我一件事情。”

她问：“什么事呢？”

“是不是这座房子也接近了我的天堂？”

她用惯常的方式回答说：“不是的，不是的。”

他说：“艾丽斯，你认为是怎样的呢？不是这样的吗？”

她说：“上帝啊，你永远都是这么想的吗？”

莫尔接着说：“艾丽斯太太，如果是这样的话，那就太好了。我看不见任何美好的未来，也不知道为什么要那么多的快乐，又或者那些需要偿还的东西仍在我自己灰色的房间里。我是否应该在地下长眠七年，然后起来，再次出现在那里？我不应该被关在门外漂亮的房子里，因为那不是属于我的。我就是喜欢这样的房子。也许不久以后，我们就会忘记他原来的主人是谁。”她的劝告一点儿都没有打动莫尔，他还是坚持自己的想法。不久之后，诺福克和萨福克以及国务卿大人和其他枢密院的大人们分别来看望莫尔。对莫尔而言，他在法官们面前，要么坦白一切，要么否认一切。通过法官们的审讯记录可以看出，法官们没有从莫尔这儿得到任何有用的信息。

后来，瑞奇成了国王的新律师，查理·索恩韦尔和帕尔默被安排为国务卿大人服务。他们来到伦敦塔里，带走了莫尔的书。查理·索恩韦尔和帕尔默正忙着捆绑书时，瑞奇假装友好地与莫尔交谈。瑞奇对莫尔说：“众所周知，你是一个既聪明又知识渊博的人。我敢说在法律领域，你是一位佼佼者，因此对您现在的处境，我非常难过。”他继续说：“先生，你确实应该在那个位置上，你本应该是议会的一员。其他人都想把我推荐给国王，你会把我推荐给国王吗？”

莫尔回答说：“是的，先生，我会的。”

瑞奇说：“不过我把这个情况放在将来考虑。如果所有的同仁都把我推荐给教皇。莫尔先生，你也会把我推荐给教皇吗？”

莫尔回答说：“答案是这样的：第一，议会不会干预王权；第二，关于你的那个问题，我会推荐你。现在我问你，如果议会将制定一条法令，规定上帝不再是上帝了。而你，瑞奇先生，你也说上帝不是上帝吗？”

瑞奇回答说：“不会，先生。我不会这样说，因为没有议会会制定这样的法令。”

莫尔打断他的话说：“但议会能使国王成为整个教会的首领。”

最后，莫尔因为否认国王是教会的首领，所以给他定了叛国罪[①]。在起诉书里，包含着这样的词：恶意、叛逆和恼人等。

莫尔被从伦敦塔带出来，来到威斯敏斯特大厅回答起诉书。在国王的御座前，莫尔对提审法官说自己已经在法律下容忍太久了。因此，他觉得自己应该真实地坦白一切。针对他否认王权和叛国的控诉，是不对的，他为自己辩解无罪。他补充说：“如果‘可憎的’、‘恶意的’、‘叛逆的’，这些字眼没有出现在起诉书里，那就更好了。”

为了向陪审团证明莫尔犯了叛国罪，他们要求瑞奇先生拿出证据来。瑞奇把他和莫尔在伦敦塔里的谈话当做证据提交了出来。莫尔极力反对，说：“如果你的誓言是真的，我希望我从来都没看到上帝的脸，从不知道

---

① 莫尔面对的是四项叛国罪：

(1) 1535年5月7日，接受询问时，他拒绝承认国王的地位高于英国教会；

(2) 他和大主教约翰·费希尔（1535年6月22日被处决）被监禁在伦敦塔时保持着叛国的通信往来；

(3) 据称，他曾经将“至尊法案”称为双刃剑，认为接受了它，人们保住了身体而失去了灵魂。而拒绝它，人们失去身体却拯救了灵魂；

(4) 他在和克伦威尔的亲信——同时也是主要控诉人的理查德·瑞奇的谈话中，对“至尊法案”进行了“错误的、不忠的和邪恶的”评论。

上帝的指示。”

莫尔根据事实，向所有的人背诵了他们在塔里的交谈。他说：“从信仰来看，瑞奇先生，我很抱歉你的伪证比我自己的更不能让人相信。你会明白，不管是我，还是其他任何一个人，在重大事情面前都只会把你看做不可信的人。或者在任何时候，别人都会觉得和你交流是很危险的。

“就如你所知道的，我非常了解你本人以及你的言论，并且知道你从幼年到现在，是一个什么样的人。因为我们在一个教区住了很久。我很抱歉，你强迫我说你很受人尊敬。尽管你口齿伶俐，头脑聪明，但名声不好。所以在你的家里，也就是这座教堂中，你不再是主要供养者，尽管你仍然占据这里的一切。这能使你获得尊贵的地位吗？我相信，瑞奇先生是一个只要得到一点点荣誉，就会嚣张到极点的人，其他的贵族们也会这样看你。你们觉得这可能吗？我会在这么重要的事情上如此不明智地跟瑞奇过多地表达我的看法？

“目前为止，我已经完全把我内心的秘密告诉了我的国王和他的高贵的议员，用来打动国王以获得那至高无上的权威的怜悯。但有一件事情，我从来没有做，也从来不会做，那就是叛国。国王和高贵的议员们经常把国王的恩典带到塔中，赐给我，这令我感动。自从法案颁布以来，我没有妄加评论，更没有带有恶意与煽动性进行过批评，国王不能就此判定我是恶意说出来的，更不能就此判定我有罪。因为，没有恶意，就没有犯罪。

“我们的法庭把犯罪分为两种情况，一种是无恶意犯罪，另一种是恶意犯罪。‘强制’只适用于恶意犯罪时。如果一个人尊重法律，平和待人处事，对敌人仍心存公义，即使有小的疏漏，也是值得原谅的。但如果他对人很凶残，那么法律就会判定这是一种犯罪，法律就应该强制性地惩罚他。在这种情况下，我没有恶意，为什么要判死刑呢？

“除此以外，我善良的、拥有至高无上王权的国王殿下，赐给了审判我的法官们很多恩典。这体现出他如此地深爱着我、信任我。我第一次进枢密院工作时，就开始享受国王赐予的高尚恩赐和尊贵地位。他承认我是对王室功劳最大的人，赐予了我最好的房子。直到如今，这所房子依然在皇家最高军官的势力范围内。到目前为止，我的优点和品质配得上国王无可比拟的善举。在这二十多年甚至更长的时间里，国王高度称赞我，支持我。直到那可怜的诉讼状，它取悦了国王，得到了国王的青睐，他让我实现了我生命最后的价值，让我用灵魂来为上帝服务。这是为了不让我堆积太多荣誉，免得给我带来负担。我的上帝啊，我确定，他再继续这样对待我，别人将会对我产生恶意的猜测，这对我是多么的不利啊！”

查理德·索恩韦尔和帕尔默发现瑞奇所提供的证据并不充分，而且他本人的声誉如此败坏，这也使得他们对瑞奇的誓言产生了怀疑。于是，帕尔默在他的证词里说，当时他正忙于把莫尔的书捆起来装进麻袋，因此他没有注意到瑞奇先生与莫尔先生的谈话。同样地，查理德·索恩韦尔也在他的证词里说，他当时去看拉书的车有没有到，因此没有听到他们的谈话。

莫尔接着又陈述了其他理由质疑瑞奇之前所提到的证据，同时也为自己的良心辩解。然而，由于国王的指示，所有的陪审员仍然认为莫尔是有罪的，而且无耻的大法官——这件事的首席执行长——也反对莫尔的辩解。

莫尔对大法官说：“我的法官大人啊，法律规定，像这样的案例，在判决之前应该问问犯罪人，是否对判决有反对意见。”

于是，大法官在判决之前问莫尔有什么反对意见。莫尔用一种机智的方式回答说：“我的法官大人，因为这条罪状起源于一项法令，而这条法令直接反对的是上帝制定的法律和神圣的教会。”

然而，当时的情况是，政府和其他任何人都不可能通过法律来限制王权，人们把莫尔归为罗马教廷的一分子，认为他是救世主，将从精神上拯救人民。莫尔也曾亲自来到圣彼得堡，和他的继承人——也就是那些牧师一起，吸收更多的基督教徒。莫尔认为，少部分教会的人可能会违抗国王的这一法令，不过这样的人在伦敦是最少的。这些人可以制定一条法律和议会法案抗衡，维护上帝的尊严。莫尔进一步表明，在英国这块土地上，法律和议会是相对立的，在大宪章里法律所包含的内容，和国王自己以及每一个基督教徒在加冕礼上的誓言，恰恰是相反的。

正如莫尔所推测的，在英国，几乎所有的人都拒绝服从罗马教廷，就像孩子拒绝服从他的父亲一样。就如圣保罗在《哥林多前书》中所说的："在基督教中，我已经再次孕育了你——我的孩子们。"圣格雷戈瑞罗马教皇，通过圣奥古斯丁曾带给莫尔一封信。在信中，教皇提到他第一次接受基督教的信仰时，说："你们是我的孩子，因为我已经赐予了你们永远的救助，我还赐予了你们比父亲留给他的孩子更远更好的继承权，并且通过精神的传递，使你——我的孩子——拥有了基督教的精神。"

在庭审的最后，莫尔的辩驳打动了很多控诉人，好几位法官开始焦虑地交换眼神。首席法官大人不愿意自己决断，害怕承担审判责任，因此他开口询问费慈·詹姆斯的建议。费慈·詹姆斯来到了首席法官大人的长椅旁坐下，一起讨论该怎样结束这场审判。一个自作聪明的审判员说："法官大人们，我认为起诉书需要补充一些证据使之完善，否则，它就失去了起诉书的效力。"[①]委员们的犹豫没有持续多久，他们很快做出了判决[②]。

在宣布判决以前，委员们还很礼貌地向莫尔说，如有异议，还可以为自己辩护。莫尔早已深知判决的内容，便回答说："太多的我就不说了，但是就像使徒圣保罗……同意处死圣斯蒂芬一样，他保留了圣斯蒂芬被处死时所穿戴的衣裳。而现在他们是天堂里的两位圣人，而且他们的友谊将一直延续下去。因此，我真诚地相信，也将忠心地祈祷，尽管各位老爷们在这个世上都是我的裁判者，而今后我们在天堂可以愉快地相见，并达到对我们最终的拯救。"

我是通过安东尼爵士和理查德海伍德以及约翰韦伯恩的报告了解到上面这些的。

---

① 陪审员们制造了一个假证人，证明莫尔与修士尼巴顿勾结，而后者曾预言，如果国王娶安妮为妻，必在短期内遭毁灭。

② 判词是这样写的："莫尔应由执行官威廉·金斯顿解回伦敦塔，并从伦敦塔拖出，通过伦敦城解往泰本法场实行绞刑，绞至半死之时，不等其气绝加以凌迟，将其阴茎割下，将其腹部豁开，将其脏腑撕出烧毁，随后，再将其四肢剁下，在城的四门，各挂一肢，头颅应高挂在伦敦桥上。"后来，亨利八世将这一刑法减为斩首。

庭审之后，莫尔被再一次送进了伦敦塔。他被威廉·金斯顿爵士——一个个子很高、很强壮但又很斯文的爵士带去了伦敦塔。当莫尔从威斯敏斯特前往伦敦塔时，威廉·金斯顿心情十分沉重。莫尔看到他伤心，便用他能说的最好听的话安慰金斯顿说："亲爱的金斯顿先生，不要为自己制造麻烦。你应该高兴，因为我很快会得到上帝的照拂。我的妻子，我很快就会在天堂与她相见了。到那时，我会永远快乐的。"

不久后，威廉·金斯顿和我谈论莫尔，他说："我为自己感到十分羞愧，我离开你的父亲后，我感觉到我是多么懦弱，而他却是那么地坚强。他还很高兴地安慰我，而本来应该是我安慰他。"

当莫尔再次从威斯敏斯特转往伦敦塔时，他的女儿，也就是我的妻子，非常希望见见她的父亲。因为她觉得她以后再也见不到他了。她来到伦敦塔的码头——她知道去伦敦塔，一定会从这儿经过。在那儿，她等候父亲的到来。不久，她看见了莫尔。她没有因众人和警卫员的目光而止步，她虔诚地跪下，恭敬地接受父亲的祝福。

见此情景，不管是拿着戟，还是账单的人，都迅速地跑向莫尔，围着他。他们拥抱他，抱着他的脖子亲吻，就像他的女儿一样对他表达爱和祝福。莫尔给了女儿祝福，还说了一些好话安慰她。随后女儿就离开了，然而，她并不满足这样。她又一次返回，跑到父亲跟前，搂着他的脖子，深情地亲吻他，最后撕心裂肺地与他诀别。周围的人见此情景都伤心难过，此情此景使他们哀恸哭泣。

审判结束后，莫尔在塔里待了七天多。这七天里，他遭受着苦难。由于没有被允许和家人见面，他用煤写了一封留给妻子和深爱的女儿的信。信中，莫尔表达了他不得不忍受即将到来命运的痛苦之情。他说道："好心的玛格丽特，我给你添了太多麻烦。但是如果我的大限之期拖延过了明天，我将深以为憾。因为明天是圣托马斯节前夕，也是圣彼得节的第八天。因此对我来说。那是我去拜见我主的良辰吉日。你上次亲吻我时，我以前从没有如此强烈地感到你的情深厚意，因为我正享受着天伦之爱和亲善之情，也就无暇顾及什么世俗的繁文缛节了。"

第二天早上，也就是 1535 年的一个星期二[①]，圣托马斯和圣彼得通过莫尔写给女儿的信了解到了他的愿望。

莫尔的朋友托马斯·蒲柏爵士很早就到塔中看望他，并带来了国王与议会的决定：莫尔将在今天早上九点被处死。教皇要他做好充分的准备迎接死亡。

莫尔说："尊敬的爵士啊，我衷心地感谢你的好消息，我十分满意这样的决定。国王曾将利益和荣耀赐予我，但我更感谢他把我关在这个地方。因为在这里，我有独立的时间和空间去思考和祈祷。我还感谢他的官员，他们为了让我感到高兴，帮助我摆脱了这悲惨世界的痛苦。在这个世界，我可能没办法祈祷他的恩典了，在另一个世界可能也同样如此。"

教皇说："国王的恩赐是无穷的。在你行刑前，请不要说太多的话。[②]"

莫尔回答说："我的爵士，你说得很好，你给了我警告。在那个时候，我不可能会说什么。即使国王恩典准许我说话，我也不会说更多的话。但是，不管我说什么，我都准备在他的法令面前坚持我自己。同时，我向你请求，让我的女儿玛格丽特参加我的葬礼。"

爵士说："国王这次判决会满足你所有的要求，你的妻子、孩子和其他朋友都会出现在你的葬礼上。"

莫尔回答说："多么大的恩惠呀！那么，他的恩典会为我那可怜的葬礼慷慨解囊吗？"

最后，爵士准备离开了，他禁不住哭了。莫尔察觉到了，他安慰爵士说："冷静点，我的好朋友，不要觉得不舒服。我相信某一天我们会高兴地在天堂相见的，从此以后，我们将一起快乐地住在那儿。"

在莫尔离世前，他曾被邀请参加一个庄严的仪式。他改变了以往的习惯，穿上了最好的衣服。中尉先生发现这一点后，建议莫尔脱下衣服，说

---

① 1535 年 7 月 6 日。

② 据称，亨利八世惧怕莫尔的口才，在行刑前，特意交代托马斯·蒲柏爵士向莫尔传达这一警告。

他是朽木粪土。莫尔说："中尉先生，你刚刚说什么？如果我说你是朽木粪土，那么这会是这一天你将得到的唯一好处吗？不是，我决定把它被当做金子送给你，就如圣塞浦路斯人所做的那样。他在临死前，给了他的刽子手三十块金子。"然而，莫尔最终还是更换了衣服，不过他并没有像圣塞浦路斯人那样给一点小钱就离开，而是送给刽子手一块金子。

莫尔被中尉大人带出了伦敦塔，然后被带去行刑场，带上绞刑台。而那个绞刑台看起来那么脆弱，像快要倒塌了一样。莫尔对中尉大人说："我为你祈祷，我为你祈福，请帮我上去，至于怎么下来，我已经安排好了。"莫尔希望附近所有人都为他祈祷，并且为他作见证。为了这神圣的基督教，莫尔跪下了，屈服了。在祷告者为他祈福后，莫尔转向刽子手，高兴地对他说："用尽全力，千万别害怕，我的颈子很短，好好瞄准，不要出丑。"这样，莫尔离开了这个世界。

不久后，莫尔死亡的消息传到了查理五世耳朵里。查理五世派人去请托马斯·艾略特（英国大使）来到殿前，并对他说："我的大使，我知道你的国王已经把他忠实的仆人——莫尔，处死了。"托马斯·艾略特没懂什么意思，不知道怎么回答。查理五世接着说："这是真的，我们说过，如果将来我们能有这样一位仆人为我们做事情，那么这些年我们就不会一事无成了。我宁愿失去我的一个城市，也不愿失去这样一位有价值的议员。"

这些事是根据托马斯·艾略特自己、他的妻子，克莱门特和他的妻子，以及约翰·海伍德和他的妻子，还有其他许多朋友了解到的。

（左尚鸿　译）

乌托邦

Utopia

〔英〕 托马斯·莫尔

第一部

杰出人物拉斐尔·希斯拉德关于某国大同盛世的谈话

英勇善战的英王亨利八世[①]是一位德才兼备的君主，近来他和尊贵的卡斯基尔国王查理[②]在诸多问题上发生了小的争执。为了解决两位君主的争执，英王陛下决定派我出使法兰德斯，与卡斯波特·登斯托尔一起去协商和解。他最近被英王授予案卷法官的职位，大家都为他感到无比高兴。我没有对他进行言语上的赞扬，并不是我担心出自一个朋友所说的赞美不足以令人们相信，而是因为他的德才与学识已经无法用言语来形容了。并且他显赫的名声，已经不需要我去恭维了。如果我多此一举，那就是俗话所说的“打着灯笼找太阳”。

---

① 英王亨利八世（Henry VIII，1509—1547 年在位）——当时英国和西班牙在海外贸易上发生重大矛盾。

② 即查理五世（Charles V），1516—1556 年为西班牙国王，1519—1556 年为神圣罗马帝国皇帝。

根据事先的约定，卡斯基尔国王委任的专案人员在布鲁日接待了我们。他们都是非常出众的人才，其中负责人是布鲁日市受人敬仰的总督。但是他们之中最擅长外交辞令的、最机智的发言人是塔西斯。他是加塞尔城的教会长，他拥有惊人的口才，能言善辩，精通法律，是个外交谈判的天才，并且他已经积累了多年的丰富外交经验。在经过几番协商之后，有几个问题我们依旧没有达成一致协议。因此他们决定暂时搁置几日，前往布鲁塞尔去征求国王的看法与意见。这时，因事需要，我去了安特卫普城。

我在该城停留期间，接待了许多访客，其中给我留下深刻印象的是一个名叫彼得·查尔斯的小伙子。他是当地人，是一个极具影响力的人物，受人尊敬并且享有崇高地位。年轻的他拥有渊博的知识与高尚的品质，待人热情友善，处事坦率真诚，到目前为止我都没有遇到第二个像他这样各方面都趋于完美的朋友。他的谦虚谨慎，不弄虚作假，比任何人都要率真直爽。此外，他优雅的谈吐、风趣的言语，令人不会感觉到索然无味。于是，我和他愉悦地畅谈了起来，以至我的思乡之情也没有之前那么强烈了，仔细一想，我居然离开家已经有四个月了。

一天，我在全城最美、最受欢迎的教堂圣母院做礼拜，在准备返回住处的时候，我恰巧看到彼得和一个陌生人在交谈。他有黝黑的面孔，花白的长须，斗篷自然地披在肩上，一看就是一上了年纪的老者，也可以看出他是个水手。这时候，彼得向我走来打招呼。我还没有来得及说话，他就指着方才那位老者对我说：

“你看见他了吧？我正打算把他带到你那里去。”

“我是非常欢迎他的，更何况有你的推荐。”我说。

“不是的。”彼得回答，“重点是，他的话语是你想听到的题材。因为当今除了他，没有人能对一个陌生的国家和人民讲说那样的故事。”

我惊喜道：“原来我的猜想是正确的！我第一眼看见他，就觉得他是一名水手。”

“这你就猜错了。”他说，“他是航海过，但是不像水手巴瑞纽拉斯[①]，而像精明的奥德修斯[②]，更确切地说，是像伟大的柏拉图[③]。他叫拉斐尔·希斯拉德，他不仅通晓拉丁文，而且更加精通希腊语。因为他热爱哲学，所以全身心地投入其中。他认为在研究哲学方面，辛尼加和西塞罗的拉丁文论文具有丰富的内涵。他急于去开眼看世界，在安排好家中事务并与家人告别后，他就加入了亚美利哥·韦斯浦契[④]的航行队伍，并三次跟随队伍出海。

“人们可以从书籍上详细了解这四次航行情况。他在最后一次航行后，并没有跟随韦斯浦契一同返回。他强烈恳求韦斯浦契让他留在第四次航行终点的要塞上，虽然只有二十四个人可以留下来。于是他得偿所愿留了下来。他热爱漂泊，不满足于平淡的生活。他经常说‘死后无棺材，借天当被盖’，‘条条路途通天堂’。他个性的想法，如果不是上帝庇佑，一定会吃不少苦头的。

“与韦斯浦契分开后，他和要塞上的五个同伴游历了许多国家。一次偶然的机会，他来到了锡兰，又去了卡利卡特，之后他又幸运地被路过的几条葡萄牙海船安全地带回了故里。”

我知道彼得跟我说了这么多，是出于好意，他希望我可以和那人愉悦地畅谈。于是我走向拉斐尔，热情地致以初次见面的问候，之后我们三人同路返回了我的住所，并且在花园里的青石凳上交谈了起来。

据拉斐尔描述，与韦斯浦契分别后，他和要塞上的同伴们与当地人真诚友善地沟通交流，渐渐地博得了当地人的信任与好感，最后当地人完全

---

① 古罗马诗人维吉尔所著史诗《埃涅阿斯》的主人公，埃涅阿斯船上的舵手，曾堕海失事，此处借喻为不高明的航海员。

② 奥德修斯——古希腊诗人荷马所著史诗《奥德赛》的主人公。

③ 柏拉图（约前428—约前348年）——古希腊哲学家，相传为了追求知识，曾在国外广泛旅行。

④ 亚美利哥·韦斯浦契（Amerigo Vespucci，1454—1512）——意大利航海家，美洲（亚美利加）从他得名。

放开了戒备之心，与这几个异乡人产生了深厚的友谊。后来，他们又得到了一位首领的照顾与赏识（这位领袖叫什么，哪里人，我都忘记了）。正是这位领袖的豪爽慷慨，让他们不仅不用担心吃穿，还派遣了一位使者带着首领的信函，陪同他们前往别的地方游历（他们水路行船，陆路驾车）。使者非常真挚地将信函呈上，把他们顺利引介给另一位首领。拉斐尔告诉我们，他们长时间的游历，到过很多个风俗各异的城镇、都市以及社会制度优越的国家。

他提到，在赤道下方，甚至太阳能够照射到的赤道最远的地方，有广袤无垠的沙漠，终年炎热，寸草不生。那里断壁残垣，荒无人烟，令人感到恐慌。那里还有凶猛的野兽、斑斓的毒蛇，以及野蛮的土著居民。不过再往前走，一切就变得令人心旷神怡了，温暖的气候、友好的小动物、美丽的风景、铺满地的青草。之后，他们又走到了熙熙攘攘的城镇。在这些城镇及周边地区，与远方的国家都有水陆商贸活动。

拉斐尔说："这样我就不用担心怎样去访问周边国家了。因为凡是航线上准备起航的船只，都乐意让我们搭乘。"他们在最初航行的地方看到的船只是平底的，船帆是用草纸、柳枝或者是皮革编制而成。后来，他们又看到了尖龙骨和帆布船帆的船只。这些船只实际上和我们的船别无二致了。

他们的海员能较好地去适应海洋与气候的变化。拉斐尔说，他教会了他们如何正确地使用指南针，这使他们对他产生了异常的好感。以前他们对指南针是全然不知的，对海洋也是充满了恐惧感，只有夏季才敢出海航行，并且毫无方向地漂在海上。现在他们学会了使用指南针，即使在烟雾缭绕的冬季，也敢放心大胆地出海了。不过对指南针的过于信任，以至于疏忽大意，反倒容易招致危险的发生。这样子，本来是一件十分有益的东西，却因为他们的过分自信，可能带来无法挽回的结果。

拉斐尔谈到了每一个他到过的地方，说来话长，我在这里就不全部叙述出来了，这也不是我编写本书的旨意。不过我会在别的地方提及他所说到的内容，尤其是他所提及的那些律法章程和地方风俗文化，那是非常吸引读者的东西。因为关于这些内容，拉斐尔很乐意向我们讲述，我也急切地向他询问。不过我们一点儿也不爱打听那些虚妄荒诞的鬼神之事；人们总谈论人狗兽希拉[1]，贪婪王塞利诺[2]，食人的雷斯特里格尼人[3]，以及骇人听闻的怪物，却对国泰民安的盛世之治提及甚少。

不过拉斐尔也提到了新发现的国家中存在的许多不合理的规章制度和陋习，他具体列举了几点，以便让我们的城市、民族、国家与国王可以见不贤而自省。在这里我就不把他列举的东西复述出来了，我只想叙述一下他口中的乌托邦人的生活习惯与风土民情。不过我要重述一下先前那次提到这个国家的偶然谈话。

拉斐尔很明确地指出了我们国家与新发现的国家的法律条文与风俗习惯存在的种种缺点，这种缺点还不少。他也对我们和他们的优点做出了比较。他只是在那些国家滞留短短数日，却对每一个国家的风俗习惯了如指掌，就好像他是那里最虔诚的公民一样。彼得对这个人佩服得五体投地，他说："啊，亲爱的拉斐尔，我不明白你为何不在朝为官啊！我相信只要是君主都会爱上你的，因为你的渊博学问和对各国风俗习惯、律法条文的了解，会让君主感到无比的喜悦，你的建言献策，会有力地辅助一个君主去更好地治理国家。此外，正所谓一人当官，既能报效国家，又可以很好地造福亲友。"

"说到我的亲友，"拉斐尔回答，"我并不担心他们，因为我觉得我对他们已经仁至义尽了。一般人们不到年老体衰是不会把自己的财产分给别人的，即使无法保留了，也是不情愿地放弃财产的。而我正值壮年，并且身强体壮，我却主动将财产送给了亲友。我想他们应该感到满足了吧，而不会再期望我为了造福他们而屈居于高之庙堂，臣服于国王脚下。"

"说得好！"彼得赞扬道，"不过我的意思是要你侍奉君主，并非臣服于他。"

---

① 古希腊传说中的怪物，岩礁的化身，危害海中船只。

② 古希腊传说中鸟身女面的三妖之一，飓风的化身，有利爪，能将人攫走。

③ 古希腊传说中海岛上毁坏航船以吃人为生的巨怪。

"臣服和侍奉差别不大吧。"拉斐尔说。

"我确实觉得这是一个实现生命价值的途径，"彼得接着说，"这样你不仅可以造福人民、报效国家，还可以照顾亲友，更能够壮大自己的名声与影响力。"

拉斐尔问道："自由自在的我，是喜爱那种条条框框束缚着的生活的人吗？我没必要为了让自己发迹而改变自己的意愿。实际上，我现在潇洒恬淡地生活着，相信朝廷贵臣很少有人可以像我一样轻松快活的吧。并且侍奉君主的人绰绰有余，不要以为君主身旁少了我这样的人，就会造成多大的损失。"

"显然，"我说，"亲爱的拉斐尔，我看得出你不是贪慕权贵的泛泛之辈。我敬重你这样胸怀坦荡的人，就像尊敬任何一个声名显赫的人一样。不过我认为，如果你在生活中愿意把自己的聪明才智用于为人民谋福利，虽然这样会束缚住你潇洒的个性，但是只有这样才能和你渊博的才识相称，才能与你宽广的胸怀相称。去做君主的谋臣吧，把你丰富的知识与独到的见解告诉他，直言不讳，积极建言献策，你会有巨大的收获。因为君主本身就是一个永不干涸的泉眼，可以涌出造福人民或者是危害社会的水流。你有渊博的学识与过人的胆量，纵使你没有丰富的处世经验；或者你有丰富的处世经验，没有渊博的学识，你依旧可以成为君主最出色的谋臣。"

拉斐尔说："亲爱的莫尔，你有两个地方不对。一是就我；二是就事情本身。因为我并不像你所说的那样博闻强识。即使我有那样的学识才能，在扰乱我的平静生活后，我也没有精力去报效社会了。首先，几乎所有的君主都崇尚武力，我不懂武力，也不愿去追求。他们更多的是想方设法去巧取豪夺，扩张疆域，而不是通过和平友好的活动去搞好周边关系，并且治理好自己已经获得的疆土。其次，朝廷大臣都的确深谋远虑，无须别人建言献策；或者有些人是夜郎自大，不屑于倾听别人的意见。然而，他们却齐声附和着君主的头等宠臣的荒谬建议，希望通过阿谀奉承得到提拔。本来，一个人认为自己的见解最独到，是人情之常，就像乌鸦和猴子认为自己的小崽是最美丽的一样。

“在那些对别人的见解持藐视态度而重视自己的见解的人群中，只要有人提出了曾经历史上出现的，或者是在其他地方观察到的事情，这群人就会觉得他们的名声受到了严重损害，甚至被世人当做欺世盗名的小丑，除非他们可以在别人的见解中挑出毛病来。当他们的劣行告以失败后，他们便为自己随意找个借口‘这是我们先祖喜爱的东西，希望我们可以拥有先祖那样的智慧’，然后，他们认为这样的借口似乎结束了全部问题，堵住了悠悠众口，稳住了自己的地位。他们的意思就是，假如一个人在见解上比我们的先祖更聪慧，将是十分危险的。然而我们总是漠视先祖的那些聪明才智。不过我们的先祖不是在任何事情上都那么明智，这就成为我们从中发现他们缺点的有力把柄。我曾经在许多国家碰到过这种傲慢与偏见，其中一次是在英国。”

“什么?”我说，“你还到过我的国家?”

“是的。”他回答，“我在那儿停留过四五个月，那是在英国西部人民起义反抗英王惨遭失败后不久。很多人惨遭杀害，起义被镇压了。那个时候，我很感激尊贵的约翰·莫顿[①]红衣主教——坎特伯雷大主教，他是英国大法官。亲爱的彼得——莫尔十分了解红衣主教，不需要我再多说——这位德高望重的主教是值得尊敬的，不仅是他德才兼备的品质，还有他谨言慎行的情操。他虽然已经步入老年，但是依旧神采奕奕，一点儿也不显得老态年迈。他举止稳重大方，谈吐温和可亲。他喜爱用严肃犀利的言语对前来求见他的人加以考验，他丝毫没有厌恶之意，只是想观察一下对方随机应变的能力与胆识。临危不惧、泰然自若是他所赏识的，只要不过于恃才骄狂，就像他的性格一样。只有这样的人，才有能力去很好地处理公共事务，所以他对他们表示出由衷的嘉许。他的言语优雅精练，精通律法知识的他，还拥有惊人的记忆力。正是他先天的优势，与后天的历练，使他整个人趋于完美。

---

① 约翰·莫顿（John Morton，1420—1500）——曾任红衣主教及英王亨利七世的首相。莫尔青年时当过莫顿家的侍从。

"英王十分尊重他的意见。我在英国的时候，他正是国家的栋梁之才。因为他在很年轻的时候，就从学校被选入了宫廷，着手处理国家大事。历经各种各样的挫折磨难，从而在大风大浪中历练成了一个出色的政治家，这样从亲身经历中获得的经验是难以忘记的。

"一天，我正和他一起进餐，在座的还有一个精通英国律法的教外人。不知怎的，这个人偶然谈起英国当日对盗窃犯执法的严峻，并对其大加赞誉与恭维。他说，被送上绞刑架的人有时候一次就超过二十个。令人诧异的是，很少有逃脱法网的窃贼，但是全国依然盗窃横行。当时我当着红衣主教的面，不假思索地说出了我的看法。

"我说：'你不必诧异，这样对盗窃犯的惩罚过于残酷，同样也不利于国家的发展与社会的安定。因为对于盗窃犯来说，这是过于严厉的惩罚，但是又不能从根源上抑制盗窃行为的发生。本来盗窃就不是多大的重罪，不应该处以极刑。而那些除了盗窃外走投无路的人，已经将生死置之度外了，再重的惩罚也阻止不了其去盗窃。在这一点上，你们国家和很多国家一样，就像那些迂腐的教书先生，宁可去打学生板子，也不去从思想上教育他们。与其用惨无人道的刑罚去对待盗窃犯，还不如在思想上教育他们，教会他们谋生之道。这样他们就不会冒着被处死的可能去铤而走险。'

"这人说：'在扶贫方面，我们国家采取了充分的照顾。他们可以务农，也可以去做手艺，除非他们自甘堕落。'

"我说：'你真以为这样就是帮助他们了吗？不是的。我姑且不说那些在国内外战争中因为伤残被遣回家中的士兵——就像在最近的英法战争和与康瓦尔人的战争中的伤员。这些忠于君主的士兵，金戈铁马、征战沙场，最后落得一身残疾，就不能再当士兵了。他们年纪又大了，无法快速学习新的谋生技能。这些就不多说了，因为战争不是天天都有的。我们不妨考虑一下每天都会出现的情况：有大批地主贵族，他们像蛀米虫一样，整天无所事事，靠着剥削别人来养活自己——就像压榨他们的佃农。他们最大限度地欺压这些农民，从而获得更大的收益。在这一点上他们是斤斤计较的，否则他们肆意地挥金如土，不久就会变得一贫如洗。这些游手好闲的贵族，还养着一群游手好闲的随从。只要他们的主人一死，或者他们自己生病，便立刻被扫地出门。因为贵族们宁愿花钱养闲人，也不愿意养病号。主人的继承者往往也是游手好闲，无力支撑起偌大的门户，更加无力去养一群游手好闲的随从。

"'在这样的情况之下，这些被赶出去的随从，没有谋生的手段，只能去从事盗窃。确实，也是迫于无奈。他们在外面流浪着，渐渐地衣衫褴褛，饥饿与疾病让他们逐渐身体衰弱。他们狼狈不堪的模样，让贵族们敬而远之，农民也不会去雇佣他们。因为农民们知道，一个安于享乐、游手好闲的人，习惯了嚣张跋扈、锦衣玉食的生活，是不愿意为了一点微薄的报酬和粗茶淡饭，去挥起铁锹和锄头，踏踏实实地替农民干活的。'

"'不是你说的那样子，'这人争论说，'他们正是我们大力帮助的对象。因为他们见过大世面，比农民们更有雄伟的气魄。这正是我们国家军队所需要的作战人才。'

"我说：'是啊，你还可以说，你们为了扩张的需要，就必须鼓励盗窃犯。只要你们这样鼓励，盗窃之风就会在整个国家盛行。盗窃犯当兵，很会随机应变，士兵去盗窃，又是非常大胆，兵与贼真是相得益彰。不过这种现象在英国很盛行，但不是仅仅存在于英国，几乎所有国家都是存在的。

"'这里我还想提一下法国，它不仅存在兵匪相通的问题，还存在更严重的坏风气。这个国家到处都是雇佣兵，即使在和平时期（姑且可以称为和平时期）。他们就像你们国家一样，认为国家有必要养一批游手好闲的随从。这些自以为是的人有着荒谬的想法：保障社会安定需要常备一支由经验丰富的老兵组成的守卫部队，而不是初出茅庐的新兵。这样一来，他们就唯恐天下不乱，四处挑起战争，以便获得经验丰富的士兵与卫道士。正如同塞拉斯特所说的，他们的心和手是需要锻炼的，刀不磨不锋利。

"'但是，只有在法国受到重创与威胁时才会发现，豢养这般野蛮的随从就是养虎为患，从罗马、迦太基、叙利亚和别的许多国家的事例中不难看出这一点。他们的国家，他们的土地与城镇，都一股脑儿被那些所谓的常备军给毁于一旦。

“‘这样的军队是没有必要维持的。从事实中不难看出，即使是从小就在军队中接受历练的法国士兵，也不敢保证在和你们的新兵作战的时候可以屡战屡胜。这点我不多说了，不然还以为我在讨好你们。不管怎样，那些城市手艺人或是乡村里种田的，除了那些体弱多病的，或者人穷志短的人，他们是不会害怕那些贵族的闲荡随从的。这些魁梧结实的随从（贵族们就喜爱豢养高大肥壮的汉子），一旦离开主人从事手艺活或是务农，倒是不必担心他们会挨饿。

“‘总而言之，如果为了预防战争的发生而豢养一大批这类游手好闲的伙计，我觉得对社会是没有多大用处的。只要你们不接受或者是发动战争，就不会有战争。我觉得和平才是更加值得你们关心的。不过这样裁撤兵丁，并不是造成盗窃案的唯一因素，还有一种因素是你们英国所特有的。’

“‘什么因素，说来听听？’红衣主教问。

“我回答说：‘那就是你们的绵羊啊。过去它们是很温驯的，很容易驯服，又很容易满足于吃草。听说现在它们变得很野蛮凶残，甚至还要吃人。它们四处践踏庄稼，毁坏良田，破坏城市。因为凡是盛产珍贵羊毛的地方，那里的土豪贵族，以及教会中人，已经不满足于祖传地产的年岁租金了。他们丝毫没有对国家做出贡献，并且过着养尊处优的奢靡生活还觉得不充实。他们不要任何人在庄园上耕种，并且把每一寸土地都圈起来做牧场。他们毁掉了房屋与城镇，只把教堂留下来当做羊圈的栅栏。他们宁愿把土地闲置起来荒芜，也不愿意将土地用于耕种与居住。

“‘正是这样[①]，为了他们的贪欲与野心，他们赶走了种田的农民，强占耕地，用栅栏圈起了成千上万亩土地，危害社会的他们用尽一切手段去剥削和压榨佃农，甚至逼迫其倾家荡产、一贫如洗。这些可怜的农民，在各种逼迫下不得不离开家园，男女老少，鳏寡孤独皆受到驱逐，落得无家可归，天下之大，竟无一处可栖息之地。他们的所有家当，因为被驱逐，迫于无奈只有低价贱卖了。

---

① 马克思曾在《资本论》中引用此处。

“‘等到他们在流浪漂泊中花光了贱卖后的那点钱，他们就只有去偷去抢，然后被神圣的律法处以极刑，或者只有沿途乞讨了。此外，他们拿什么去生存呢？更何况就算是当乞丐，也会被律法认为是不务正业、游手好闲的人，而被抓进监狱。他们其实是很想有一份工作的，但是找不到。他们本就是靠着种田为生的，现在失去了土地，就失去了赖以生存的依靠。一个贵族就可以霸占掉一群农民的生存耕地。

“‘耕地的大规模减少，使粮食产量急剧下降，粮价剧增。贵族又肆意哄抬羊毛价格，一向靠着编织毛呢为生的手艺人买不起羊毛，因此失去工作。牧场扩大，却有无数头羊死于瘟疫。这好像是上帝对贪婪者的惩罚，故意将瘟疫制造在羊群中——其实将瘟疫直接降临在圈地中的贵族土豪中才更加公道。虽然羊群的繁殖量大大提高了，但是羊毛的价格依然居高不下。因为出售羊毛的人毕竟是少数，他们互相勾结，垄断市场，共同哄抬羊毛的价格。他们本来就很富有，卖与不卖都是他们所决定的。

“‘同样地，其他牲畜也变本加厉地涨价。因为贵族圈占土地，庄园遭到毁灭，农业趋于荒废，无人饲养牲畜。贵族们更加热爱饲养小牛，而不是产毛的牛。于是他们低价从国外买进小牛崽，在牧场上放养一段时间后，再高价卖出。可是人们还没有觉察到这种方式带来的全部危害。因为这些贵族们哄抬肥牛的价格，并且在国外采购频繁，甚至超过了小牛饲养的速度，最终造成了供不应求的局面。

“‘这样一来，由于少数人贪婪地圈地，本来使你们国家盛产牲畜与粮食的土地遭到了严重毁灭。粮价剧增使得种粮的人们最大限度减少雇佣。这些被解雇的可怜人，除了乞讨或者是抢劫（胆子大的人更容易走的一条路），还有什么路可以走呢？

“‘并且，这些人一面穷困潦倒，另一面又纸醉金迷。不仅仅是贵族的随从，还有手艺人，甚至种田的农民，各类人无一例外，都非常讲究吃穿，纵情玩乐。他们喜爱出入于风月场所，妓院、赌厅、声名狼藉的酒楼餐馆，并且迷恋一些伤风败俗的游戏，诸如骰子、纸牌、双陆、玩球、掷铁圈等。所有这一切不正使那些人很快输完所有，走上偷盗之路吗？

“‘用律法来消除这些害人的东西吧。规定凡是破坏农庄与城镇者须亲自加以修复，并且主动将土地转给愿意从事农业劳动的人。严格控制商贩们囤积居奇、哄抬物价、垄断市场。让游手好闲的人自力更生。恢复纺织业，振兴农业，让它成为自豪的事业。雇佣那些没有饭碗的无业游民吧，他们很多因为贫困而沦为盗窃犯，还有些流浪汉，最终也会走上盗窃之路。如果你们不解决他们的生存问题，光是一味地严惩盗窃犯是毫无意义的。这样的法令条文，表面上可以抑制盗窃，实际上是不公正的，收效甚微。你们这样让老百姓从小就习惯了堕落，长大之后犯下了罪行，又对其进行严厉的惩罚。你们干的事情就是纵容盗窃行为的酝酿，同时对已经产生的盗窃行为加以残酷的惩罚。’

“我在发表个人看法的时候，那个教外人正在组织语言，并打算采用习惯的辩论方式对我进行答复。他直接回避我的理由，并且重述我的理由，以显示自己有出色的记忆力。

“‘当然，’他说，‘你说得很好。不过你不是我们国家的人，自然对这一类事情听得很多，却不是真正的了解，这一点我要说明白。我先把你说的论点一一列举，然后指出你在不了解具体情况下产生的错误认识。最后我将扳倒你所有的观点。先从第一点开始吧，我认为你在这四点上……’

“红衣主教打断他说：‘等等，你这样说下去，不是一时半会儿可以说完的。所以你现在可以不作答复，等到下次见面，你再作答吧，我会保留你答复的权利。假如你和拉斐尔肯赏光，我打算就明天再来长谈。’

“红衣主教又对我说：‘亲爱的拉斐尔，我很想听你的意见，为什么你认为对盗窃罪不应处以极刑？换句话说，你觉得应该怎样用刑才对社会更有好处呢？我知道你的意思不是要盗窃犯逍遥法外。可是现在律法规定将盗窃罪处以极刑，还是依旧盗窃之风盛行。如果盗窃罪不再被处死，那么还有什么方法能够抑制住盗窃行为的发生呢？他们会认为国家是有意纵容盗窃行为的。’

“我说：‘尊敬的红衣主教先生，一个人因为偷了别人的钱财就要丧命，这是非常不公平的。在我看来，世界上所有的财富都比不上人的生命珍贵。如果人们说，对盗窃罪处以极刑，不是因为本身的盗窃行为，而是因为触犯了律法权威，那么还不如说这样的惩罚是违法的。我们不赞成曼利阿斯的执法手段，稍微犯法就要被判处死刑；也反对斯多葛派[①]的法令，把所有的犯罪行为处以相同的刑罚，杀人和抢钱竟被看成一样的罪。说实在的，如果仔细斟酌一番，不难发现杀人与劫钱是两个不相干的案例，无法等同。上帝告诉我们要珍爱生命，可是我们却为了一点点钱财就要夺去一条鲜活的生命。如果有人狡辩说，上帝要我们珍惜生命，戒杀戮，并不意味着律法规定应该被杀时也不杀，那么律法也可以容许奸淫掳掠的行为发生了。上帝没有赐予我们杀人的权力和自杀的权力。而人们却在一起协议什么情况下可以杀人，他们竟然可以漠视上帝的威严，而拥有更高的权力，根据人主观所规定的准则，想杀谁就杀谁。这样一来，上帝的权威与戒律就不是上帝给人们的了，而是人们来决定是否遵行。就算是严酷的摩西立法，对盗窃犯也没有处以极刑，而是以罚金论处。我们不能认为，像父亲一样教育子女的上帝在他慈悲的戒律中，赐予了我们随便残杀他人的权力。

"'这就是为什么我觉得这种惩罚不合法的原因。况且一个国家将盗窃与杀人等同于同一性质的犯罪，大家都看得出是多么不可理喻的危险事情。所以假如一个小偷知道了盗窃与杀人受到的惩处是相同的，他还不如索性直接把被盗的人杀掉。这样可以杀人灭口，掩盖罪行，就算是被抓住了反正都会被处以极刑，还不会担心被受害者反击或者抓获，这样反而比较安全。所以，表面上我们是用酷刑抑制盗窃，实际上我们却让更多的盗窃犯去危害生命。

"'至于什么样的惩罚方式才是更合适的问题，我认为发现一个恰当的方式比发现一个荒谬的方式要容易得多。非常善于统治国家的罗马人有很恰当的惩罚罪犯的方式，为什么我们要对其表示出怀疑呢？他们把被判罪的重犯用锁链锁住，终身去开矿采石。

---

① 古希腊的一个哲学学派，该派后期有"一切罪恶都是均等的"这一主张。

“‘不过在我看来，没有任何国家制度比得上我游历波斯的时候波利来赖塔人的治国制度。他们人数很多，国家很大，但是他们在自己的律法下生活得自由自在，并且每年还主动向波斯国王进贡年税。他们的国土，四面环山，离海很远，他们躬耕自种，自给自足，土地肥沃，物产丰富，因此他们很少与别的国家互通有无。四面环山的天然屏障，更容易守护国土不被侵犯，并且他们年年向强国进献，更加不必担心会有战事的发生。他们生活得简单平静，算不上富足却很快乐。其实他们国家的人很低调，除了邻国外，大都无人知晓。

“‘在波利来赖塔人中，盗窃犯定罪后要将赃物归还失主，而不是像其他国家要把赃物交给国王。他们觉得，国王和盗窃犯都不应该得到赃物。如果赃物已经不在，就从盗窃犯的财产中估价赔偿，多余的财产还给盗窃犯的妻儿。盗窃犯就被惩罚服劳役。假如罪行轻微，犯人就可以不去坐牢，也不用戴枷锁，但是要去服劳役。不过态度不端正并且拒绝服劳役的犯人不但会被锁链锁上，还要被抽鞭子强制其服劳役。至于态度端正的，就不会受到鞭笞与侮辱。他们每天晚上都要点名，之后被关进睡觉的地方。

“‘犯人除了做工服役外，生活没有什么困难与禁锢。他们的伙食还不错，资金由国家支付，因为他们是为国家服役的。关于犯人开支的问题，有些地区是来自筹集的救济金。这样的方式虽然不稳定，但是波利来赖塔人有仁慈与善良之心，所以其他的方式所得都比不上这样的方式更加能够满足需求。有的地方犯人的支出则由公共税收拨款支付。有的地方则是按人口数量抽取税金来支付。还有的地方犯人不用服劳役，反而可以被任何公民雇佣成帮工，并且获得相应的工资，只是工资没有自由受雇者获得的多。雇主如果觉得受雇者工作不够勤劳，律法是允许雇主鞭笞他们的。所以他们的罪犯，不仅不愁没有工作，而且还可以挣钱养活自己，并且为社会创造财富。

“‘他们穿着相同颜色的衣衫，不剃发，只是把两耳鬓的头发剪短，并被割掉一只耳垂。他们可以接受朋友送与的食物和符合规定颜色的衣服。但是如果接受了朋友送的金钱，赠送者与接受者都会被处以极刑。同样地，任何自由的公民，若是接受了犯人赠送的金钱，或者犯人去接触武器，也都是死罪。每一个地方的奴隶（译者把被定罪的犯人统称为奴隶。）都有用于识别身份的特殊标记，失去了自己的标记就是死罪。此外，妄想逃走或者本就逃走的奴隶同样会被判死刑。对于奴隶逃走知情不报的人，如果是奴隶就会被处以极刑；如果是自由公民，就会被罚去当奴隶。当然，对于那些告发者就会获得相应的奖赏，是奴隶就可以恢复自由身，并且不追究同谋的罪行；是自由人就可以获得奖金。这样做是为了鼓励作恶的人及时回头。

“‘这就是我所说的处理盗窃犯的律法与方式，不难看出是多么地合情合理，仁慈有益。在他们看来，他们的处罚主要目的是让罪犯回头是岸，正确认识自己的错误并加以改之。他们不用担心罪犯会重操旧业，因为这样的处罚只能让他们弃恶从善，终身做工来将功赎罪。因此很多出行在外的人们，喜爱用这类奴隶作为该地区的导游，并且在不同地区随时更换不同的奴隶。因为奴隶很安全，他们是不会有抢劫的武器的，并且如果发现奴隶身上有钱，还可以及时告发，并抓获奴隶，绝对不会让他们有机会逍遥法外。因为奴隶有自己区别于自由公民的衣服，他们在逃亡途中一定会被人发觉；就算他们不穿衣服，他们的耳垂也可以被人一眼识破。

“‘不过有一点是值得怀疑的，那就是奴隶们共同密谋造反。在我看来，这种情况不会发生，因为不同地区的奴隶是不能够离开自己的地区与其他地区的奴隶见面沟通的，此外他们是不敢轻易将阴谋泄露出去的，这就让煽动造反的情况更加渺茫，因为他们知道，隐瞒阴谋者死罪，告发阴谋者可以恢复自由。当然，对于那些任劳任怨、积极改造，并且有突出表现的奴隶，他们是有希望重新获得自由的。因为每年都会有一些奴隶因为服从管教而恢复自由。’

“说完这些后，我接着说道：‘我不知道为什么英国就不能采用这样的惩罚方式，我觉得这比和我辩解的人士所啧啧称赞的公正司法更加有利于社会发展。’那个教外人马上回应：‘这样的律法制度如果是在英国，会产生极大的危险的。’他努了努嘴，然后摇头沉默了。在场的人也赞成他的说法。

“这个时候，红衣主教发言了：‘我们没有实施过，就无法断定这样的方式是否对社会有利。不过如果有犯人被判死刑后，我们尊敬的英王陛下下令延迟执行，倒不妨一试这样的惩罚方式，如果实施顺利并且确实行之有效的话，这样的律法条文就是可以在我们国家建立起来的。如果行之无效，那么再立即处死定罪的犯人，这样也不失公正，并且这样的试行也不会给社会带来危险。我认为对于那些游民也可以用这样的试行方法，因为我们的法令依旧无法有效地制裁他们。’

“红衣主教说完后，在场的人们赞不绝口，但是我说出这样的想法却被他们不以为然，反而加以鄙夷。对于怎样处置游民这一提议，他们更是大加奉承，因为这是红衣主教自己的看法。

“我不知道应不应该，把接下来滑稽的事情复述出来。不过我还是要讲一下，因为它没有妨碍到我的思维，也切合我们讨论的主题。

“那就是当时有一个食客也在一旁。他想扮演一个滑稽者，事实证明他确实很滑稽。他时不时地说出一些索然无味的笑话来引人发笑，但是人们笑的不是他所说的，因为他自己本身就是一个天大的笑话。不过他有时候说的话也不无道理，这就是俗话所说的‘狗嘴咬苍蝇，总会咬到一只’。因为有个食客提到了我和红衣主教对盗窃犯和游民的制裁措施，但是他说还有一批因为老弱病残而找不到工作谋生的人，还没有相应的处理方案。

“这个时候，那滑稽的食客就发话了：‘我知道怎么处理这样的情况。我巴不得把他们赶得远远的，让他们从我眼前消失。他们总是可怜巴巴地纠缠着我不放，向我要钱。不过随便他们怎么哭号纠缠，我也不会给他们一分钱。不是我不愿意给钱，而是我无钱可给。所以现在他们再也不纠缠我了，因为他们也不想白费力气。他们知道从我身上是捞不到一滴油水的，就像是那些身无分文的教外僧，他们是不会去纠缠的。假如让我来制定一条法令，我就把这些游民全部分到各个寺院去。’红衣主教对这些玩笑话微微一笑，而其他人却是信以为真。这个时候有一个教外僧对他的这个笑话表示出了愤懑不平。他说：‘不。你不可以把乞丐变成寺院中人，除非对我们有所补偿与照顾。’

“那个讲笑话的人说：‘我们已经对你们加以照顾了啊，因为红衣主教已经说了把游民管制起来做劳役，这样就很好地照顾你们了，你们才是名副其实的游民啊。’

“当时在场的人们见红衣主教没有对这样嘲讽的笑话感到生气，大家也就开心地笑了，只有那个教外僧怒不可遏，这也是正常的。在面对如此的嘲笑与讽刺的言语下，他忍不住谩骂起了那个滑稽的食客。他骂那个食客是蠢货、污蔑者、死鬼，同时还从《圣经》上引用了大量的谴责词句。

“这时，那个食客也开始变本加厉地嘲笑起来了：‘亲爱的光头，不要生气嘛。圣书有言：“你们要学会忍耐，才可以保全灵魂。”’教外僧回应道：‘该死！我没有生气！至少，我不曾犯罪。诗篇有言：“你生气，但是不要犯罪。”’

“红衣主教很友善地劝诫那个教外僧不要生气。但是他说：‘我没有生气，我只是将一片赤诚之心表现出来。一个虔诚的人才会有这样的赤诚之心。所以圣书有言：“寺庙中的我，有着如同火烧的赤诚之心。”’在场的人们也唱道：‘当以利沙[1]走向教堂，嘲笑他的人感受到了这个光头的赤诚之心。’那个讲笑话的滑稽者也有相同的感受吧。

“红衣主教说：‘你这样的反应或许是出于赤诚之心。但是我认为，假如你不和一个笨蛋发生可笑的口舌之争，不和一个笨蛋斗智，那不是显得你更有修行，更加聪明机智吗？’

“‘不，大人，’教外僧回答说，‘我不会显得更加机智。因为聪明的所罗门曾经说过：“是什么人说什么话，回应笨蛋就要用傻话。”我不就是这样做的吗？我友善地给他指明了那个他很容易就犯的错误。因为假如许多人在嘲笑以利沙的同时，就会感受到他的赤诚。那么一个人嘲笑很多教外僧，其中光头的很多，这个人可以感受到怎样的赤诚之心呢？更何况教皇有旨，凡是嘲笑教外僧的人都会被开除教籍。’

---

① 以利沙（公元前850？—前795？年）——古代犹太预言家，对嘲笑他秃头的儿童进行恶狠报复，见《旧约·列王纪下》。

“主教看到他们争论不休，就示意那滑稽的食客一边去，进而将话题成功地转移了。之后，主教也起身离开，去处理公务，把我们给打发走了。

“亲爱的莫尔，请原谅我讲了一个如此冗长的故事。我真没想过用这么长的时间来讲述这样的谈话。如果不是你很想听谈话的具体内容的话，我叙述的就比较简略了。但是我还是要重申一点，来揭露那些食客奉承的嘴脸。他们对我说的话加以鄙视，但是看见红衣主教没有反对，他们就随声附和对我之前说的话大加赞扬。他们是那么地巴结主教，甚至那个滑稽的人说的笑话，看到红衣主教没有致以反对，也大肆地啧啧称赞起来。因此不难看出，这些食客对我和我说的话是多么地不当一回事儿。”

我说：“亲爱的拉斐尔，我很荣幸可以听到你的叙述，因为你所说的很风趣，又很有见解。并且在听你叙述的时候，我感觉自己回到了故乡，回到了童年，因为我是在红衣主教的宫廷中长大的。这勾起了我对红衣主教的许多愉快的回忆。本来我就已经很喜欢你了，结果你也很怀念红衣主教，这让我更加感觉到了自己对你的喜爱之情。不过我还是没有改变想法，我依旧觉得，假如你可以说服自己成为君主的谋臣，那么你的胆识与谋略，可以给社会带来巨大的帮助。这可以说是你当仁不让的职责，也是一个德才兼备的慈善家的职责。你崇拜的柏拉图曾经说过，哲学家做君主，或者君主研究哲学，哲学与治国相结合，国必富强。所以我觉得，一个满腹经纶的哲学家不愿意为国献策，那么国家的发展将会举步维艰。”

“哲学家不是这样的，他们是很乐意向君主献计献策的。”拉斐尔说，“他们是很热爱自己的国家的，至于他们不愿意在朝为官，并不代表他们不乐意建言献策。实际上，很多哲学家都是将自己的思想谋略撰写在了书中，但是并不怎么受君主重视。著名哲学家柏拉图曾经也说过，除非君主本人喜爱研究哲学，否则君主是不会采纳哲学家的意见的，因为君主们从小就被错误的观念熏陶着。柏拉图从自己和代俄尼喜阿[①]交往的经验中，得到以

---

① 柏拉图在其《理想国》中主张由哲学家管理国家，他曾做过西西里岛的统治者代俄尼喜阿（公元前4世纪）的哲学老师。

上的真理。那么，如果是我对君主提出了有益的建议，想改变他原有的错误思想，我相信我的结局不是被奚落，就是被直接撵走。

“倘若我成为法国国王的谋臣，参加了国王召开的枢密会议。在会上，一群国王宠爱的谋臣百般思考着，怎样满足国王的占有欲，去吞并那些国王觊觎的国家。比如说怎么霸占米兰，掠夺那不勒斯，重创威尼斯，征服意大利，进而强占法兰德斯、布拉邦特，终而全勃艮第。”

第二部

拉斐尔·希斯拉德关于某国理想盛世的谈话，由伦敦公民和行政司法长官托马斯·莫尔转述

乌托邦岛中部最宽，达到两百英里①。岛的大部分土地在宽度上保持一致，然而两端逐渐变得狭窄。用尺子丈量一下，两端的周长有五百英里，岛屿看上去如一轮初升的新月。两角被一片汪洋分割，相距十一英里。被陆地包围的那一部分海水，风暴是难以侵袭的，故而整个海湾看上去很像一个巨大内陆湖泊。没有惊涛骇浪，有的只是微风轻荡。岛的腹部基本算得上是一个港口，随意通往岛上各处，方便居民的自由来往。港口的入海口地势相当险要，浅滩和暗礁随意地排列其间。中间矗立着一座岩石堆积得小山，没有任何的危险可言。山顶建有坚固的壁垒，并有卫兵在此把守。岩石四周分布着暗礁，深埋水底，着实危险。只有乌托邦的人才知道它们的位置。如此一来，外来的船只没有他们的领航，就无从驶入。当然，如

① 1 英里=1.6093 千米。

果没有正确的标示，就算是本地人也很难来去自如地进出港口。一旦这些标示被移动，再强大的外敌舰队也只是有来无回。岛四周还有许多的港湾，到处都是天然和人工的防御工事，少许兵力便可把守，拒敌于岛外。

但是结合传说和实际考证，这个国家曾经并非被海水拥抱。乌托普国王征服了它（以前叫阿布拉克沙岛），并以自己的名字为它命名，改名为乌托邦。并立即下令在岛与大陆连接的地方，掘开一个长达十五英里的缺口，海水灌入将岛屿包围起来。他鼓励当地的居民从事挖掘，并要求自己的士兵也加入其中。工程进展迅速，很快就完成了。最初邻国的居民都讥笑他们，并称这是不可能完成的工作，但工程的很快竣工着实令其意外惊诧。乌托普国王经过努力将岛上原有的落后粗野的居民培养成优秀的居民，不仅有文化，而且有教养。直到今天，别处的居民仍不可与其同日而语。

此岛有五十四座城市，这些城市个个都宏伟壮阔，好不气派。他们的语言、传统、风俗、法律等无不一样。各个城市的格局极其相似，可以这样说，如果地势允许，从外观上是很难区分这些城市的。城市间的距离不一，挨得最近的不过二十四英里，最远的也只用赶一天的路罢了。每个城市每年都会派三名经验老到的居民去亚马乌罗提参加集会，会议内容涉及全岛的利益。亚马乌罗提是首都，因为其地理位置处在国家的中心，便于代表聚会交流。城与城的辖区划分恰到好处，每个城市的辖区都不小于二十英里。相隔较远的城市，自然辖区也就更大了。岛上的每个城市都不曾想过要扩大土地，因为他们对于土地的情谊仅仅是为了填饱肚子，而不能祖辈占有。

农场住宅均匀遍布农村，农具是足够的。市民在村子里的住房里轮流居住，看似居无定所，但每户的人员却很固定，男女加起来不得低于四十人，外附奴隶两个。家里管事的是父母，他们备受尊重。每户设一名长官，称作飞哈拉[①]。每户将在农村住满两年的人送回城市。之后会有来自城里的人来填补他们的空缺。新来的人要接受训练，向那些已经在农村居住一年

① 希腊语，意思是部落酋长。

的有经验的人学习耕作。新来的又会在一年后训练其他新来的人。这样，既保证新来的学到技术，同时粮食产量也不会出现问题。可以这么说，一群人都不懂生产技术，那么粮食产量势必会出现问题。农业人员得经常更换，确保农业生产艰苦劳作不使人们身心俱疲。当然那些对农业生产感兴趣的人可以在农村多住几年。农业人员主要从事耕种，喂养牲口，伐木，并再采取成本少而简单易行的方法将木材运往城市。他们很会养鸡，可以说是得心应手。他们不用母鸡孵蛋，而是将蛋放在恒温的地方，等待自然孵化。小鸡一出世，由于本能，对人产生一种依恋，把人类当做母亲。

乌托邦的人很会考虑成本。比如养马和养牛。他们不怎么养马，但是所养的马匹都很壮硕，是专门供青年人学习骑术用的。他们宁愿用牛驮运，虽然牛没有马能跑，但牛的耐力很好，且养牛成本低。他们种植作物仅用于食品加工。喝的是由葡萄和梨子酿造的酒。甚至只饮用清水，或者在水里加上当地的特产甘草或者蜂蜜。他们事先计划好各个城市以及郊区的粮食需求，并且估计得十分准确。而实际上他们种植的作物不仅自给自足，还将剩余的送给邻近的人们。当他们需用农村无从觅得的物品时，就派人到城市取得全部供应，无须任何实物交换，城市官员发出这些供应时是毫无议价麻烦的。反正每月逢假的那一天，农村中许多人进城度假。

秋季收获的时候，农业飞哈拉便告知政府需要多少人参加收割，而这些人也会赶上晴天准时到达相应的农村参加劳动。

关于城市，特别是亚马乌罗提城

提及这个国家的城市，我相信，只要地理条件允许，这些城市如出一辙。所以我们只需要研究一个城市，其他的也就迎刃而解了，但描写其他城市还不如说说首府亚马乌罗提城，没有城市比它更具有代表性了。因为它是元老院的所在地，而且我对其非常熟悉，曾在此旅居过五年。亚马乌罗提城建在一个有一定斜度的山坡上，整体看上去呈方形。山的宽度不大，逶迤而下，大约也就两英里，直达阿尼德罗河，它的沿河部分比其他城市略微长一些。

阿尼德罗河的发源地距离此城市八十英里，是由几个支流汇集在一起，其中有两条水势最强。河流穿过城市，其宽一度达到半英里，流经足有六十英里之后，汇入大海。靠近大海的这一段河水，甚至延伸到上游，每隔六小时都会随大海涨落一次，波涛汹涌。潮起时，在海水的作用下，河水被生生地压退，一度能达到三十英里。这三十英里的河水都充斥着海水的味道，咸咸的，然后逐渐地变淡。因此海水的涨落对靠近城区的河道不会产生任何污染。退潮后，河水依旧清冽冽的，直到河口附近都这样。

城中的桥将河的两岸连接起来，桥墩不是用木头做的，而是采用石拱。桥建在离海较远的地方，这主要是为了方便船只在城中来往，不受阻碍。这里还有另一条河流，水流缓慢，简直如一面平镜镶嵌在陆地上。它的发源地在城市所在的山上，穿过整个城市的中部，最后汇入阿尼德罗河。这条河的发源地在城郊，由此，人们便靠近水源修筑防御工事，毗邻城市。这样一来，一旦有敌人来犯，就很难截断水源，甚至在水里下毒。居民用陶制的瓦管将水从源头引向城市的低处，而不便于安装水管的地方则建有雨水池，容积巨大，居民的用水自然没有什么问题。城的四周有城墙环绕，又高又厚。上面有许多的瞭望楼和炮眼。城的三面是碉堡，其下有干壕，满是荆棘，另一面修有护城河。

城里交通便利，没有风沙的侵袭，这得益于城市建造者合理的设计布局。其建筑很是美丽，总是按着长条状整齐地分布在街道两旁，建筑的风格不尽相同。建筑的正面都是隔开的，有宽二十尺左右的大马路。整个建筑的后面都是宽敞的花园。其位置正好处在建筑的中央。每家都有前门与后门，前门通往街道，打开后门直接通往花园。门是采用折叠式的，可以随意地开关，任何人都畅通无阻。在乌托邦，私有制的影子已经不复存在。每过十年他们都会调换一次住房，调换采用抽签的方式决定，谁也不会有异议。

他们无比热爱花园，在院子里亲手种植葡萄、果子以及其他花花草草。他们的栽培方法特别精致，这是我在其他地方所未曾见识过的。他们在花园的建设上可没少动脑子，不仅是因为消遣的需要，也为了和其他街道在花园的美化上竞赛。总之，城市的建造者可没在花园的建设上少花心思。

根据当地人的说法，乌托普国王很早就草拟了城市的建设蓝图。具体的装饰修筑，个人能力是有限的，于是他也留给了后人更多发挥空间。这座城有一千七百六十年的历史了，当然这是从乌托普国王征服并给它命名开始算起的，其史料内容丰富翔实，可见史官做事真是一丝不苟。从史书上我们得知，最初的房子都不高，看起来和茅草屋没什么两样，建造的木料弯弯曲曲，墙还是用泥巴加了石灰堆砌而成，有屋脊的房子是用茅草做的脊，简直可以算得上寒酸。现在的房子给人的感觉却是眼前一亮，外形大方美丽，无比优雅，都是三层的小楼，墙是用上好的石料砌成，有的还涂有石灰，也有的是用砖、沙砾填充的。采用平顶的房屋，外表涂了防火用的石灰，不仅经济实惠而且经得起风吹雨打。铅制的板子恐怕是难以达到这样的效果的。他们的窗子是用玻璃做的，很常用，偶尔也采用涂了一层清油或琥珀汁的麻布。当然，透光的效果是很理想的了，至于空气流动嘛，稍微差了一些。

关于行政长官

前面也曾提到，每三十户每年会推选一个长官，古时称为摄护格朗特，现在他们称作飞哈拉。摄护格朗特之上的官员称作首席飞哈拉，古时叫特朗尼菩。他的下属包括十个摄护格朗特及其部署。

全城共有二百名摄护格朗特，在他们宣誓就职以后，结合民众推荐的四位候选人，用不记名的方式投票，得票最多的将担任总督一职。因为整个城市有四个区，每个区又推举一人出席元老院，由此便是四位候选人。总督可以终身任职，一旦出现虐待和欺压百姓的情况，才会废掉。而特朗尼菩则每一年选举一次，没有特殊情况不会再做调整。其他的官员则每年一换。

特朗尼菩每三天就会去总督处参加会议，参与决策一些公共事务。必要的时候也可时常与总督保持联系。他们的职责主要是决议国家大事，一旦民众发生纠纷，他们也会及时调解——尽管私人纠纷是很少的。特朗尼菩每天都会请两名摄护格朗特参加议事会，但人员是经常变更的。他们规定，任何国家大事，议事会必须提前三天开始讨论，直到通过，方可做出最后的决议。国家大事只能在议事会和民众大会上做出决定，任何人在其他任何地方做出任何决定，都难逃死罪。据称，之所以这样做，是为了防止总督与特朗尼菩私改国家制度，对民众施行压迫，鱼肉百姓。故而，所有重大的事件都必须先提交摄护格朗特议会，并由摄护格朗特议会通知民众，然后开会讨论，做出决定，最后提交议事会。有些事情只能提交乌托邦岛大会进行讨论，大会将进行严格的审议。

此外，议事会还有一个不成文的规定，任何在当天会议上提出的问题都必须放到下次会议另作商议。这样做无非是为了避免有些人不经思考，妄加评论，之后就想着怎样为自己的意见辩护，宁可不考虑国家利益，危害公共福利，也要竭力维护自己的名声。这种一开始就不加思考而信口开河的人，要慎言慎行，不可草草行事，随意为之。

关于职业

乌托邦的人全部都从事农业生产，这方面没有什么男女之别，而且个个都对农业生产有着很深刻的理解，算得上精于此道吧。所有的人从小就开始学习种地，理论知识大多来自学校的教育，检验则来自农村的生活实践。孩子被带到田间地里，完全和做游戏没什么两样。但是他们在那里不仅学习了知识，而且通过自己动手操作，锻炼了身体，提高了能力。

在农业生产之外，他们还得学习一门或者几门技艺，其中包括：织毛、纺麻、泥瓦工或者木工等。在他们看来，除了以上列举的职业之外，其他的职业都不值得一提。服装方面，样式大同小异，只是体现在男女有别、结婚与否；样式也经久不变。这种服装不美观，但穿戴方便，四季合身。衣服都是各家自制的。这里的男女都必须从前面的手艺中学习一至多种。

由于女性的身体较弱，多从事织毛纺麻；男性则干一些重体力的活儿。一般情况下，很多人都是子承父业，这也许是自然规律造成的吧。如果某个孩子偏爱于别的职业，那么他就会被寄养在相应从事该职业的人家里。除其父亲之外，长官也会鼎力相助，为孩子寻找一个可靠且祖辈从事那个职业的人家。那么一旦这个孩子学会了该种手艺，还有心学习其他的技能，那么以上的方法仍然可以采用。学成之后，他可以随着自己的愿望随意地从事其中一种职业，当然这还得看他所在的城市需要的是哪门职业了，他能自由地作出选择。

摄护格朗特的主要和唯一的职责就是：竭尽全力做到，城里没有一个闲人，每个人都心无旁骛地从事自己的手艺。但这绝非让每个人早出晚归，像牛马一样累死累活。他们可不能活得跟奴隶一样悲惨。当然，除了这里——乌托邦，世界其他地方的劳动者和工人仍然遭受这样的境遇。在乌托邦，一天分为二十四小时，每天仅需要工作六小时。上午工作三小时，午饭休息两小时，下午继续工作三小时，晚饭后，一天的工作就算结束了。他们每天休息八小时，正午作为第一小时开始算，第八小时他们便开始一天的休息。工作、睡觉和吃饭的这些时间除外，其他的时间都是私人时间，由个人自行支配。但为保证不游手好闲、无所事事，不工作的时候，要善于做一些其他的事情。大多数人把这时间用在了研究个人的技艺上面。他们有一个人人必须遵守的习惯——举行公共演讲，凡从相应技艺中选拔的人都一定要参加。除此之外，其他各个阶层的男男女女，凭个人爱好，自由选择去聆听相应的演讲。不可否认会出现以下情况：有些人宁可将自己的私人时间全部花在个人的技艺上面，不愿意从事相关科学研究的，也只能随其个人心意，不可强求。这种人也会受到表扬，因为他们为国家的利益做出了自己的贡献。

晚餐后的一小时用于娱乐，夏天的娱乐场所是花园，冬天则在用于就餐的公共食堂。可以听听音乐，聊聊天。至于掷骰子等其他无益身心的消遣，他们从不涉及，更无从知晓。但在他们中间流行着两种颇为受欢迎的娱乐节目，其一便是斗数，一个数目巧妙吃掉另一个数。还有一种关于邪恶与道德的游戏：邪恶与邪恶之间互相争斗，水火不融，它们之间有一点是相同的，那便是它们都反对道德。邪恶总和道德抵触，它们之间既存在正面交锋，也存在侧面计谋的较量。最后我们欣然发现，道德如何削弱了邪恶势力，如何避开邪恶的攻击，直至最后采取巧妙的手段获得胜利。

这里，我们先得了解清楚一个问题：每天六小时的工作时间，难道不会出现供不应求吗？事实是这样，六小时的工作时间并不会出现以上情况。六小时足以保证充足的物资供应，生活需求上畅通无阻，十分便利，甚至还有节余。只要仔细想一下，就会马上明白的。我们知道在任何国家，从事劳动的是少部分人——首先大多数的妇女是不从事劳动的，她们占了人口的一半；在从事体力劳动的妇女家里，男人又都是些懒鬼；再算上那些教士和所谓修行的僧人；此外，还有那些不劳而获的地主们，也就是那些被称作绅士与贵族的人，外加他们的跟班——这里指的是那些仗势欺人的狗腿子、二流子；最后把那些年富力壮的乞丐算上—— 一群总爱称病，不愿意参加劳动的家伙。闲人可不在少数！

因此，我们看到，在任何国家，生产生活必需品的人力只是少部分，少到可怜的程度——简直意想不到。而且，这些国家为满足那些奢侈和荒淫的享受，还会诞生很多不必要的职业。假如把从事所有职业的一些人，都分配到生产少量必需品的行业中，商品的数量就会大大增加，进而价格就会降下去，制造者的生计就会出现问题。但如果只将那些不从事正当手艺的人，那些每天消耗物资超过两个人水平的不务正业的人拉去干活，做能创造生活必需品的活儿，那么效果马上就会显现出来：六小时的工作时间对生产生活必需品是富足的，劳动者的生活也会舒坦，并体会到劳动的乐趣。

要证明以上道理，乌托邦再合适不过了。在它的每个城市和城郊，仅仅不过五百人不能参加相应年龄的工作，其他人都可胜任。按照当地的法规，摄护格朗特是可以不参加工作的，不过为了活得开心愉快，他们还是积极寻求工作。经过教士的推荐和摄护格朗特的秘密投票，有些人是可以免除工作的，因为他们将全部精力用于科学研究。一旦他们没有达到人们预期的期望，则必须参加劳动。反之，有一种很常见的情形，那便是，一旦某个工人在私人时间热心研究，并取得骄人的成绩，他便可以放下技艺劳动，专攻研究。

乌托邦的外交官、教士、特朗尼菩以及国家元首往往都从有学问的人中选举产生。古时将元首称作巴桑，今称阿丹麦。

不言而喻，除了做学问的人以外，其他的居民都很忙活，因为很多很多的必需品来自他们的辛勤付出，而这自然需要很多的时间。除此以外，他们的效率惊人，他们只需要很少的体力劳动便可生产大量的生活必需品。其他国家，由于经营不善，导致祖辈遗留的房产遭到损毁，这要花费很多的劳力和时间去修葺。因此，前人在房子上的代价远比继承者小。同时，有钱人对于别人斥巨资修建的房屋，丝毫也不爱惜，房子往往年久失修，以致无房居住，这能用相同的钱在其他地方修一座一样的房子。然而，在乌托邦，一切都那么井井有条，人们根本不需要另择地段修筑房屋。他们总是及时地将房屋的破损修好，并防止再次遭到破坏。这样，花费少，又能久居。因而，那些修房子的工人经常是无事可做，因为人们在自己家里提前就把石料和木材预备好了，以防万一。

还有，他们在衣服上也没花费太多的时间。他们对工作时的衣着不太讲究，因为衣服都是皮制的，很耐用，通常能够穿七年之久。他们喜欢在外出时，在粗布衣服外面套上一件长外套。整个乌托邦岛都采用和羊毛一样颜色的衣服。如此一来，用毛量和成本都下去了。这间接表明，麻布衣服的实用，不仅范围广，而且生产容易。麻布的唯一要求是色彩要白。自然毛的就需要光洁的了。制衣服走线倒是没有严格的要求。他们的衣服往往能够使用两年。可在其他任何国家，人们的欲望可不简单地满足那四五件颜色花哨的衣服或者绸缎制成的褂子，当然越多越好。再遇见那些娇气鬼，十件恐怕也难满足其需求。这里的人对衣服的要求不高，因为他们既不需要把衣服都穿上防寒，也不需要穿衣服使自己变得更漂亮。

乌托邦的人都从事日常生活品的生产，而且投入的劳动力又不多，自然日子过得很富足。这样，一旦公路设施遭遇毁坏，他们便可集中很多人去修路。但往往情况是这样，不需要修路工，他们的工作时间被要求压缩。由于乌托邦关于公民的法规规定，公民在进行一切体力劳动之后，应当拥有充分的时间去让心灵自由自在，并得到启迪。故而政府不要求民众参加额外的工作。他们认为这样的人生堪称幸福。

关于生活和交际

下面我们将谈到，部分公民如何交际、全国的公民彼此的关系，以及物资的分配。一群具有亲缘关系的人组成了家庭，这些家庭又构成了城市。女孩到了结婚的年龄就会出嫁。男孩就会留在家庭里继续生活，但必须服从年纪最大的长辈的正确的命令。当然，当年纪最大的人经常做出错误的决定时，那么他的地位将会被家里年纪仅次于他的人所取代。

政府制定了一系列的法规来调控城市的人口，防止人口稀少或过多。每户成人的数量介于十至十六人之间，孩子不计算在内，整个城市的户数不得超过六千户。具体的措施便是将人口过多的家庭多余的人抽出，去填补人口较少的家庭的空缺。城市的人口一旦越过了警戒线，政府就会组织将多余的人口迁徙到人口较少的城镇。如果整个的岛国人口达到饱和线以上了，政府就会在岛屿周围寻找绿洲，确定当地仍有未开垦的土地，就按照乌托邦形式的生存方式建立殖民地。当然政府还得征得当地土著人的同意，当对方愿意与乌托邦人和平共处，一起生活，才有利于彼此的生活。这样一来，在乌托邦人的帮助下，土著人的土地就变得肥沃起来，种出好的庄稼，养活两方的居民。但如果土著人不愿意，乌托邦人将会圈地，并将土著人赶离自己的生活区。土著人若加以反抗，那战事是难以避免的了。乌托邦人并不认为这样有什么不对，他们以为，一旦某个民族得到一块土地，却不善加利用去开垦土地，那么其他任何把土地作为赖以生存的必需品的民族就可以理直气壮地对其宣战。但是，一旦发生天灾人祸，像前两次的鼠疫那样，导致城镇的人口急剧下降，政府都会将殖民地的居民调回来居住。他们宁可让殖民地的土地荒废，也不愿看到自己的城市人口凋零。

来谈谈居民的共处生活吧。家里面夫妻之间丈夫说了算，孩子都应当听从父母正确的安排。没有特殊情况，老人的话在家里是很有分量的，都得听从。总体来说，每个城市有四个区。每一个区的中心是物资集散地。每户人都会将自己生产的物品放在属于自己特定的屋子里，不需要金钱的交换和其他付出，便可申请到自己想要的物品。任何物资都不缺乏，任何人都不会有意争取超过自己实际情况的物资，故而每个人的申请份额都不会遭到拒绝。居民根本不用担心物资会出现缺乏，他们没必要杞人忧天，担心别人会将物资全部据为己有。任何生物一旦心里感到会出现物资匮乏，那么其贪婪的本性就会完全暴露出来。对于人不过是一种虚荣心在作怪罢了，自己拥有的比别人多，显得自己很富有，优越感就自然地上来了。而乌托邦人有高尚的素质，根本不会出现这种低劣的行径。

紧挨物资集散地的是食品区。各种蔬菜、水果、面包、鱼及肉禽等一应俱全。用河水将肉清洗干净，并在城外有专门的存放地。牲畜在城外的时候已经被奴仆除去了皮。乌托邦人禁止本城的居民屠宰牛羊，认为这样人就会失去怜悯之心，丧失最纯洁的本性。当然，不干净的东西是禁止入城的，因为腐烂的东西可能会引起疫情。

除此之外，每条街道的两侧都建有间距相等的厅堂，它们都有自己的署名。摄护格朗特就居住在这里。厅堂两侧分布着住户，左右各十五户，总计三十户，大家在厅堂就餐。各厅堂有自己专门的伙食管理人员，他们根据厅堂就餐的人数指标，准时去食品市场领取食物。

凡是在公家的医院里救治的病人会首先得到特殊的关怀。每一座城市里都有四座宽敞偌大的医院，可以与村子的大小媲美，而且这样的医院在每座城市的城郊。这样就会解决居民的看病压力，使大家不会太拥挤，感觉十分方便；有病人一旦出现传染病，可以及时地进行隔离。医院的设备相当完善，可以说是一应俱全，对病人的照顾更是无微不至。一来二去，所有居民生病后都乐于在医院治疗，不会耽误治疗的最佳时期，更不会被强行送进医院。而医院的伙食管理人员也会遵从医生的嘱托，对患者的食物进行平均分配，分发给各个厅堂。总督、主教、特朗尼善和外来的侨民也在关怀的范围之内。其实侨民并不多，但只要有侨民，他们就会被安排在专门的厅堂居住。摄护格朗特管辖的居民一听到喇叭的声音就会齐聚厅堂，因为开饭的时间到了，那些住院的或者在家里生活的人则不必前来，这里允许那些吃饱的人捎带一些回家。把食物带回家是可以理解的，因为没人会毫无根据地这样做。如果自己做出的菜肴口味菜色远不及厅堂的，还在家里忙活，这样的人堪称愚蠢。厅堂做菜和陈设的工作都由各家的妇女负责，大家轮流去担任，而那些苦力活就交给奴仆来完成。根据人数的需要会设立三张或更多的桌子用来吃饭，男子靠墙而坐，女子坐在对面，这样主要方便那些怀孕的妇女，若出现不适，可以随时离座去寻找奶妈，又能保持就餐秩序良好。

那些带小孩的奶妈在另外的厅堂里吃饭生活。时常把火生起，还有干净的饮用水，将小孩的襁褓解开放在备用的摇篮里，让其自由地玩耍。如果婴儿的母亲在身边，孩子将由母亲亲自喂母乳。一旦她们出现任何问题，则由摄护格朗特任命一个奶妈进行喂养。要找到一个称职的奶妈并不是一件难事，奶妈通常很愿意哺乳其他孩子，因为人们会称赞她们散发着母性的光辉，被其喂养的孩子也将其视为亲生母亲。五岁以下的幼儿，也和那些奶妈一起用膳。那些未成年的甚至还没结婚的孩子，需要有人照看他们的饮食，还不能吃饭的孩子也要站在旁边。他们主要还是靠大人用勺子喂食，吃饭的时间也不固定。设立在食堂固定的边缘位置称为首座，在这里可以环视整个餐厅的情况，摄护特朗格夫妇通常坐在这个位置上。另有两名年长的人与其同坐，每个席有四个人。假如摄护格朗特的管辖范围设有教堂，摄护格朗特夫妇的位置则让给主教夫妇，并由其担任席长。按年轻人、老年人分层次坐在不同的席次。全教堂的座次都这样鳞次栉比地排列下去，年龄相仿的坐在一起，不同年龄段的在一起就餐。这样做的目的主要有利于年长的老人监视那些年少的人的举止和言论，一旦举止言论不当都会受到严厉的斥责。好的菜肴会首先送到标有特殊记号的老人的桌子上，然后其他的则平均分配，并没有不按照顺序上菜。假若某种菜肴的份额有限，老年人可以将其分给旁边的桌子。这样一来，老年人不仅受到尊重，而且大家又可以分享美味。

午餐与晚餐开饭前，都会朗诵一段言简意赅的话，以示警醒。接下来，老年人做一些诙谐幽默的讲话。但他们总是有的放矢，点到为止。相反，他们更喜欢听年轻人谈论，有意地加以引导，以此来揣测年轻人的本领。午餐相对于晚餐的时间较短。因为午餐后还得工作，晚餐后有一小时的娱乐时间，然后结束一天的工作，前面已经提到。这样有助于身体的消化与吸收。晚餐总是会放一些令人舒缓的音乐。点心中还有不少的甜点。其实，只要能保证进餐的心情舒畅，他们宁愿费点周折地做一些事，如上香，喷洒一些香水等。他们都对此深信不疑，任何娱乐活动，只要不带伤害性，都应极力推广。

以上便是他们共同生活的情境。农村里的人，由于相距较远，就在各自家里就餐。但农村的人什么都不缺，因为城市的人的生活物资都是来自农村。

关于旅行

关于旅行，凡想去其他城镇探亲访友或者观光的人，若他们没有必需的工作要做，只要得到摄护格朗特和特朗尼菩的允许，并得到总督的手谕，便可在规定的时间内自由往返各个城镇。一旦时间到了必须立即返回。临走的时候，他们会得到一辆车和一个奴隶，车子由奴隶驾驭，奴隶负责照顾他们的饮食起居。但只要没有妇女同行，他们通常把这个累赘一样的车子退回去，轻装上阵。这样的旅行什么都不用带，简直可以说像在家里观光一样。在一个地方待上一天的话，就需要从事自己的手艺，同时他们也会受到当地居民的盛情款待。一旦有人在没有手谕的情况下，越过县境，就会被当作逃亡者，遭到扣押，受到严厉的处罚。罪行严重的直接贬为奴隶。

对于孩子，假若想去城郊走一走，只要得到父母的应允，便可成行。无论他想去哪个村子，在午餐与晚餐之前，都必须事先完成当地人规定吃饭前的所有工作，方可就餐。因此，只要做到以上诸项，任何人都可以在自己的城市里自由穿梭。这与其是身处农村还是城市完全没有任何的关联，因为在农村和城市所有人的价值是均等的。

现在，想必你已经明白，对于乌托邦的人来说，无所事事和到处游荡纯属笑谈。他们没有任何会使人堕落黑暗和迷失的场所，比如酒店、妓院；也没有拉帮结派，非法集会。他们的所作所为都必须合法，都要受到众人的监视和约束。由此一来，他们的所作所为都是正当的工作，就连休息也是十分有规律的。

正是因为这样的生活方式，使得这里的人们都富得流油，由于均分制的存在，便没有贫穷可言。当两个城市，一个出现某种物资短缺，一个出现某种物资丰盈，在元老会议上便会及时做出调整，确保资源互补，共同富裕。对于这样的情况，他们认为帮助是理所当然的，没有丝毫的埋怨。可以说整个乌托邦就是一个大家庭。大家都乐于把自己的物资拿出来救济别人，而不求回报；一旦自己的物资出现短缺，也会得到无偿援助。

当乌托邦的人民囤积了超过两年的物资时，尽管接下来一年的收成情况还不能预知。他们便把数量可观的谷物、羊毛、麻、木材、生皮、黄蜡、油脂、熟皮和牲口运往别国。这些商品中有七分之六是价位适中地售出，剩下的七分之一是赠品，送与当地的民众。他们将得到的钱用来购买一些国内缺少的物品，比如铁。当然还有大量的金银首饰。长此以往，乌托邦稀世珍宝的数额竟然到了难以估量的地步。所以，他们根本不在乎怎样进行商品交易，现钱？信用？支票？在制订合同的时候，个人是不需要出面交涉的，由整个城镇担保并完成有关手续。一旦付款的时间到了，政府便可从民众手里把钱收起来，放进公库；这些钱是可以用来做其他的事的，直到债权人把钱提走。通常，乌托邦人都不去要债，他们认为，一旦别人急需这些钱，自己将其收回是违背天道良心的。除非，他们急于把钱借给其他国家或者用于战争。他们将钱收回，也只有在征战的时候。那些不起眼的财宝才有用武之地，他们可以用来高价征兵，但征的是外国兵。他们舍不得将自己的国民投身战场，宁可高价聘请外籍士兵参战。对于金钱的利用，他们可是很精明的，他们收买敌人的内部人员，造成敌人内乱，导致军心大乱而节节败退。因此珍宝在他们手里可不仅仅是观赏的玩物，关键时候宁为玉碎不为瓦全。他们对于财宝的利用，要不是我亲眼所见，我也会难以置信的，我知道就是勉为其难地相信也许都做不到。我深知，你们很难相信我的话，特别是我这样说。这是不可回避的事实，一个人的听闻与所见不符合，就会越发难以相信。乌托邦的制度与我们千差万别。对于一个三思而后行的人来说，乌托邦人对于财宝的利用也许是我们所不习惯的方式，但对于他们却是理所当然。甚至，钱也是可有可无的东西了，也就是说可能会用到，可能毫无价值。

金银首饰可以铸成货币，对此，乌托邦人从不抬高它们的价格，而是待价而沽。在他们眼里，铁的价值竟然在金银之上，此极为罕见，铁就像水火一样必不可缺。相反，金银不过是因为稀少才受到重视，并不是非有不可，缺了它们还是照样过日子。故而，金银的存在并没有达到不可缺少的程度，只是人们愚笨，才抬高它的价值。大自然就像一位慈祥的母亲，将空气、水乃至土地都放在能够看到的地方，而那些没用的东西总是深埋不见。一旦乌托邦的人将财宝封锁起来，那些愚昧的家伙就会不知廉耻地想，总督和元老是不是又欺骗了民众，为自己打起了算盘。还有些可以预见的情况，把这些金银熔成器皿，一旦开战，这些器皿定会被铸成军饷，它的主人肯定会难以割舍自己的心肝宝贝。

以防万一，他们想出了某种不违背制度的方法。黄金被看得无比的贵重，总是被小心收藏，这显然是与制度背道而驰的。故而，不身临其境，你很难相信乌托邦人处事的风格。原本那些陶器、玻璃器在乌托邦可以算得上物美价廉。可那些不干净的器皿倒是用金银铸成的，比如便池。就连奴隶身上的枷锁也是金银打造。那些有罪的人反而戴着金项链、金戒指、金箍。可以看出，他们总是想尽办法贬低金银。然而，其他国家的人，一旦失去金银，就悲痛不已，好像得了失心病一样。可乌托邦的人却丝毫不受影响，就算是被全部拿走也不在乎。

他们也在海边寻找珍珠，在一些山岩上采集钻石和美玉。他们并不是刻意地寻求这些东西，只是遇到了捡回去加以雕琢，用来装饰。当孩子还很小的时候，把这些装饰给其佩戴上，他们会感到无比欢喜和尊贵。等到他们年纪稍大些，看到只有小孩子才会佩戴这些物品，也就不太好意思再随身携带了。就如我们国家只有小孩子才会把坚果、珠子和洋娃娃当玩具一样，大孩子是不会好意思触碰它们的。正因为如此，乌托邦的人才有与众不同的世界观，这里的与众不同是对于其他国家而言的。从阿尼蒙尼人派出的使节，便可看出其中的差异。

恰好那些使节到达首都的时候，我也在。乌托邦的每个城市已经派出三名公民代表在此等候，目的就是为了和这些使节一起商量重要的问题。那些来过乌托邦的使节，都入乡随俗，穿着极其简朴。在乌托邦，大家都很痛斥和鄙视那些穿着华丽、打扮妖娆的人，他们视黄金如粪土、泥沙。阿尼蒙尼人和乌托邦的人来往甚少，而且地理位置也相隔千里。他们误以为乌托邦人的衣着简朴，就代表他们缺少这些饰物。他们有意穿金戴银，装扮不俗，整得神气十足，傲慢不羁，似乎是要给这些寒酸的乌托邦人看看自己如何容光焕发，搞得人晕头转向的。不仅遣来的三个使节如此，就连一百个随从也如此这般。乌托邦人用来惩治奴隶，侮辱泼皮，给小孩子玩的东西，竟然被这三位贵族使节全用来装扮自己了，金绸缎做的衣服，金质的项链，金耳环，金戒指，帽子上也搞得珠光宝气。更可笑的是，那些阿尼蒙尼人将自己的绫罗绸缎和乌托邦人的衣服在集市上比较，那确实是很值得玩味。更有趣的是，他们本以为会得到尊重，结果却丝毫没有，令其扫兴、失望万分。因为除了极少数的人因为事情离开过乌托邦，去过其他国家，绝大部分的乌托邦人都把身着华丽的衣服看做一件无比可耻的事。恰好正使得这些戴着金项链的使节被看做了奴隶一样对待，而他们的随从却得到了一定的尊重和欢迎。那些随着年龄的增长早已丢弃珍珠宝石的孩子，看着那些帽子上带着这些东西的使节，拉着妈妈的衣袖：“妈妈！你看，那些戴着珠宝的傻瓜，就像个没长大的孩子一样，还在玩珍珠宝石。”母亲则很认真地回答：“宝贝，不要自以为是呀，很有可能是使节带来的奴隶吧。”更有人指责那些“奴隶”身上的金链子不适用，太细而容易挣脱；“奴隶”会对此肆无忌惮的，因为太宽松了。不知那些使节听到这会作何感想。

几天后，那些使节恍然明白，在乌托邦人的眼里，金银是不值钱的东西，可能是数量太多了吧。他们明白乌托邦人对金银的贱视程度竟然与他们对金银的狂热等价，一个奴隶身上的镣铐所用的金银可与三个使节一拼，甚至更多。在和乌托邦人的友善交往后，彻底了解了乌托邦人的价值观和认知，使节们万般无奈，羞愤不已，只得将金银装束收起来。有几点在乌托邦人看来是不可理解的：第一，一个人可以瞻仰日月星辰的光辉的时候，几个石头一般的东西发出的萤火虫般的光亮，竟能让其喜出望外；第二，大家都穿着羊毛制作的衣服，有人却以羊毛的纤细程度来分个高低卑贱，要知道它们可都是羊毛织成的；第三，人竟然不如黄金尊贵。黄金是因为人们的利用才获得其价值的，否则毫无价值，然而实际情况却是其被人们看得极为尊贵，使用者反而不如它尊贵。一个形如流氓的家伙，无论其有多笨，多下贱，多不要脸，只要他有黄金万两，就能让无数脑袋聪明的人卑躬屈膝，任其使唤。在某些情况下，如命运的安排或者通过卑鄙的手段利用法律，这些钱会从上面谈到的那位先生的手里转移到一个心狠手辣的奴仆手里，那么这个先生的命运就可想而知了，不久以后他的身份便是曾经的奴仆，现在的主人的奴隶了。乌托邦人对此深深地迷惑，为何这些与其没有金钱或者感情牵连的人却对那些有钱人敬若天神。可能因为这些富人充满着贪婪，丝毫不愿意将财产恩赐给他们。

由于这些乌托邦的人生活在一个与上面的愚蠢制度完全不同的国家，再加上后天的学习与名著阅读，致使他们有以上的见解。他们对于学习的能力是令人惊奇的，因为他们从小就很少有人专门把时间花在做学问上面。前面已经说到，除了小孩每天都得学习以外，其他的任何人都得工作，只能利用私有时间去学习文化知识。值得一提的是，他们了解知识都是采用国语，因为自己的语言文化内涵深刻，易于学习，相比别的语言更能准确地表达意思。乌托邦人始终保持着语言的纯洁性，他们的语言在世界的其他地方也有着不同程度的使用，却不能像他们这样。

在我们的世界里，人们所熟知的哲学界的名家在乌托邦却是闻所未闻。然而，与那些名家相比，他们在音乐、逻辑、数学、几何上的造诣却丝毫不逊色。但是，在发明方面他们却赶不上我们的新生代逻辑学家。比如，小逻辑里涉及的关于限制、扩大、换置的思考，在他们这里却没有一条被发现，要知道这些在我们那里可都是小孩子都会学习的东西。就连“再概念”，他们也知之甚少。对于任何抽象化的人，我们都能轻易地指出，而他们无论是如何的巨大，都无从领会和了解。然而，乌托邦人对于斗转星移、天体的运行却很有研究，他们发明了许多仪器，能准确测出地球、月球以及那些位于地平线上星星的运动和位置。至于那些用于算命的相生相克、旦夕祸福，他们想都没有想过。他们根据经验，能通过一些征候来判断刮风下雨、阴晴圆缺。他们对潮汐、海水的味道、宇宙的起源在本质上和我们那些古代哲学家的研究不谋而合。值得一提的是，我们的古代哲学家存在分歧的地方，今天的乌托邦人从事新的研究时，也存在很大争议，他们对所有问题的认识也没有达成一致。

我们在哲学研究的关于道德的那一部分与他们是一致的。他们谈及的人的本质问题，以及肉体、灵魂和表面上的善时，涉及了两个问题：善良究竟是在灵魂、肉体、表面上是固有存在的呢，还是单独存在于灵魂中？当然也少不了道德与快乐之间的关系的讨论。但他们对于幸福谈论犹胜，这是最基本和最主要的争辩了，幸福究竟是单一元素决定的还是多元素共同决定的？在这个问题的争辩上，他们似乎故意地拔高了快乐的地位，甚至认为人类的幸福是由快乐决定的。更加令人费解的是，为了保全这种不容易解决的意见，他们居然将其寄托在要求苛刻、毫无人情味的宗教身上。一旦说到幸福，他们就喜欢把宗教的所谓的原则与哲学的理论结合到一起。他们认为谈到幸福，如果不是从宗教中汲取这些东西，幸福的诠释就不完美，缺少些什么。

所谓的原则：

一、灵魂是永生的，上帝生而慈悲，故灵魂注定会是快乐的。

二、生前喜乐为善，死后便得极乐，生前为非作歹，死后遭受惩罚。

虽然这些东西隶属宗教的范畴，他们却通过理性的方法，加以秉承。那些原则一旦不在了，乌托邦的人马上就说开了，任何一个人不论其聪明与否，他都会竭尽全力去追求属于他的快乐。但是应当避免只看眼前的小快乐而舍弃大快乐，避免乐极生悲。他们认为，追求艰苦的德行，不但体会不到人生的美好，甚至愿意去承受那些不会产生快乐的痛苦，这是非常不明智的。因为一个人一生都在痛苦里走过，也就是一生都没有得到快乐，死了还无以回报，那么这样做好处在哪里呢？根据他们的解释，并不是所有的快乐都称得上幸福，只有高尚的德行才能纳入幸福的范畴。德行将我们引导到真正的快乐上，就好像迈进善的最高境界。对于那些持相反观点的人来说，则简单地把德行等价于幸福。由于上帝告诫我们要遵守自认规律，所以那些人简单地把德行看做符合自然规律的生活。遵从自然规律，要理性地分析追求什么和避免什么问题。我们身上的理性的光辉便是对上帝的爱与尊敬，他赐予我们所有的幸福，让我们感知幸福的存在，并获得幸福。

三、理性要求我们过安静快乐的生活，同时，尽力地帮助他人也过上同样的生活。尽管如此，德行上严肃认真，痛恨享乐，要求你工作、警醒、节约、尽力减轻他人的痛苦。把减轻他人痛苦认为是快乐的事，在德行上是值得赞美的。造福社会，让他人过得安稳，减轻他人的痛苦，解除忧愁，使他们恢复惬意的生活，即恢复快乐。便是人类的固有德行，或者说是人类的独具的德行。对待别人尚且如此，对待自己为何却做不到，这是自然不曾交给我们的。

事实如此，我们必须从两者中获得其一。也就是说，得意的人生是快乐的人生，这是不正确的；一旦这样，我们要做的就是将人们从这种有百害而无一利的快乐中解脱出来。那么我们自己在奉行这样的快乐生活的同时，似乎才能奉劝别人也过这样的生活，认为快乐的生活是美好的生活。

对于别人，我们要像对待自己一样，不应该厚此薄彼。大自然告诉我们要好好地对待别人，却没有要求我们对自己要求苛刻。因为在乌托邦人看来，大自然赋予他们的就是愉快地生活，把享受生活作为全部的快乐。他们对德行的理解就是遵照自然的规律生活，大自然要求人们互相关心、帮助，以求得更加美好的生活。这个要求一点儿也不过分，合情合理。没有一个人是超凡脱俗的，得到上天更多的恩赐，比别人高明多少。大自然对于一切有生命的事物都是平等的，没有厚此薄彼。大自然告诫我们，谋取个人利益的同时，不要伤害他人的利益。

这样一来，他们认为，我们不但要遵守彼此之间的协定，在公共物品即取得快乐所需的物品的分配上，也应该遵从相关的法律法规。法律的建设与修订，是由圣君在公平的基础上颁布的，也就是说没有暴力的压迫或者阴谋的操纵存在。在维护个人的利益的同时，又不违背这些法律，才是英明之举。每个人的义务包括维护大众的利益，并以之为谋取个人利益的前提。把自己快乐的获得建立在破坏他人快乐的基础之上是有损公平正义的。相反，为了他人的利益而牺牲自己的利益的行为，就是同情他人、关爱他人，这是我们每个人的义务。遵守这样的义务，自己得到的回报是不会比自己为别人的付出少。因为好心帮助别人总是会得到上天眷顾的，会收到丰厚的回报。一旦一个人对别人有善举，想到别人对自己心存感激，心里也会无比的快乐，这不是肉体快乐所能媲美的。最后，赠与别人短暂的快乐，上帝将给予我们大量永恒的快乐，这不仅在宗教的层面上为人们所认同，而且每个人理性的认识也倾向这样。所以，他们在仔细地考虑和研究过后，觉得应该把快乐和幸福作为人最终的目标，而一切行为，包括德行都是其实现途径。

乌托邦人所说的快乐无非就是指顺应自然规律所得到的一切心理上的活动和状态。他们是有意识地加上自然的意图。不欺凌他人活得快乐；不因为小的快乐而放弃大的快乐；在感觉的基础上，驾驭理性去寻求快乐。这便是乌托邦人从自然的角度上得到快乐的方法。换言之，某种快乐本身就违背了大自然的旨意，人们却一意孤行地认为那是他们想要的快乐，并且有权去改变事物本身和为其命名。在他们看来，这样的快乐对增进幸福是无益的。这样的快乐必然导致这种快乐在这个人身上泛滥，他就没有机会去感受真正纯正的快乐，长此以往，他的内心也完全受这样的取乐观念所支配。总之，这个世界有很多事物究其本质来说不是甜美的，甚至有不少的苦涩掺杂其间，却因为某些邪恶念头的引诱，使其被看做无上光荣的快乐，而且还成了生活中最为本质的东西。

如前面的那些人一样，以为自己的穿着华美，就很了不起。这也是乌托邦人认为的虚荣式的快乐之一。可那些人在这点上却越陷越深。可以说，认为自己的衣服漂亮和自己了不起都纯属无稽之谈。可就事物的使用价值来看，粗线制成的衣服会比细线的差很多？可他们藐视一切，似乎他们的尊贵是有凭有据的，没有半点虚假，他们认为自己的地位也应当有所抬高。就因为如此，他们便要求别人对自己的华丽服饰表示出畏惧和敬意。反之，他们穿上粗布衣服，就觉得不好意思那么要求了。自己穿上美丽的衣服却得不到尊重，常常会让其愤恨不平。

四、只有脑子有毛病、发狂的人才会去追求这种虚无缥缈的对任何人没有实际意义的尊重。让别人脱帽致敬，甚至卑躬屈膝，自己也不会得到真正的发自内心的快乐；别人的弯腿和脱帽丝毫不会让你心里舒坦，头脑好使。我们可以确认一个事实，今天的人之所以为贵族，不过是因为他们有前人留下的巨额财产罢了。他们让那些虚有其名的快乐搞得稀里糊涂，觉得自己是个贵族便神气十足，因为他们是那些时代里富有的人的后代，尤其是有土地的人的子孙。有些人的先人没有留下任何的财产抑或是财产早就花完了，还把自己吹捧为贵族，未免也太强人所难了。

在乌托邦人看来，这一类所谓的贵族和前面的那些痴迷于珠宝的人，一旦自己手上有上佳的珍宝，或在那时人们都以为很值钱的珠宝，他们便以为自己是神。可那些珠宝的本质不过是一块石头。可是那些买主要买的就是有黄金包裹的最原始的玉石，否则不会收购的，同时卖方也担保货真价实，物有所值。可以看出，买主担心自己受骗的心里是昭然若揭，再也没有比这明白的要求了。再说，一个人没有辨别真假的能力，假的东西你能辨出真伪吗？说白了，就像盲人摸象，真假又有什么差别呢？更有甚者，他们拥有很多的财产，却不加利用，只是拿来观赏，真不知道是真实的快乐知足还是自欺欺人的快乐呢？另外，有些人把金子埋起来，既不利用，也不观赏，总是提心吊胆，怕金子丢失，患得患失，恐怕很难获得真正的快乐吧。我们可不可以这样分析，把金子埋藏起来，自己不用，也不许别人利用，这和丢失了有什么区别？难道埋起来以后，埋在别人看不到的地方，自己就会无比宽慰，特别高兴？可一旦你的金子被别人偷走了，在被偷走的这时间里，不管曾经属于你的金子是完璧无恙，还是又丢失了，这似乎与你没有什么关系了吧；再假设，金子被偷，你却什么也不知道，若干年后你驾鹤西归。可一切的一切假设，似乎对你并没益处。

乌托邦人认为最无聊的享乐还有掷骰子和狩猎。他们问，在板凳上掷骰子有什么快乐可言呢？假设刚开始你会觉得很快乐，那么久而久之还不生厌烦？再比如，狩猎的时候，听到猎犬的狂吠应该令人毛骨悚然，十分反感的，怎会有快乐？为什么狗追兔子就比狗追狗让你感到更快乐？无论狗追兔子还是狗追狗其相同点都是狗在追，只要看到狗在追你就开心。假设你喜欢看到的是杀气腾腾和血溅当场的场面，弱肉强食，天真的被杀害，那么狗把兔子咬得血肉模糊，撕成碎片的场面应该让人心生悲悯才是啊。因此，乌托邦把此事交给屠夫去做，或交给奴隶去做，因为这对公民来说是有失身份的。在他们看来，狩猎是屠夫职业中十分下贱的事情。当然这种职业的其他职务都是正当的，因为他们对于我们是有用的，必要的时候才屠宰牲畜。可那些狩猎的人不过是图一时之快罢了，连小动物都能动杀念。乌托邦的人始终认为一个人嗜好于看杀戮，并不是喜欢看杀戮，而是其本性不纯，或者是其经常凌虐他人，做惯了伤天害理的事，结果变得愈加残忍不仁。这样的事情不胜枚举，而这些人好像却乐此不疲。乌托邦人明白，这些东西对于他们没有任何的兴趣可言，故而它与真正的快乐没有共同点。假如说，乌托邦人始终坚持自己的观点，即便快乐的任务便是通过这一类的事情来给人以愉悦的感觉。他们觉得，之所以会得到愉悦的感觉，不过是因为反常的习惯造就的，而和事情本身的性质没有关系。有这样的习惯，才促使那些人以痛苦为乐，就好像孕妇觉得树脂和禽兽的脂肪比蜂蜜还要可口一样。事实却是，任何不健康的习惯或者反常的习惯，都无法从根本上改变快乐的性质一样，当然它也不能改变其他的事情。

乌托邦人认为，真正的快乐是多方面的，总结起来包括：精神层面和身体层面。

精神层面包括智力，窥探真理所获得的快乐，还包括对过去的美好的生活的回忆以及对未来幸福生活的憧憬。身体的快乐来自两个方面。一方面是新鲜感带给人们的快感。比如，某些快感的丢失，是可以通过进食来恢复的，当人们进食后这种感觉就会再次得到。有时候排泄体内的粪便，夫妻同房或者挠痒也有这种感觉。另一方面的快乐，与补偿身体的需要无关，也与消除身体的不适无关，它就是从音乐中获得快感，它将快乐融于某种潜在的力量之中，余音绕梁，刺激我们的感官神经。

身体层面的快乐在于身体的健康，气血旺盛，这是乌托邦人的共识。这种快乐就在于身体远离病痛的折磨。即使没有其他的快乐，身体健康，没病没痛，这本身就是一种真正的快乐。这种快乐不同于饥饿时的感觉，既没有那么强烈，也不容易感知。然而，很多人把健康当作最大的快乐。乌托邦人都认为快乐至上，一切都以快乐为基础。拥有健康，生活就显得悠闲自得；缺少健康，快乐就是妄想。一个人因为缺少健康而快乐，在乌托邦人看来，那是其知觉的麻木引起的，并非真正的快乐。只有我们感到自己不是健康快乐，我们才意识到健康的存在，不然，有些人根本不当回事。很久以前的元老会议上，乌托邦人就已经否决了那些认为健康不是快乐的意见了。而如今的乌托邦，老少男女都一致地认为，健康是最能促进快乐的元素。他们认为没有健康安泰就没有快乐，关于疾病是源于苦恼还是苦恼源于疾病的问题，两者倒没有什么差别，究竟还是一个事物。因为假如将疾病和苦恼分开，苦恼是快乐的敌人，同理，疾病也是健康的敌人。所以，不管快乐与健康是等价的或者是因果关系，总而言之，健壮的人必然快乐。他们还说，我们吃饭，是因为我们的健康会因为饥饿逐渐下降，健康便与食品有密切的关系，和饥饿作斗争。当健康的体魄在这个过程中渐渐积蓄能量，它就使我们的身体变得和以前一样生龙活虎，并且感觉到这其中的快乐。健康是在与饥饿的斗争中取得的胜利，所以应该高高兴兴地过日子。而斗争的唯一目的便是恢复体力，当最终达到目的后，身体怎么会变得迟钝呢？怎能对健康不屑一顾呢？大胆地猜测，没有人会在健康的时候觉得自己不健康吧？难道一个人已经麻木不仁，会对一个健康的自己抱憾而不是充满喜悦之情？喜悦，顾名思义，快乐的另一种解释。

乌托邦人认为精神层面的快乐是主要的、基本的快乐，所以倍加珍重。在他们的世界里，这种快乐最根本的东西来自励志笃行，自我反思自我的生活是否有瑕疵？他们认为健康是身体的第一大快乐。他们喜欢美味佳肴，只不过是因为健康的需要罢了。这些东西自身并不能带给我们快乐，但是他们可以抵御疾病入侵，故而令我们感觉快乐。聪明的人总是把疾病扼杀在摇篮里，而并不是等到发病再治疗；情愿防患于未然，也不为了痛苦而去寻找良方。假如为了驱赶病痛而寻求快乐，倒不如不要这样的来自身体的快乐。一旦一个人把这样的快乐作为自己的最大的快乐，倒不如说他的快乐便是与忍饥挨饿、挠痒、吃饭喝水为伍。我想世人都应当知道这样地活着无比的可怜，这是多么卑贱，毫无高尚可言。大快朵颐的口福和饥饿紧密联系，快乐时有时无，这便是它附加的痛苦，显然，痛苦占据了大半时间。因为苦乐同行，同时消亡。因而，在乌托邦人看来，这样的快乐很难得到好的评价，只在这个范围里才有它的价值。但是他们也感谢大自然给予这样的恩惠，大自然母亲愉快地引导她的子女，尽情地享受它。试想一下，我们每天驱赶饥饿的东西不是什么山珍海味，而是苦草毒药，那是多么的可悲呀，令人心生厌烦啊。

大自然的特殊礼物：美、强壮、灵敏，乌托邦人倍加珍惜与爱护。与动物只能享受食物不同，人类可以尽情地赞美大自然的神奇壮美，辨别出音乐的悦耳与否。他们认为，耳朵是用来聆听的，眼睛是用来察言观色的，鼻子是用来辨别气味的。这些东西都是人类立足于万物之间的法宝，是自然的恩赐，是美好生活的调节剂。他们的规则始终是：不因小的快乐而放弃大的快乐，不要乐极生悲，将快乐转化为痛苦，在他们看来任何没有兴趣的快乐必然导致痛苦的诞生。一旦我们对大自然赐予我们的美丽不屑一顾，无端地耗费精力，使自己的行动变得缓慢而不再灵敏；无端地解释，损害健康，损害人与自然的关系。这是多么的不理智，多么的没有人性啊，多么的残忍，多么的忘恩负义！这便是不敢承担义务，否认大自然的一切恩赐。一个人这样地自暴自弃，很有可能因为自己的几分钟热情而关心别人或者希望通过牺牲上帝的恩赐而得到更大的快乐。要不然这种人不会只因为不真实的道德层面的考虑，或者想忍受根本子虚乌有的痛苦和不幸，进而采取不理智的方法折磨自己。

总之，上面涉及的内容是乌托邦人关于德行与快乐的理解。如果上天不能再造一个更十分精明的宗教去诠释德行与快乐的真谛，那么他们对德行与快乐的理解便是至理名言了，没有比这更为准确的了。这究竟是否正确，我们没有时间也没有必要去深究。我们的职责是对他们的制度加以叙述，而不是对其深入探究。

我深信，就其法律规定，这世界上没有比他们更加优秀的民族了，他们的幸运无可比拟。他们身形看似单薄却生机勃勃。相比而言，我们强壮得多了。尽管他们的土地不是很肥沃，气候也不太适宜，他们的身材还算高大，能根据气候的变化，加强锻炼，增强自身的抵抗力。他们通过细致的耕作，使土壤变得肥沃。可以说没有一个国家可以与他们的粮食产量和牲畜的数量媲美了，没有一个国家的人能比他们生命力旺盛却又没有什么病痛了。在这里，他们总是细致地从事自己习惯的工作，并且很好地利用自己的技艺和体力对土地加以耕作。更让人不解的是他们能轻易地用手将树木连根拔地而起，从一个地方移植到另一个地方。他们将树木种植在河边或者城郊，主要是考虑到木材运输的方便，而非土壤的肥沃。陆地运输木材的花费可不比粮食低。他们聪明能干，和蔼勤劳，能力强，喜欢安静恬淡地过日子。他们也习惯于体力劳动，特别是要花费体力完成的工作。他们对智力的开发也积极努力，尽管他们的工作是不需要消耗太多脑力。

我们给他们讲述古老的拉丁民族，但没有太多的东西值得推荐，除了诗歌和历史。可谈及希腊的文学和科学时，他们表现得异常的兴奋，要我们仔细地讲解，以便其日后从事相关的研究。我们首先教他们学习希腊的文字，这也是出于我们的负责，让他们觉得我们是愿意教授他们知识的，而不是敷衍了事。效果很明显，我们稍微的讲解，他们表现得十分好学，我们也感觉没有做无用功。他们轻松地学会了字母的写法和发音。他们对单个字的记忆很快，而且翻译得恰到好处。他们总能取得令人匪夷所思的成绩。然而，他们都是成年人，大多数都是元老院会议根据个人能力选出来的有学问的人，并且很乐于学习。因而，不过三年的时间，他们对希腊文基本是了如指掌了，除非原文翻译有错的地方，基本是没有任何来自阅读上的困难了。

可能是由于血缘关系较近的缘故，他们学习希腊文显得得心应手。我大胆地推测，这个民族的祖先来自希腊，因为除了文字像波斯文，他们的城镇和官职的名称都有希腊文化的印记。当我第四次出海时，船上除了一大捆书，没有其他任何的货物，我意志坚决，就算永远无法回来，也要长时间留在乌托邦。我送给乌托邦人大批的著作，有柏拉图的，更多是亚里士多德的名著以及西俄夫拉斯搭丝关于植物的著作。不幸的是那本关于植物的论著缺损了很多。事情都怪我，疏忽大意，在船上的时候，被一只顽猴拿去撕毁了很多。在乌托邦，人们很看重我们带去的书籍。关于语法的书籍只有拉斯卡利的。除了黑西基阿西和代俄斯科利提斯的著作，我没带狄奥多的著作和多余的用于翻看的字典什么的。他们十分喜爱卢托克的作品以及琉希安的幽默风趣的笔法。他们喜欢的诗歌作品多是亚里斯多芬、荷马、欧力比德斯和索福克里斯所著，索福克里斯的著作是希罗多德用小号字排版印刷的。涉及历史学方面的著作，多是修西迪斯、希罗多德、赫罗提安等所著的历史大作。当然远不止于此，我的伙伴阿彼奈德带去了医书，希波克拉底的著作，和枷楞的“小艺术”。在他们看来，最缺乏的不是医药方面的书籍，但他们对其的强烈渴望强过了其他任何的民族。他们认为医药是哲学中很重要的一部分，可以用其探索自然的奥秘，并从中体会快乐，接受洗礼和造物主的恩惠。并深信，造物主是按照一定法令，让人类来窥探宇宙万物的密码，万物之中仅有人类能够做到这一点。因此，造物主偏爱那些对它有浓厚兴趣，对它认真观察，对它产生敬畏的人，而对那些探索自然奥秘态度散漫、麻木不仁、毫无灵感的没有理性思考能力的野兽一般的人，嗤之以鼻，没有丝毫的怜爱。

可以这么说，通过科学的方法对乌托邦人加以锻炼，他们就会发明很多对生活有意义的事物，让生活变得舒适、快乐。也正因为我们的帮助，他们的造纸和印刷术得以应用。可他们最应该感谢的不是我们，而是他们自己。因为我们自己都不是内行，只能给他们提供用来拓字的字母、造纸的材料和制造字母的技艺。然而，他们自己却立马明白了其中的道理。之前他们都是在兽皮或者纸草上书写记载，可现在他们却自己造起了纸。刚开始的时候，他们并没有立刻成功，多次试验之后，他们终于明白了怎样造纸和制造模子。这都非常成功，只要不缺少希腊作家的底本，书籍的发行不成问题。他们拥有的书籍也仅仅是我们前面赠送给他们的那些。可值得一提的是，由于印刷，他们的图书的数量将得以扩充。

他们对于观光的客人中知识丰富、旅游经验丰富又通晓各地风俗人情的旅客特别友好。正因为如此，我们这些观光客才会受到他们的礼遇。他们可不是闭关锁国，对外面的世界也特别关心，总想让我们多讲述一些外边世界的动态。除了铁或金银方面的交易，外面人是很少来往于乌托邦的。当然他们是金银的输出国，其他的倒没有什么。有一点说明他们更相信自己，必须出口的商品，外国人是没有机会插手的，他们都是自己人经营。同时，也为了更好地了解邻国，让自己的航海技能始终保持熟练。

关于奴隶

在乌托邦，战争中厮杀而被俘虏的人将被当做奴隶看待，除此之外的俘虏或者奴隶的孩子以及从别国买来的奴隶均不被当做奴隶看待。他们规定：一、做了坏事的本国国民将被贬为奴隶；二、其他国家的被判死刑的国民被称做奴隶。在乌托邦，大多数的奴隶是第二类，有些时候，他们只需要很少的钱或者分文不花就可以从别的国家获得大批的奴隶。任何奴隶都得时常从事大量的工作，而且还得用锁链锁起来。他们对待奴隶，一向都是十分严厉，主要是因为好的教育，那些人都能为非作歹，那么只有更加严酷的管教才能约束他们。

别的国家的人，如果十分地贫穷，有愿意到乌托邦做奴隶的，将会被收纳做奴隶。这些人除了工作较多以外，还是会受到很好的待遇，享有几乎与乌托邦的居民同等的地位。当然，那些人也习惯了繁重的工作。大多数情况下奴隶不会自己要求离开乌托邦，但只要他们想获得自由而离开，也能得到乌托邦人的允许，而且还会收到很多的东西，不至于一无所有。

前面已经提到，他们对病人的照料十分细心，无微不至，再加上饮食的调理，让病人很快从病痛中获得重生，恢复健康的身体。总是尽一切力量帮助那些患病的人，尽管有些人得了不治之症，他们还是经常去看病患，照顾和安慰病患。那些得了绝症而且感觉十分痛苦的人，人们通常会劝解他们："你们已经无法再为生活奔波了，别人也看不惯你们这样的痛苦，自己也会拖累家人，所以你们要下定决心，一旦感觉大去之期不远了，还不如及早结束自己的痛苦，因为活下去已经无望了；当然，既然心里也迫切地想逃避苦痛，想解脱，就像锒铛入狱的罪犯渴望从牢狱之灾中解脱一样，那么，何不自我解脱，或者向他人寻求帮助解脱。"这的确是一种明智的选择，死亡并不会毁掉幸福的生活，只是结束痛苦的一种方式罢了。而且他们一旦听从了教士的安排和劝解，也算是自己对上帝的忠诚。他们可以用绝食来结束痛苦，也可以用催眠的方式让自己没有痛苦地离开这个世界。乌托邦人不会在他们不愿结束痛苦的情况下，去逼迫他们结束自己的生命，还会像以前一样热诚地关心。有这种想法的人的死去在宗教看来是无比光荣的。有些人如果自寻短见，且未曾向神父或者议会说明原因，大家将不会对其进行火葬或者土葬，而是将其抛尸荒野，让其死后丑陋百出。

女孩不到十八岁是不可以嫁人的，男孩只有二十二岁才能结婚生子。未婚的男女禁止私通，一旦被发现，将终身不允许结婚，除非得到总督的宽恕，才可以嫁娶。一旦发生私通，其父母也将蒙羞，但这也是父母的失职，未曾管教好子女。在乌托邦，这种行为之所以会受到严惩，是为了避免婚前同居，防止幸福的家庭生活遭到破坏。应当保证一夫一妻制，白头偕老，共同面对人生的酸甜苦辣，从而使夫妻生活快乐，家庭和睦。

他们有一种看似奇怪的仪式，而且每个人对此都十分重视。即女方不管是处女还是寡妇，都会脱得一丝不挂，裸着身子，在一位受人尊敬的老妇人的陪同下去见男方，当然男方也一丝不挂，还得由一位德高望重的男子陪同一起去见女方。乌托邦人认为其他国家的人很愚昧，对此一无所知，的确，他们这样看似怪诞的做法，也受到别的国家的人的讥笑和不理解。他们打这样一个比方，相亲就好像买一匹马一样，虽然花不了多少钱，但还是小心为好。尽管马本来就不用穿衣服，他们还是不肯轻易地付钱，他们要求摘下马鞍和所有护具，生怕暗藏的缺点不被发现。然而他们对选择妻子这件事却显得很浮躁。女方除了眼睛、鼻子、耳朵、嘴巴在外面，没有被衣服遮盖以外，其他的全被衣服遮得严严实实的。可他们竟然通过一张脸评判一个女人，来决定自己的终身幸福。一旦以后的生活中发现了缺陷，那么婚姻生活难免会出现危机。幸福美满的婚姻，形体美构成也增加了精神层面的快乐。所以穿着衣服，就可能掩饰身体的残疾。一旦丈夫发现妻子的身体存在缺陷，再想同床共枕就是不可能的事情了。一个人的婚姻中，若遇到这样的残疾，也只能怪自己的命不好了。但我们要用法律的手段来捍卫自己的婚姻，免得上当受骗。在乌托邦及周围的国家里，仅有乌托邦实行的是一夫一妻制，故而，乌托邦人非常重视婚姻。除非男女一方死去，这种婚姻关系才会解除，但通奸或者其他的恶行也可解除婚约。一旦发生后两种情况，元老院允许受伤的一方重新择偶，而另一方就要承受永远不许再婚嫁这种侮辱。假如妻子并无不轨行为，仅仅是有疾病，男子是绝不允许和妻子分居，抛弃妻子的。在乌托邦人看来，这是多么地残忍无道，特别是在一个人最需要帮助和依靠的时候被遗弃。这样也会使一个年老的人得不到应有的照料和赡养，而年龄大了本身就多疾病。尽管有这样的规定加以限制，但夫妻生活不融洽的人，都有可能在生活中有自己满意的另一个人存在。但必须经过元老院的认真负责的审查，符合条件的便可得到同意，两个人又自愿分开，便可离婚，从此男的再娶，女的再嫁，双方各不相干。即使这样，离婚也不是那么容易的，如果随意地婚嫁离娶，那么怎样去维持夫妻生活的可靠美满，怎样保证夫妻情谊的建立啊！

破坏他人夫妻感情的人，将会被贬为最苦的奴隶。男女双方如果都是已婚，那么受害的男女可自愿向有奸情的男女提出离婚。受害的男女又可自愿组合成新的家庭，或者和其他的人结合。当然如果受害的一方仍念及旧情，不愿意轻易地与出轨的一方结束婚姻，愿意和其生活在一起，那么也可以不结束法律上的夫妻关系。如果出轨的一方痛改前非，重新做人，另一方也对其情义深厚，总督又怜悯他们，受罚方便可重新恢复自由，但如果其再出现不轨行为，将会被处以死刑。

其他的罪行，法律未提出相关的明文规定的，则由元老院根据罪行的轻重、情节的缓急，适当地进行惩罚。在家里，妻子儿女的犯错程度还没达到公开处理的要求，那么妻子的错误由其丈夫纠正，孩子的错误由其父母教诲。对于那些罪不可赦的家伙，则会贬为奴隶，并用枷锁加以约束。立即处死犯人对国家是不利的，相反，用枷锁加以限制是一个很好的约束他们的办法。在他们看来，犯人活着做工比其被处死的价值大一些。这样做的目的无非是警醒后人不要重蹈覆辙，若一旦再犯，将直接处死，就像杀死那些监牢枷锁都难以管束的野兽一般。一个人在被贬为奴隶之后，努力工作，经过长期的磨炼，真心地悔过，终于明白自己的处境，不是无缘无故地惩罚，而是自己罪孽深重，理应受罚。一旦这样，总督便可使用手中的大权，减轻其作为奴隶的待遇，或者让其重新做人，从奴隶生活中解脱出来。

在乌托邦，企图诱奸妇女的罪行不低于强奸罪的惩处力度。那些心里全是坏点子的人，再为非作歹就是犯罪行为。在乌托邦，犯罪未遂的犯人是不能为其开脱罪行的。在乌托邦，丑角的作用就是供人取乐的。虽然玩弄这样的人是不合传统，有失体面的。但是对他们的怪诞表现加以欣赏和赞赏是可以的，况且这对丑角是有益的。丑角通常不由这样的人担任：没有表演天赋，呆板麻木，总是沉默寡言，不会逗人发笑。一个渴望消遣的人如果对丑角的表演感觉不到消遣的快乐，得不到好处，便对其表演没有溢美之词了。因为丑角就是拿来供人消遣的。

他们认为对一个长得畸形或者带残疾的人加以讪笑是可耻的，被笑的人没有什么可耻的地方。对于别人的不是人力可以挽回的缺陷讥笑，就是无理取闹。自己天生美丽却不加珍惜，这样的人给人的印象便是懒惰，不思进取，而那些浓妆加身的人同样丑不可言。一个妻子在丈夫心中的美好形象的树立往往不是靠美貌，而是靠自身所具有的勤劳贤惠的品格。我们知道有些人是贪图美貌，但在丈夫心里能让其疼爱有加的妻子必然是德行高尚的人。

他们惩处罪行是严厉的，但对于善行的表扬同样是毫不吝啬的。任何对国家的进步作出贡献的人就应当受到尊重，为其在广场上树立雕塑，对其功绩大加赞赏，并希望其他人看到后更加努力，站在前人的肩膀上，奋发图强。

但要说明，在他们的国家里，任何人想通过不法手段为自己谋得一官半职，到最后什么官位都不会得到。官民的相处是融洽的，他们的长官平易近人，丝毫不摆官架子。老百姓把他们称作父母官，的确，他们的所作所为不愧这样的称呼。居民对他们的尊敬来自内心深处，并非形势所迫。总督与其他官员不同的地方在于他们都戴着王冠，身着官袍，手里拿着一株花。而主教的特殊标志则是身前手持一根蜡烛。

乌托邦的法律不多，因为在这样的国度里，对国民的约束，这些法律已经够用了。他们非常不喜欢像其他的国家一样，搞得那么多的法律条条框框，但结果似乎效果还是不明显。而其他国的法律条文不仅阅读起来不方便，内容也十分难以理解，同时又拿这种法律去约束居民是极为不合理的。在乌托邦，那些钻法律空子，不合理解释法律的律师是不存在的。他们认为合理的做法便是，把打算告诉律师的话不如直接亲自告诉法官大人。这样，便少去了中间人的转述，使真相更加清晰透彻。因为在没有律师的干预下，法官便可根据当事人的话进行宣判，给正直的人主持公道，惩处那些蓄意谋害他人、混淆是非的人。乌托邦人个个都懂法律，其他国家由于条文众多，就难以做到了。乌托邦人认为越简单的法律，便是越公正可靠的法律。故而他们的法律条文很少。法律的实行，就是让每个人在自己的职责范围内做事。对于那些深刻的法律只有很少的人能够明白其中的道理，法律简单则使人人都可以明白其中的含义。大多数的居民都是单纯的，颁布一项法令，还得大费周章才能明白它的意思，与其这样，还不如不颁布它。单纯的老百姓为了生计到处奔走，根本没有时间去理解那些法律，更不用说得出个什么结论了。

他们的美好德行也引起了邻国的关注。由于乌托邦曾经帮助一些邻国从暴君的统治中得到解放。便恳请乌托邦派长官过去帮他们治理国家，有的任期是一年，有的则是五年。换届的时候，卸任的长官会被盛情送走，荣归故里，然后又会迎来新的长官。在他们看来，国家的兴衰取决于长官的好坏，没有比这些奉公守法不为利益驱使的长官更好的了，足见这些人对国家利益考虑长远。让那些用金钱收买乌托邦人的人变为徒劳，因为这些官员任职不久后还得回到乌托邦。这样也可防止长官根据自己的好恶来作一些重要的决定，在判断上存在个人利益掺杂其中，保证了公正、公平。公正是一个国家的根本。乌托邦把那些请求派官员治理的国家称为盟国，受过自己帮助的国家称为友国。

乌托邦从不与别的国家订立盟约，而其他的国家则反反复复地订立、撕毁盟约。那些缔约国的国王，并没有按照盟约如实地履行相关条约。乌托邦人认为条约毫无用处，大自然已经将人类紧密联系在一起，轻视大自然的人是不会履行自己的承诺的。而在盛行基督教的欧洲，条约的神圣地位不可撼动。有两个方面的原因：国王的仁政和教皇的地位的至高无上。教皇不仅自己做事谨慎认真，还通过皇权劝勉各个国家的国王履行自己的诺言，训斥那些不履行诺言的国王，使其认真做事。他们认为，一个自称有信仰的国家的国民都只爱轻易许诺，而不认真地实践诺言，是十分可耻的事。

在这个世界上，赤道上和我们距离很近，但生活习惯、性格和我们差别很大的新世界，根本不遵守条约。订立仪式越是庄严的条约，到后来越是难以履行而被撕毁。在言辞的使用上本来是很简单的，却硬要玩出些花样，以致条约根本没有什么约束性，要违背或者撕毁条约，同样可以找出其中的破绽。那些为国王献出这种计策的人，竟然以谋士自诩，可要是平常人与人之间出现这样的欺诈，毫无原则的欺骗，那些人又会跳出来大声疾呼，这违反了国家的法律，应当处死。可见，公平是多么地微小，人的地位高了，自然对法律也就不屑一顾了。而公平是对两类人来说的，居民和国王。对于居民来说，正义是贴近地面的，只能在地上爬行，四面到处是条条框框，不敢越雷池一步；对于国王，正义是伟大的，只要其乐意，什么都是合乎情理的。

我以为，乌托邦人之所以不结盟就是因为那些国王随意撕毁盟约。但我相信他们在深入地与我们交往之后，也许会改变先前的看法。他们以为，不停地签订协议反而使其不能更好地履行。一旦那些没有高山河流这些天然屏障阻挡的国家，会将彼此看成敌人，因此肆无忌惮地互相虐杀，以致忘记了彼此在自然上的联系。只有用条约来加以限制。当然，并不是制订了条约，就万事大吉了，如果条约中未对相互虐杀的行为做出明确的限制，那么他们是很难生活得融洽的。在乌托邦，凡是没对自己的生存造成杀戮的人，就不会被当成自己的敌人来对待。大自然将大家结合在一起，告诉大家要彼此关怀，互相团结，而不是依靠条约来加强大家的联系；靠大家的真诚相待，而不靠文字的条条款款。

关于战争

战争是非常残酷的行为，没有任何野兽像人一样经常进行战争，当然乌托邦人也是非常痛恨战争的。与其他国家相反，乌托邦人认为在战争中所追求的光荣是极不光彩的。不过他们的百姓会在规定的日子里刻苦地参加军训，来锻炼自己，唯恐他们没有能力应战，当然他们绝对不会轻易进行战争。为了保护本国领土，或者帮助友邦赶走入侵者，或是用武力从暴君的桎梏奴役下解救出某个受专制压迫的民族，这是基于人类的怜悯之心所感召的行为。

乌托邦人援助邻邦，不仅仅为了给以保护，也会替邻邦教训那些欺压迫害他们的坏人。当矛盾已经发生，他们会先征求意见，然后才采取行动。

因为他们认为邻邦提出了合理的依据，而对方又不理睬一方提出的损失赔偿，他们才会发动战争。因为敌人的侵略进犯，乌托邦人不得不诉诸武力，当然如果邻邦的子民受到了其他国家以律法为借口（比如曲解法律条文，或者从不用的律法中找依据）强加给他们的罪名，那么乌托邦人会更加凶猛地运用武力。曾经他们就为了帮助尼法罗哲德人[①]抵抗亚拉奥柏利坦人[②]发动了战争。乌托邦人认为，亚拉奥柏利坦人以律法的幌子对尼法罗哲德商人进行了欺压。不管是否公正，这件事遭到了乌托邦人凶猛战争的报复。临近的国家也将人力、物力、财力投入了这场战争，助长了气焰，更是加深了双方的仇恨。战争使多数殷实的国家百废不兴，或是一蹶不振。一直到了乌托邦人打败了亚拉奥柏利坦人，并将其贬为奴隶，才结束了这场持续已久的纠纷。乌托邦人将这些奴隶交给了尼法罗哲德人，因为他们并不是为了自己的利益作战的。想当初亚拉奥柏利坦人兴盛一时，尼法罗哲德人是望尘莫及的。

乌托邦人对邻邦所受到的欺负，仅仅是金钱方面就如此凶猛地报复，但是对自己所遭受的委屈却不这样。他们如果被其他国家骗走了商品，但是没有受到人身伤害，他们就会与该国断绝来往，并且要求赔偿，在取得相应的补偿后，他们也就不生气了。这并不是因为他们更加关心邻国的子民，而不那么疼爱自己的公民。他们对邻国的金钱损失比对自己的金钱损失更加痛心，因为邻国人民损失的是私有财产，而他们损失的是公有财产，是乌托邦人多出的财产，所以才会向国外出售。正因为如此，大家对这种损失并不怎么痛心。再者在他们看来，用残酷的武力来报复，就会因小失大，造成百姓生命的损失，这是很不仁慈的，因为这一点点损失是不会影响乌托邦人的生产生活的。

不过假如有一个乌托邦人在任何国家因为受欺负而残疾或者是丧命，

---

① 尼法罗哲德人——臆造的词，其组成的希腊语成分意为“云雾中出生的人”，即朦胧不可究诘的人。

② 亚拉奥柏利坦人——从希腊语杜撰而成，意为“盲人国的公民”，一说指“无国之人中的公民”。

不管是国家还是私人恩怨，乌托邦人都会马上派出使节查清楚事情原委，倘若对方不交出罪犯，他们绝对不会善罢甘休，而是马上发动战争。如果对方交出了罪犯，乌托邦人会毫不犹豫地将其处死，或者贬为奴隶。

乌托邦人觉得通过残酷的杀戮来取胜是相当不光彩的，而且是很不值得的。这就好比是为了购买珍贵物品而付出极高的代价。不过若是用谋略击败敌人，他们就会认为这是无上的光荣，然后他们就会树立庆功纪念碑公开庆祝胜利，就像是在庆祝伟大的英雄业绩。每当他们通过智力取胜，即除了人类可以做到，兽类是做不到的胜利，他们就会赞扬自己的勇敢和英雄气概。他们说过，只有熊、狮、狼、狗及野猪等野兽才是靠蛮力去厮杀搏斗的，这些野兽虽然比人力气大且凶猛，但永远比不过人的聪明才智。

他们为了达到目的而作战，但是如果之前就达到了目的，那就不用宣战了。既然战争无法避免，他们就会对那些罪犯给以严厉的惩处，使其将来再也不敢犯同样的罪行了。他们战斗的主要目的在于此。不过他们很注意避免有冒险的行动，而不是去争取所谓的赫赫战功。

他们会在宣战后，设法在敌国境内重要地区秘密张贴无数印有乌托邦印章的公告，公告上面明确说明谁杀死帝国国王必有重赏。除此之外，他们还对其他各级罪犯的首级悬赏稍微低一点儿，但也很优厚的赏金。在乌托邦人看来，这些引起战争纠纷的人，罪行仅次于国王。当然，对于那些活捉罪犯的勇士，赏金翻倍。对于那些诚心归顺的敌人，在保障他们人身安全的同时，也可以获得相应的奖金。

这样，敌人很快就对一切外来者心存疑虑了，并且自己人内部也开始相互猜忌怀疑，就像是将要大祸临头，草木皆兵。据说，大部分敌人，尤其是国王自己都被身边最大的亲信出卖了。在金钱的极度诱惑下，敌人无法控制自己，什么事情都干得出来。乌托邦人对赏金更是慷慨不吝惜，在他们看来，风险与赏金是呈正相关的，风险越大奖金就越多。所以他们对那些受赏者诚恳地付出大批黄金，并且给予其在友邦境内最殷实的地产。用重金收买敌人的做法，在别的地方被认为是不道德的残忍手段，但是乌托邦人认为这是很光彩的，因为他们靠聪明才智，不用发动武力就结束了这罪恶的争端，又证明了他们的慈悲之心与人道主义，杀掉少数罪犯就可以免去因为战争而造成的敌我双方的无辜战士的伤亡。可见他们不仅热爱自己的人民，也同情敌国的子民。因为他们知道如果不是国王的疯狂威逼，普通百姓是不愿意征战沙场的。

倘若这样的计策不见成效，那么乌托邦人就会去唆使敌人，挑拨离间，鼓动内讧，并且大力支持王弟或大臣篡夺王位。假如这样还是不见成效，他们就会鼓动敌人的邻邦卷入纠纷，重新挑起昔日的土地之争，这是每个国王都很乐意去争夺的东西。乌托邦人毫不吝啬地捐助大量金钱来支援战事，但是绝不轻易派出自己国家的士兵。他们非常热爱自己的子民，是不会用任何一个百姓去换取敌方国王的。他们存储的黄金白银就是作为此用。因此他们总是毫不吝惜地付出金钱。他们即使用完了所有的储蓄，还是不会影响他们幸福的生活。他们不仅在国内有殷实的积蓄，在国外也有大量的金银珠宝，我说过的，乌托邦是很多国家的大债主。

乌托邦人用他们的财富去招募大量的佣兵作战，尤其是招募那些塞波雷得人①。那些人肥头大耳、野蛮粗暴，居住在距乌托邦东部不到五百里的深山老林中。他们热爱那片土地，那是他们生长的地方。他们主要靠畜牧业为生，天生就身强体壮，他们不怕艰苦，耐寒耐暑，生活毫不讲究，住所和衣着都是很简单的，并且他们从来不耕种。他们爱争爱抢，也爱狩猎。他们天生好斗，崇尚武力，不放过任何一个可以厮杀的机会。他们为了很少的报酬，大批离开了自己的故乡，然后去应征雇佣兵。追逐死神是他们此生唯一的行当。

他们为了雇主勇敢地拼命去战斗，但是他们不会只忠于一方。谁拿出的报酬高，就投奔谁，如果第二天敌方出的报酬更高，他们会立马投奔敌人；当然如果原先那方再高一点儿报酬，他们又会投奔回到原来的雇主那里。

在每次发生的战争中，交战双方都会雇佣很多塞波雷得人。每天都不

---

① 从希腊语杜撰，意为“急于出卖自己的人”。

难发现，这些彼此有血缘关系的人同时受雇一方的时候就表现得亲密无间，但是突然变成了两个阵营中的士兵的时候，就全然不顾亲情血缘，不顾宗族情谊，拼命厮杀。仅仅为了那一点点雇主给的报酬，就可以轻易驱使他们相互厮杀一场。他们是完全经不住金钱的诱惑的，为了多那么一文钱的收入，他们都可以倒戈相向，在金钱方面他们显得是锱铢必较。就这样他们养成了贪得无厌的习惯，这对他们是没有任何益处的。因为他们总是把他们用生命换来的金钱立刻花到了荒淫无耻的放荡生活中去了。

这些人是非常乐意供乌托邦人雇佣的，因为无论和谁交战，乌托邦人给的报酬都是最多的，远远超过对方所能给的。乌托邦人不仅巧妙地网罗那些良才为己所用，也大胆地招募这些坏蛋加以不正当的驱使。一旦有需要，乌托邦人就会以重金的诱惑驱使塞波雷得人从事冒险活动。当然一般来说，那些去冒险的人生还的机会是很少的，他们没有性命可以回来领取酬金，对于那些幸存者，他们会领得先前说好的全部报酬，这样会驱使他们更加贪婪地不顾死活继续去冒险。对于塞波雷得人在冒险中送掉了性命，乌托邦人丝毫不会在意或者是同情，反倒是他们认为那些万恶的人渣消失在世界上，是为世人造福了。

乌托邦人不仅雇佣塞波雷得人，也招募他们所支援国家的士兵，还有其他友邦供给的援军。最后，乌托邦人用自己的公民组成一支军队，并从中挑选一名经验丰富的士兵做指挥官。他下面有两个副官，只有当指挥官遇到了危险，他们才会被公开身份。比如指挥官被俘或者是不幸丧命，那么一名副指挥官就继承他的职位，必要时另外一名副指挥官也可以接任。这样就可以预防变幻莫测的战事造成的群龙无首的混乱局面出现。

乌托邦人在每一座城池招募公民自愿入伍，他们不会强迫任何公民去国外作战。在乌托邦人看来，强迫那些胆小怕事的人去作战，不仅不会让那些胆小鬼变得勇敢，还会削弱军队的士气。如果战事危及本国安危，他们就会将那些身强体壮的懦夫抓去军队，与那些勇猛的士兵混合编组，或是抓到无法逃脱的地方镇守城墙。这样一来，胆怯使他们在勇士们面前感到羞愧万分，无法逃走地面对凶猛的敌军，这一切都逼迫他们忘记了恐惧，不得不拼命作战。

乌托邦人不会强迫任何人赴国外作战，对于那些愿意随丈夫出征的妻子，他们不但不阻止，反而大加鼓励与支持。出征后，这些人被安排在自己丈夫的身边，每一个士兵身边都有自己的妻子儿女和其他家属，他们亲密无间，彼此团结，相互支援。对于那些遗失了妻子的男人，还有那些不见了父亲的儿子，都会被公民们唾骂，被看成是奇耻大辱。对于敌人的负隅顽抗，乌托邦人就会全面应战，那将会是一场历时长久的残酷厮杀，直至双方不留一兵一卒。

当然，乌托邦人是力求避免他们亲自上战场的，他们会尽最大付出借助于雇佣军结束战争。如果实在无法避免，他们会毫不胆怯地上阵作战，其战斗之勇猛，不亚下于他们先前回避战争的聪明才智。作战伊始，他们表现出来的勇猛不是很明显，随着战斗的进行他们越发凶猛起来，他们有视死如归的斗志，宁可粉身碎骨也不会退让一步。他们不用担心家中的生计，也不用担忧子女的未来，他们毫无后顾之忧，他们拼命作战，把战败视为耻辱。专门的军事训练更加壮大了他们战胜敌方的信心。因为从小的教育与优越的国家制度培养了他们正确的人生价值观，这使他们显得更加有勇有谋。因此他们既不会轻贱生命，白白牺牲自己，也不会苟且偷生，该舍身殉国的时候毫不犹豫。

在战争进行到最激烈、最残酷的关头，乌托邦人的敢死队精英们便开始计划着去取走敌方首领的性命。这样一来，明刀暗枪地攻击使敌人腹背受敌，并且将疲惫的士兵换下来，用源源不断的雇佣新兵去攻击敌人。敌人的首领如果不弃军而逃，几乎免不了被活捉或者是被杀死的结局。

当乌托邦人得胜，他们决不滥杀，宁可俘虏败兵，也不将其随意处死。他们在追击敌军时，也会随时维持一支强大的后备救援军队，以便在与敌人争锋被击溃的时候，用这强大的后备力量给以反击，从而反败为胜。他们一般不会对逃跑的敌人穷追不舍，以免乱了自己的阵脚。不止一次有这样的情形，就是乌托邦人的军队大部分溃不成军，扬扬得意的敌军从四面八方穷追而来，而那些早就埋伏好的后备志愿军突然发动攻击，将疏于防范的敌人打了个措手不及。这样就成功地扭转了战事的整个局面，他们毫不费力就取得了胜利，反败为胜。

他们不仅善于使用伏击战术，也擅长运用迂回战术。他们让敌人以为是溃败而逃，其实却全然不是如此。而他们真的要逃脱时，却给敌人以与此相悖的其他怀疑。倘若他们发现自己的军队数量或者是在阵地上处于劣势时，他们就会趁着黑夜悄悄地拔营撤退，或者凭借其他策略脱身。有时候他们会选择在白天不知不觉地撤军，并且阵容整齐，对于那些袭击他们的敌人，就像是袭击他们前进一样危险。他们有戒备森严的阵营，还有深沟当屏障，壕沟中挖出的土堆向里方。这一切设计都是士兵亲自动手的，他们不会雇佣劳役去完成这样的工程。除开那些把风戒备的士兵，其他士兵都加入了安营扎寨的工作。人多力量大，就这样乌托邦人在大片空地上以难以置信的效率完成了这项巨大的防御工程。

对于士兵们的盔甲，是异常坚固耐用的，可以承受住砍杀，又不影响身体的灵活度。在他们的军训中有一项训练就是全身装备在水中游泳，他们满身盔甲在水中游泳也伸展自如。他们以箭为远程武器，步兵与骑兵都是一些稳、准、有力的神箭手。两军肉搏时，他们不用刀剑，改用沉重锋利的巨斧，无论砍、刺都是杀伤力极大的武器。他们还会自己发明武器，然后守口如瓶，以免走漏风声而使得新研制的武器不见效果而贻笑大方。他们研发的都是轻巧易带、可灵活转动的新武器。

倘若他们在协商下与敌人制定了停战公约，就会严格履行协定，即使敌人挑衅生事他们也不会破坏协定。他们从不糟践敌人的土地，烧毁敌人的庄稼。而是让他们自己的军队爱护这些庄稼，不要毁坏，这是为了以后可以供他们自己享用。对于敌方的无辜百姓他们从不伤害，除开那些卧底密探，他们也丝毫不侵犯那些投降的士兵。对于他们攻占的城池，也不会大肆抢掠。不过他们会将那些主张战争的敌人处死，把其他死守的士兵贬为奴隶。对于那些建议主和投诚的敌人，他们会从没收敌人的财物中取出一部分来犒赏那些人。他们将剩下的财物全部赠给支援国，自己却分文不取。

在结束战争后，乌托邦人从不向他们所支援的国家索取丝毫费用，而是由战败国承担所有战事费用。他们将战败国支付的金钱储存起来以便下次用于类似的战争中。他们还要求战败国每年进贡，并且交出那些庄园。许多国家都会向他们进贡，各种来源的积累，让他们每年总收入超过七十万元金币。他们还让自己的公民去经营这些庄园，让这些公民在那里生活富足，并且地位显赫。他们将庄园的收入归于乌托邦国库，也会将部分金钱借贷给战败国。他们经常贷款给战败国，即使他们很需要这笔钱，也很少会索回全部款项。他们还会将庄园的收入拨一部分给那些受他们驱使去冒险，完成使命后回来领取酬劳的人们，对于这类人我在之前已经说过，此处就不多说了。

对于那些起兵攻打乌托邦人并企图进犯乌托邦领土的敌人，他们会立即调动大批军队出国境交战。他们最大限度地避免在本国土地上作战，并且不管战事如何危急，他们也不会让邻邦支援军队进驻他们的领土。

关于宗教

乌托邦人信仰的宗教种类繁多，每一座城市都有很多宗教。乌托邦人信仰的对象很多，有的信仰日神，有的信仰月神，有的信仰星辰。对于那些受人尊敬、德高望重的贤人，乌托邦人就把他们奉为神，甚至是地位最高的神。不过绝大多数人是比较有见识的，他们不相信我上面所说的神，而只信仰某一个神，这个神是法力无边的、鲜为人知的、永世长存的、远远高于人类思想境界的，他的力量无穷，纵贯宇宙间。乌托邦人把这个神称为父，是万物起源、生长、发育、演化、老死的根源。乌托邦人只把父当做至高无上的神尊奉。对于所有的乌托邦人，尽管信仰各异，但是在这个神的观点上是保持了一致的。他们把这个上神称作“密特拉”（古波斯太阳神），他是宇宙的缔造者和主宰者，不过不同的人对这个上神的看法不一。

不过他们都认为，不管这个上神是以什么作为名字，他都是大自然的化身，他有无边的力量和威严，这样才形成了万物众生，因此任何民族都必须承认他崇高的地位。然而乌托邦人正在改变各种盲目信仰的混乱局面，趋于一致地选择一种最具代表性的合乎情理的信仰。本来其他信仰早就应该消失的，可是有一个人在准备改变信仰的时候，偶然遭遇到了不幸的事，因为强烈的恐惧，他把这种偶然说成是企图背弃信奉之神后所遭到的惩罚，这样就让很多胆小的人不得不继续他们原先的信仰。

我们向乌托邦人提及了基督教，关于教义、关于品德、关于基督教的奇迹，还有那些虔诚的教徒为了宣扬基督教而表现出的大义凛然、坚贞不屈的精神，以致最终远近的许多国家都趋向于信仰基督教。乌托邦人听到我们说的，是多么乐意接受这个宗教，这大概就是因为上帝拥有的超物种的感染力，也或许是因为他们觉得这个宗教与他们最普遍流行的信仰很接近。当然在我看来还有一点就是，他们听说基督教是很支持他们那种公共生活方式的，并且这种生活方式在部分基督教团体中仍然保持着。然而无论信仰基督教会给他们带来怎样的影响，他们很多人还是接受了我们的信仰，并且接受了基督教的洗礼。

我们一行六人，已经有两个去世了，剩下的四个人中没有一个是基督教父，所以这些乌托邦人入教的仪式都进行了，除开教父主持的圣礼仪式没有完成。不过他们已经知道了圣礼的形式，并且很热切地渴望接受这样的圣礼。他们还认真讨论，在没有基督教主教来到乌托邦的时候，可不可以从他们中间选出一人做传教士。他们想推荐一名候选人，可是直至我们离开，他们也没有推荐出来。

对于那些不主张基督教的乌托邦人，他们不会去阻止别人信仰，也不会去打击那些信仰基督教的人。我们在那里时，只处分了一个教徒。他刚接受了洗礼，就极度狂妄、肆无忌惮地谈论基督教义。虽然我们劝诫过他，但他依旧态度激昂，把基督教说成是最优越的宗教，并且大肆谴责其余一切宗教。他宣称那些宗教都是玷污神灵的，教徒的信仰是对神明的大不敬，会受到天谴的。他长期这样喋喋不休，最终被政府以在群众中造谣生事为罪名逮捕，所定的罪名是亵渎乌托邦人的宗教。在定罪后，他便被依法放逐了。原来乌托邦人有一条古老的律法，就是任何人都不能去干涉别人的信仰自由。

在乌托普国王来到这个岛国之前就已经听说过，当地人为了信仰不一而争执不休。他还发现，在各个教派为保卫本国而作战时，这种信仰的分歧正好提供了机会让他把他们全部征服。所以他取胜登上帝位后，就规定每个人都有权利选择自己信仰的宗教，也可以用友好和善的方式劝别人接受自己的宗教，但不可以对其他的宗教恶毒地大加诋毁，不可以对那些不接受者使用暴力或者是诉诸谩骂。如果有人在宣传自己宗教的时候，言辞激烈地诋毁其他宗教，将会受到流放或者奴役的处分。

他清楚地知道，以往的宗教纠纷严重破坏了社会的安定。为了社会的安定，也为了宗教的发展，乌托普国王制定了这条律法。乌托普国王从不轻率地对宗教问题做出评论。他无法肯定，上帝是否愿意看到各种各类的宗教信仰，是否要不同的人信奉不同的宗教。但是可以肯定的是，那些威逼强迫别人接受自己心中的宗教的人，都是一些野蛮的蠢货。况且就算是只有唯一的宗教是真理，其余的都是不入流的旁门左道，乌托普国王也认为，用温和而合理的方式处理问题，真理总会悄无声息地呈现在世人面前而被接受。如果人们为了宗教争论或者是大打出手，而那些品质恶劣的人又是冥顽不化，那么再好再神圣的宗教也会毁于他们相互诋毁争执的洪流中，就像禾谷被荆棘刺死一样。正是这样，乌托普国王将宗教问题当作一个有待解决的问题，并且给了人们宗教信仰自由的权利。

当然他也禁止任何人相信灵魂随肉体消灭，或是放低人的尊严，或是认为世界没有神的主宰，是盲目发展的。所以乌托邦人认为，人死后有过者必受罚，有功者必封赏。倘若有人持不同的意见，那么乌托邦人就会认为他不配做人，因为他把自己崇高的灵魂与兽类粗鄙的躯壳等同在一起。他们也不承认这种人是乌托邦公民，如果不是这样的人还有些忌惮，他们是不会遵守任何律法条文的。如果一个人对律法都不屑一顾，将希望都寄托在躯壳上，那么为了他一己私欲，他会不择手段去逃脱律法的制裁，甚至去破坏国家制度。

乌托邦人将这种人视为卑鄙下流者，并且取消他的一切荣誉，取消他做官的资格。当然乌托邦人也不会处分他，因为他们认为一个人的信仰是不受自己意识支配的。他们也不威逼或者强制要求他改变自己的看法。因为他们痛恨说谎做假，在这个问题上，他们是不容许有说谎者的，这与欺骗无异。他们不允许这种人在普通百姓面前大肆宣扬自己的观点，为自己做辩护，却鼓励他在教士面前谈论，因为这种荒谬的意见是说不过真理的。

还有一些乌托邦人，他们的见解不是没有理由，而他们也不是坏人，所以乌托邦人并不对他们加以干涉。这一类人又有与上一类人完全不一样的见解，他相信兽类也有不朽的灵魂，虽然没有人类灵魂那么尊贵，也得不到与之相等的幸福。说到人类灵魂，乌托邦人几乎都相信，人死后可以去无穷的极乐世界。他们同情那些被疾病缠身的人，但从不惋惜那些死去的人，除了那些贪恋红尘不愿离世的死者。一个人极端畏惧死亡，在乌托邦人看来是不祥的，这表示他们的灵魂无处安身，对即将降临的处罚有预感，所以恐惧万分。他们觉得上帝喜欢那些一经召唤马上就从命的人，而不是那些恐惧万分半推半就离开人世的人。他们如果看到一个人不是心甘情愿离世，就会毛骨悚然，因而在默默哀悼中将死者送出，然后祈求上帝宽恕死者的罪过，并且把尸体掩埋。而对于那些心甘情愿笑着死去的人，他们不会表示哀悼，而是在歌声中将他风光大葬，并且欣然将死者的灵魂交给上帝。他们满腹崇拜之情，将死者火化焚尸。并且为死者立碑，书写下他高尚的情怀。之后他们谈论到死者的性格事迹，无一不称赞他不惧生死的崇高品质。

在乌托邦人看来，人们对死者高尚的品德致以由衷的敬意，可以更好地鼓励生者欣然向往。他们觉得在他们提及死者时，死者就在身边倾听着，只是人们肉眼凡胎看不到死者的存在。对于在天堂享受极乐的灵魂，是可以来去自由的。如果这些灵魂从不回访生前那些很好的朋友，就是背信弃义，这样死者就太缺乏友爱之情了。乌托邦人认为，自由和一切美好的事物一样，不会由于生死的变迁而削减，不会随时间的流逝而消失，它是永恒不朽的。因此他们认为死者仍然生活在人们中间，只是不被人看见摸着，这些灵魂从未离开。这让乌托邦人更加信心满满地工作生活，他们觉得死者的保佑与祝愿无处不在，并且也因为有贤人亡灵的监督，他们也多了份谨慎，不敢私底下做亏心事。

很多国家都十分重视那些迷信的占卜方术，他们将社会的发展和人民的命运随意交给那些荒谬的骗局，这是为乌托邦人所不齿的。乌托邦人也有自己的崇拜，他们崇拜那些自然界出现的奇迹，并将这样的奇迹归功于神灵的启示。在乌托邦也经常出现奇迹，他们相信这就是神在显灵。当他们遇到了重大危急事件时，他们就会虔诚祈祷，祈求神灵庇佑，以便有求必应。

他们觉得探索自然是美好的，在探索中赞美自然的力量是被神所接受的一种礼拜形式。然而还是有一群为数不少的人，他们不从事专门知识和科学的探讨，处于宗教的动机，又不偷闲。他们有不同的人生观与价值观，认为幸福是属于死后的，要想死后享乐，就必须生前多劳作，多行善。所以他们中有的人照顾病人，有的人去修路造桥，锄草清理沟壑，砍柴劈树，将粮食和柴火用车运到城市中去。不管于己于人，他们都如同忠实的奴仆般卖力劳作，甚至比奴隶更加卖力。任何地方都有那些肮脏费力的粗活，很多人都不乐意去做，但是这些人都很愉快地将这些活全部揽下了，这让大多数人难以置信。他们热爱劳作，让别人可以安心休息，而自己又不会去炫耀自己的功劳。他们不指责别人的生活方式，也不赞扬自己的生活态度。他们越是心甘情愿地劳作，越是受到世人的尊敬。这种人又分为两路人，一路是独身者，他们戒荤腥、戒女色、戒肉食。他们拒绝人世的享乐，认为这是没有意义的。他们艰苦地生活，是为了死后获得幸福。因为他们对下一世充满了憧憬与向往，所以他们的生活态度积极愉快，并不觉得有什么痛苦。另一路是主张婚姻的，同样也热爱劳作，他们很重视家庭的乐趣，认为自己有义务结婚，有义务生儿育女为国家培养新的接班人。他们也接受所有的人世间的享乐，当然这些享乐不会妨碍他们的劳作。他们热爱肉食，因为肉食会让他们更加拥有力气去劳作。乌托邦人认为这一路人更加聪明，而前面所说的那一路人更加圣洁。如果前一路人认为他们的生活方式是从理性出发，这就会遭到乌托邦人的讥笑；然而他们如果说这样的生活方式是受了信仰宗教的号召，他们就会被乌托邦人致以由衷的敬意。因为乌托邦人从不轻易在宗教问题上做出武断的结论。用乌托邦人的话来说，前一路人被称为“部色累斯卡[①]”。

乌托邦人有为数不多的传教士，他们是那种将生命都交给了宗教的人，因为人少，每个城市都不到十三人（教堂也不到十三座），除了战争时期。倘若遇到了战争，其中七个教士就会随军出征，他们的空缺就由新选拔的七人来弥补。征战返乡后，这七个人就回到原来的职位上，而另外七个人就成为主教的侍从，用于递补那些身故教士的职位。主教只有一名，是所有教士的元首。国民选举产生教士，就与官员是由国民选出是一样的，他们以无记名投票方式选拔，以防止徇私作假。被选拔出来的教士由教会同僚为其举办授职礼仪。

教士们的职责是主持礼拜，监督社会风纪，掌管宗教事务。凡是那些因为生活不道德而受到教士的传唤与斥责的人，都被视为奇耻大辱。现在教士们的任务是劝说开导，而对于制止与惩罚违法行为的任务则是由总督和其他官员执行。不过教士会将那些坏家伙逐出教会，拒绝他们参加礼拜。这被乌托邦人看做最可怕的处罚，是非常丢脸的。这些坏家伙会因为潜在的宗教恐惧心理而感到痛苦，也会觉得自己的人身安全随时都会受到威胁。除非他们诚心向教士表明悔改之意，否则他们将会被议事会以不虔诚罪逮捕法办。

教士还有教育青年儿童的任务，关心他们的求知读书，也同样注意培养他们的德行。从儿童很小的时候，就被教士灌输了先入为主的思想意识，那些意识都是有利于维护他们国家的安全的。这种思想一旦被儿童接受，再久也不会遗忘，这就可以很好地维护国家制度。而有些国家的衰败，就是源自一些歪门邪说所引起的罪恶。

在教士的选拔方面，妇女也是有资格参选的，不过仅限于为数极少的老年寡妇。对于男性教士，他的妻子必须是全国最杰出的女性。

---

① 从希腊语臆造而成，意为“非常信仰宗教的人”。

教士职位在乌托邦是最受尊敬的，超过了其他所有的公职。一个教士犯了罪，不是交由法庭处置，而是由上帝与良心去评判。乌托邦人不允许政府强行抓捕教士，因为不管教士犯什么罪，他已经将自己当做丰盛的祭品献给了伟大的上帝。因为他们的教士很少，并且是千挑万选出来的贤良，所以乌托邦人是不难遵守这个风俗的。更何况教士的品德是高尚的，正是因为他们的贤良才会被人们公选推上这么高贵的职位，这样的人是不会轻易走上罪恶无耻之路的。即使这样的事发生了，因为人的本性是可以改变的，但是教士为数极少，他们没有实权，只是享有尊贵的荣誉地位，因此不用担心他们会危害国家、危害社会。而实际上，乌托邦人正是为了防止教士高尚神圣的职位而因为人数过多变成没有意义的职位，才让教士人数规定得很少。乌托邦人发现要网罗天下德行足以胜任这种尊贵职位的人也是不容易的。而普通的能人雅士又是没有能力担当这个职位的。

乌托邦教士在本国受到了国人的尊敬，在国外也得到了不逊色于国内的尊敬。从下面的事实中不难看出，正是这样的事实才让乌托邦教士受到尊敬。每当两军交战，教士们就跪在离士兵不远的地方，他们身披法衣，伸出双手朝天，为和平祈祷，也祈祷在双方流血不多的情况下祖国取得胜利。当乌托邦军队处于优势，他们就会驰进酣战中心，阻止本国军队滥肆杀戮败军。败军只要向教士诚心呼救，就可以免于杀身之祸。而能够触摸到教士飘扬的法衣的败军，就可以让自己的财物不遭到掠夺。乌托邦教士这种高尚的品德使他们在外国也受到了极大的尊敬，受到了外国人的万分敬仰。因为他们不仅保护本国人不被敌人杀害，也保护敌人不被本国战士滥杀。每当乌托邦一方阵地动摇，一路溃退，情况很是危急，而敌人穷追不舍，乱砍乱杀时，只有教士的介入才可以停止杀戮。这时候双方都撤回军队，和平协商缔结公平的休战公约。不管多么野蛮、凶恶、残暴的国家，都认为乌托邦教士是神圣不可侵犯的。

乌托邦人将朔日和月杪[①]，元旦和除夕奉为节日，将每年分为若干月。

---

① 月杪：每月的最后几天。

月份是根据太阳在轨道上的运行计算的，和年按太阳的历程确定是一个道理。朔日名“西奈梅尼”（指一个月开始的日子)，月杪名“特拉佩梅尼”(指一个月末了的日子)。

乌托邦人的教堂富丽堂皇，建筑工艺精湛，并且可以容纳很多人。不过所有教堂的光线都比较弱。乌托邦人认为太强的光线会分散思维，而微弱的光线可以集中注意力，让教徒们更加虔诚。这样的设计不是因为设计者不懂建筑学，而是出于教士的旨意。

我之前已经提及乌托邦人有不同的信仰。虽然信仰的表现形式多样，但是他们都有一个相同的目标，就是崇尚神格。所以在教堂的所见所闻都适用于一切宗教。各教派有自己独特的宗教仪式，他们可以在自己家中举行。所以教堂里没有供奉任何神像，每一个礼拜的人都可以在心中意会自己的神，不管他们是按照什么宗教教义去感受神的存在的。乌托邦人把神称为“密特拉”，不用其他称呼。他们都认为这个称呼可以体现神威的独特性质，无论这个性质是什么。至于教堂的祈祷文，是每个人都可以念诵的，不会和自己信仰的宗教发生冲突。

在月杪或除夕的晚上，他们在教堂聚集，集体禁食，以此感谢神庇佑他们安全地度过了一个月或一个年，现在到了末了的日子。第二天早上，是朔日或元旦，他们又成群赴教堂，祈祷接下来这一月或这一年能使他们幸福繁荣，因此朔日或元旦成为象征吉祥开始的节日。

不过每逢末了的节日，在去教堂之前，妻子跪在丈夫面前，儿女跪在父母脚前，诚心忏悔自己犯下的过错，并祈求亲人的宽恕。正是这样，所有的家庭不和睦现象都得到了解决，人们可以带着纯净的心去教堂祷告，因为内心带着愧疚去献祭是对神的亵渎。所以人们如果憎恨某人，就会在去教堂之前和那人言归于好，让他们的心灵得到净化，以免遭到上帝的责备。

人们来到教堂后，分为两方，女左男右就座。每家人的男子坐在他们的父亲前，女子坐在她们的母亲前，这样就让家长不仅在家管束子女，在外也可以监督子女的言行举止。他们还发现，年轻人和年长的坐在一起，这样就可以防止小孩子在一起嬉戏打闹，影响人们对神虔诚敬畏的祈祷，只有诚心祈祷才可以更好地增进德行。

乌托邦人从不杀牲畜作献祭用。他们认为上天有好生之德，慈悲的上帝是不愿意看到流血和杀戮的。他们燃烧大量的烛和各种香料来祭拜神明，这是一种无公害的拜神方式，但是却让礼拜者感到十分慰藉，会使他们更加虔诚地对神明顶礼膜拜，并且使心境得到了净化。其实他们明白，神明就是神明，是不会借助于燃烧的香烛显灵，就像是不借助于人的祈祷一样。

在教堂里祷告的人们身着白色外衣。教士则身披各种颜色的法衣，这些法衣是用很多种羽毛精妙地编织而成，既不绣金，也不镶嵌宝石，材料并不像人们想象得那般奢华，但是其设计及式样都很精彩，远远超过了那些金银编织的衣物。并且在他们看来，羽毛编织的衣服层次分明，还蒙上了一层神秘的色彩。教士们详细解释了这种神秘，这让人们无法忘记上帝的恩泽，无法忘记自己对上帝应有的虔诚，无法忘记人们之间应尽的义务。

当身着法衣的教士庄严地走出教堂的内殿时，所有的人都叩拜在地上，满怀敬意。这个时候，整个教堂安静无声，大家都感到无比的敬畏，就像在叩拜天神一样。大家在地上叩拜了一会儿之后，教士做出手势，他们才起来。之后他们开始在乐器的伴奏声中唱起赞神歌。他们的乐器和我们所见到的在形式上大不相同。他们的乐器本身甚至不能和我们的相比，但是他们的乐器却可以演奏出比我们的更加悦耳的旋律。他们在某些方面确实比我们高明。他们的一切音乐，不管是器乐还是声乐，都可以流露出演奏者的自然情感，使音与情巧妙地交织在一起。不管是祷词，还是寄托快乐、慰解、忧虑、悲伤或愤怒的歌词，都可以通过乐器的演奏生动地流露出来。这种音乐可以深深地感动听众，使我们内心激奋。然后，教士和教徒们一起念诵出庄严的祷文。祷文的内容编写迎合了大众的信仰，是大家都可以念诵的，也可以应用到自己身上。在祷文里，每个人都可以体会到神是万物的缔造者，是统治者，是幸福的赐予者。每个人都应该感谢神赐予自己的全部恩泽，特别是神让自己可以生活在这样一个自由的国度并且可以有自己喜爱的信仰不受干涉。如若祷告人理解错了，或者认为比起自己国家的宗教制度还有更优越的宗教制度是被神赞许的，他就请求神慈悲为怀，告知他详细的宗教制度，他情愿听从神指引的任何方向。如果他认为自己国家的宗教制度是最优越的，他的信仰是最正确的，那就会祈祷神赋予他坚定不移的意志，去维护自己的国家制度与宗教信仰，并且引导其他人过这样的生活，拥有敬神信神的观念。最后，人们向上帝祷告，祈求能顺利地从尘世解脱，皈依神明，不过祷告人无法断定这个解脱到来的时间。然而如果因为贪恋尘世虚荣而无法更早地接近神，他们宁愿死于痛苦而皈依神明。念诵完所有的祷词后，人们又在地上叩拜片刻，然后起身用餐。在节日剩余的时间内，他们会去娱乐、运动和练习战术。

我已经力求详尽地给你介绍了这个国家的制度。在我看来这是最优越的国家，也是唯一的名副其实的国家。在其他国家，人们虽然说是为了公共谋福利，但是每个人确实为了自己的利益而奔走。乌托邦人根本就没有私有财产，大家都热心公事。不否认这两种情况都不无道理。因为在其他地方，不管国家多么烦人，如果人们不为自己着想，就要挨饿。所以他们必然会把个人利益看得高于一切，甚至将其置于他人利益之上。然而，在乌托邦一切都是公有的，只要粮仓装满粮食，就不会有人挨饿。这儿的物资分配很公平，没有乞丐和穷人的出现。每个人都是一无所有，而每个人又是衣食无忧。乌托邦的人们可以无忧无虑地安居乐业，吃穿不愁，不用烦恼妻子会有所需求，不用担心女孩没有妆奁、男孩饱受贫穷，全家人世世代代都可以衣食无忧地生活，这是多么值得炫耀的财富啊。此外，乌托邦人照顾那些曾经从事劳动而现在已经丧失劳动力的人，和照顾仍然从事劳动的人一样。

我倒是愿意听一下谁敢把其他国家所谓的公平、正义和乌托邦国家的一较高下？我敢保证，在那些国家中，找不到一丝这样的公平与正义。他们的贵族、商人、高利贷者，还有那些一事无成的冗官冗员，他们每天都过着游手好闲、纸醉金迷的生活，这算得上是公平、正义吗？而一般的劳役、车夫、木匠和农民，却没日没夜地辛勤劳作，过着猪狗不如的生活。可是他们的劳作又是国家不可缺少的，是支撑国家物资供应必不可少的。

这些人过着食不果腹的穷困生活，甚至抵不上牛马的待遇。牛马都不需要这么没日没夜地做工，它们吃的草也不一定很粗劣，其实味道应该不错，并且它们还不用担心未来的生活。而这些劳苦大众，不但要一无所获地劳累受苦，还要为将来贫苦的老年感到悲伤。他们靠着微薄的收入生活，甚至不够当天的开销，更没有多余的收入储存起来养老了。这难道不是一个缺乏公平、正义的国家吗？那些所谓的上层绅士、金铺老板，奢华淫逸却又不劳而获，他们是社会最大的蛀米虫。而国家对于那些劳苦大众却是丝毫不关怀。要知道没有他们的付出，这个国家就无法维持。这些人为了国家付出了青春乃至生命，到老了还是过着穷愁潦倒的生活，他们的国家却无视这些人的劳苦，无视这些人用辛勤的汗水为国家创造了巨大的利益，毫无情意地让这些人潦倒不堪而死，这就是国家对他们的报酬。此外，富人不仅用非法手段行骗，还以法律的名义去剥削穷人那点微薄的收入。即使富人不去侵吞那些对国家做出贡献的人们，可是那些人却处于社会最底层。获得最低的报酬，这已经是非常不公平了。富人更是得寸进尺地贬低正义，甚至以律法的名义，去冒充虚伪的正义。

所以我才会断言，如今除乌托邦外的其他繁荣国家，我见到的无非是富人勾结，以国家的名义为自己谋利。他们费尽心思，把自己用不法手段聚敛的财富全部安全地保藏起来，然后用最低廉的报酬去剥削穷人为他们劳作。等到富人盗用公众的名义，也包括假借那些穷人的名义，把他们的花招变成大家普遍遵守的东西，这样也就顺理成章地将他们的阴谋变成律法了。

不过对于这些瓜分侵吞国家财富的坏蛋，再怎么富足也是不会享受到乌托邦国家的幸福的啊！乌托邦人是从不贪恋金钱的，何况金钱在他们国家也不使用。这就消除了很多金钱的纠纷，也铲除了罪恶的根源。大家都知道，取消使用金钱的国家，欺骗、盗窃、抢劫、吵架、骚乱、喧闹、叛乱、暗杀、变节、放毒等每天受到惩罚都无法制止的罪行，就会自动消失了。而那些恐惧、焦虑、烦恼、辛苦的操作、不眠的通宵，也会随金钱的消失而荡然无存。并且贫穷也是由于缺乏金钱造成的，一旦金钱没有了意义，贫穷也会消失掉。

为了让我的断言显得更加清晰明了，让我们来设想一下，在一个大荒年，成千上万的人都饿死了。我敢保证，在这灾荒年头，我们如果去搜查富人的粮仓，就会发现仓内有大量的粮食，如若当初将这些粮食分给那些饥饿贫苦的人，谁也不会觉得是因为气候和土壤的原因造成了粮食歉收。取得生活物资本来是很容易的事情，都是这该死的金钱，本来是为了让我们的生活更加便利，而实际上却阻碍了我们取得生活所需的东西。

其实富人也深知，与其吃穿不尽，不如够用够使；与其财富堆积如山，不如无灾无忧。同样地，不管是人们关心个人利益，还是人们关心救世主基督，都应该让全世界都采用乌托邦国家的法制。大智慧的基督，知道什么是最优越的国家制度；慈悲的基督，会将他知道最优越的制度告诉人们。可是有一个妖魔出来反对，那就是骄狂，他是一切祸害之源，一切祸害之根。骄狂用来衡量繁荣，不仅对自己不利，对别人也是非常不利的。骄狂哪怕是女神，也不愿意成为这个女神，因为她再也看不到她可以欺凌嘲笑的可怜虫，如果她不能在这些可怜虫的不幸面前炫耀自己的幸运，如果她夸耀的财富不能使这些可怜虫因贫穷受到折磨而更加贫穷。这条钻进人们内心的毒蛇，像印头鱼一样，阻碍人们走上幸福生活的道路。这条毒蛇在人身上已经植根很深，不易拔除。所以我很高兴看到我所希望的国家制度，而乌托邦人享有我心中所希望的国家制度。乌托邦人生活在这样的国家制度下，是最幸福的，有这样稳固的国家基础，这样的幸福生活将永远持续下去。在乌托邦，一切野心和派系以及其他罪恶的根源都得到了铲除。所以他们不会担心内乱引起的危险，而内乱曾经摧毁了多个国家稳固繁荣的根基。一个国家只要有和谐的内部关系，有健全的律法制度，那么就不会担心外敌的扰乱使国家发生动摇，外敌即使野心勃勃，也会被团结的国民击退。

拉斐尔讲完了他的故事，我认为他所讲述的风土人情与律法条文中有许多东西似乎显得十分荒谬，不单是他们的作战方法、礼拜仪式和宗教信仰以及其他的制度，特别是他们独特的社会结构。我这里所指的是他们的公共生活和给养，完全不用金钱流通。就这点来说能让一般人认为一个国家引以为荣的高贵和尊严都荡然无存了。

不过我明白拉斐尔谈累了，但又不能确定他是否愿意耐心倾听和他意见相悖的见解。我记得他提到过的那些唯恐自己被看成笨蛋因而对别人有所发现就去吹毛求疵的人。所以我称赞了乌托邦人的生活方式，称赞了拉斐尔的谈话，并与他携手共进晚餐。我对他说，希望将来还有这样的机会可以深入地探讨这样的问题，我真的巴不得这样的机会快点到来啊！

不过我还是不能同意他所有的见解，虽然他在很多方面都是有真知学识并对人情世故有最渊博见解的人。我情愿承认，乌托邦国家有非常多的独特的风俗习惯，虽然我也希望我们英国具有这样的特征，但毕竟是难以实现的。

第二部终

拉斐尔关于直到目前还很少有人知道的乌托邦岛的法律和风俗的午后谈话已经完结，记录人是最著名和最博学的伦敦公民及行政司法长官托马斯·莫尔先生。

（高朝阳 译）

95条论纲

The Ninety-Five Theses

〔德〕 马丁·路德

为了阐明真理，下列命题将在维腾贝格举行讨论，由文学和神学硕士以及常任讲师、尊敬的马丁·路德神父主持。凡不能与会参加讨论的，请用书信方式参加。奉主耶稣之圣名。阿门。

1.我们的耶稣基督曾说“你们应当悔改”，其实他的言下之意是说信徒一生应该悔罪。

2.这句话不能被理解为告解礼，即神父所主持的忏悔和赎罪。

3.这句话也不能被理解为单纯的内心的悔罪，因为若是内心的悔罪不产生各种外表的苦修，就只是虚空的。

4.所以对罪恶的惩罚实际上是与自恨一样长久的，因为这才是真正的内心的悔改，一直这么持续下去，直到我们进入天堂。

5.教皇无意也无权宽恕任何惩处，除非在自己的权利范围之内或者教规规定之下。

6.教皇无权赦免任何罪状，而只能宣布和肯定罪状已经得到了上帝的赦免。当然他可以赦免那些本来留下归他的案件；但若是他越过这一界限，罪责便仍然存在。

7.若未能使罪人在他的代表神父面前凡事谦卑的话，上帝是不会赦免此人罪状的。

8.惩罚之教条只适用于活人身上，而不该将之加于死者之身。

9.所以圣灵以教皇之身宽仁待我，他总是在教会中将死亡和必要定为例外。

10.那些将教条所定的补赎给临死者留到炼狱的神父，是无知和邪恶的。

11.那些将教条所定的惩罚留到炼狱中惩罚的神父，很显然是仇敌在他们睡觉时撒了稗子。

12.以前，作为真正痛悔的考验所实施教条归定的惩罚，并不是在宣赦之后，而是在宣赦之前。

13.临死者死了之后就免除一切惩罚，因为一旦死亡，他们就不再受教条法规的任何约束了。

14.临死者心灵的不健全和爱心缺失很可能会带来极大的恐惧，且爱心越小，恐惧就越大。

15.但是这种恐惧和担忧就足以成为炼狱的惩罚，更不用说其他的什么了。因为它与绝望的恐惧相差不远。

16.地狱、炼狱和天堂之间的区别无异于绝望、近乎绝望和内心的平静之间的区别。

17.灵魂在炼狱里的恐惧越是减少，爱心便越是增加，似乎是这样的。

18.通过推理和《圣经》，我们似乎都不能证明这种灵魂不能建功立德或者增加爱心。

19.虽然我们对于他们的福祉很有把握，但是似乎无法证明他们自己对这种福祉的肯定和确信。

20.因此，当教皇口口声声说可以免除一切惩罚的时候，并非指一切惩罚，而只是指免除他自己权利范围内的惩罚。

21.所以，那些宣讲赎罪券者说，教皇的赎罪券能使人免除各种惩罚而且得救的时候，乃是错误的。

22.因为他并不能免去炼狱里的灵魂按照教规今生所应受的惩罚。

23.如果有人被免除了一切惩罚，那么他必须是最完美的人，那就是说，只有极少数人才能有这样的机会。

24.所以大多数人都只是被这夸张得不分青红皂白的所谓免除惩罚所

欺骗。

25.对于炼狱，教皇在全教会有多少权力，主教和神父在他们的主教区和教区就有多少权力。

26.若是教皇不用钥匙权（他本无此权），而是用代祷，来免除炼狱中灵魂的罪，那么他做得更好。

27.那些称只要钱币叮当落入钱箱，灵魂就可得到超脱的人，只是在乱说。

28.可以肯定的是，一旦钱币叮当落入钱箱，就只能使贪婪增多，而不能使教会的代祷有什么结果，因为这一切都取决于上帝。

29.从圣瑟威力努（St.Severinus）和圣巴斯噶（St.Paschal）的传说来看，没人知道炼狱里的灵魂是否都愿意被救赎出来。

30.无人能知自己的痛悔是否诚实；更无人能知自己是否得到了完全的赦免。

31.诚实买赎罪券的人与诚实忏悔的人是一样的，都很稀罕。

32.那些认为自己因持有赎罪券就自信能得救的人，将会和传授这种观念的人一同被定罪。

33.那些说教皇的赎罪票，是上帝使人与自己和好的无价恩赐的人，是我们应该特别谨防的。

34.因为赎罪券只能用于人在忏悔圣礼中所加的惩罚。

35.他们是在传与基督教教义不符的道理。因为他们说，要得到救赎或是赎罪券，是不需要忏悔的。

36.每一个真正悔改的基督教徒，即便是没有赎罪券也能够得到真正的赦免，从而脱离惩罚和罪债。

37.每一个真正的基督教徒，无论是生是死，即便是没有赎罪券，也都能分享基督教的一切恩惠，因为这些恩惠是上帝所赐的。

38.然而教皇的赦免也是不容小觑的，因为正如我所说，他是在宣布上帝的赦免。

39.即使对于那些最有学问的神学家来说，要一面宣讲赎罪券的好处，又一面宣讲真心忏悔的必要，也是非常难的一件事。

40.真正的痛悔寻找并且爱慕补赎；滥发赎罪券，却使人憎恨补赎，或至少使人有憎恨的趋向。

41.教皇的赎罪券应该小心宣读，免得人们误解它们，以为它们比其他爱的行为更加可取。

42.基督徒应该知道，教皇本无意将赎罪券的购买与善行相比。

43.基督徒应该知道，救济穷人或者是借钱给缺钱之人，都要比购买赎罪券更好。

44.因为善行使爱心渐长，使人日渐变好；而购买赎罪券却不能使人日渐变好，只能使人更多地避免惩罚。

45.基督教徒应该知道，人若见到别人困苦却不予以帮助，反而用他的钱购买赎罪券，那么他所得的就并非教皇的赦免，而是上帝的愤怒了。

46.基督教徒应该知道，若非自己有余款，就应该把钱用于家庭日常开支，而不该把钱浪费在购买赎罪券上。

47.基督教徒应该知道，虽然他们可以自由购买赎罪券，但是他们并没有义务非要这么做。

48.基督教徒应该知道，教皇颁发赎罪券是更渴望得到大家对他的虔诚祈祷，而甚于由此索来的金钱。

49.基督教徒应该知道，他们若是不信赎罪券，那么赎罪券就是有用的；要是他们因此丧失了对上帝的敬畏之心，那么教皇颁发的赎罪券就是有害的。

50.基督教徒应该知道，教皇若是知道那些宣讲赎罪券之人从中榨取，他宁愿让圣彼得堂化为灰烬，也不愿用他羊群的皮、肉和骨去建筑。

51.基督教徒应该知道，教皇是宁愿（按照他的责任）把自己的钱赐予那些被骗购买赎罪券的穷人的，即使是让他把圣彼得堂拍卖了，他也在所不惜的。

52.靠赎罪券来得救是白费工夫的，即便是教皇或者他的代表用灵魂来做担保也是无济于事的。

53.那些求宣讲赎罪券，而不让教堂宣讲上帝之道的人，是耶稣和教皇的敌人。

54.在同一讲道中，若是宣讲赎罪券的时间比宣讲上帝之道的时间更长，或者时间均等，那么这便是辜负了上帝之道。

55.教皇的意思是：若是以鸣一个钟、举行一次简单的仪式或者游行来庆祝颁发赎罪券这种小事，那么像宣讲福音这类大事就该鸣一百个钟、举行一百次游行和仪式了。

56.教皇颁发赎罪券所凭借的教会的珍宝，在基督的子民中间，既未被充分加以指定，也未被充分认识。

57.可以清晰地知道这至少非世俗珍宝，因为这些宣讲赎罪券的人，他们只会积攒世上宝藏，从来不会把它们散发于人。

58.它们也不是耶稣和圣徒的功德，因为这种功德，即便没有教皇相助，也能使人的内心得到恩惠，并将肉体钉在十字架上，使它灭亡。

59.圣劳伦斯（St.Lawrence）曾说，教会的穷人便是教会的珍宝，但这都只是当时的说法。

60.我们可以说，由于耶稣的功德而赐予教会的钥匙，便是教会的珍宝。我们这么说，并不鲁莽。

61.因为很显然，若是要免除惩罚和那些留给教皇审问的案件，有教皇的权力就够了。

62.教会的真正珍宝便是集上帝荣耀和恩典于一身的神圣福音。

63.然而，这一珍宝自然又是最令人憎恶的，因为它使本在前的成为最后的。

64.反之，赎罪券这一珍宝才是最令人喜欢的，因为它能让最后的成为最前的。

65.所以，福音这一珍宝是他们从前用以获得财富的网。

66.而赎罪券这一珍宝是他们现在用以获得财富的网。

67.按照宣讲者所说，赎罪券是最大的恩典；其实所谓“最大”，不过是他们用以谋取利益“最大”的工具而已。

68.而实际上，与上帝的恩典以及人对十字架的虔诚相比，它们都是微不足道的。

69.主教和神父们就得毕恭毕敬地接纳教皇赎罪券的代理人了。

70.但是他们也必须耳目并用，这样才不至于让代理人一味地宣讲自己的幻梦，而不讲教皇之使命。

71.要是有人否认教皇赎罪券的效力，那么他就应该受到诅咒。

72.但另一方面，那些反对宣讲赎罪券的人，乃是有福的。

73.若是教皇对那些企图干扰赎罪券交易的人加以威胁，那么，这也是合适的。

74.教皇对那些以赎罪券为借口企图破坏神圣之爱和其真理的人，更是要加以威胁了。

75.把教皇的赎罪券看得这么有效，更甚至认为它能够赦免一个玷污了圣母的人（只是假设）。这种想法简直太疯狂了。

76.相反，我们认为赎罪券就连最小的罪状也不能免除。

77.要是说，即使圣彼得是现在的教皇，他也不能赐予人更大的恩惠了。这样的说法便是诽谤了圣彼得和教皇。

78.相反，我们要说，现在的教皇，或者任何时候的教皇都有更大的恩惠，那就是：福音、权力和治病的恩惠等（《哥林多前书》第十二章第九节）。

79.若是说，那饰以教皇徽号的十字架与耶稣的十字架效力相当的话，那简直就是亵渎了。

80.那些允许这种说法在民间传播的主教、神父以及神学家，是得给上帝一个说法。

81.这种对赎罪券放肆的宣传，甚至让有学问的人也很难使教皇的尊严不受人的诬告，或者平信徒机敏的责问。

82.他们会问：教皇若是为了得到钱财，而以建立一个教堂为由救赎无数的灵魂，那么他为什么不为了神圣的爱和灵魂的痛苦这样的理由来使炼狱空虚呢？因为这些都是再正当不过的理由了。

83.他们还会问：既然为救赎者祈祷是不正确的，那么为什么还要给死者举行安灵的弥撒？教皇又为什么不退或准许收回为他们所设立的基金呢？

84.他们为了钱财，就让一个并不虔诚且与他们为敌的人，把一个作为上帝之友的虔诚的灵魂从炼狱里买出来，却不是因为纯洁之爱的缘故，而是鉴于那虔诚和可爱的灵魂本身所遭受了痛苦，才将其救赎出来，那么这是上帝和教皇定的哪门子虔诚呢？

85.惩罚的教条既然由于许久不用而失效了，那么人们为什么还要用钱来买赎罪券，来免除这种教条所规定的惩罚呢？好像这教条还十分有用一样。

86.为什么那些如今比最富者还富有的教皇，修建一个圣彼得堂不用自己的钱，而要用贫穷的平信徒们的钱呢？

87.对于那些因为完全痛悔而得到全赦的人，教皇还有什么可赦免的呢？

88.如果教皇把他现在每天只做一次的做上一百次，即把这些赦免和特赦颁给每一个信徒，那么，教会还会得到比这更好的福祉吗？

89.如果教皇现在颁发赎罪券是为了拯救灵魂而非谋利，那么他为什么还要搁置以前所颁的、具有同等效力的赎罪券呢？

90.如果仅仅用教皇的权力来压制信徒的这些论点和疑问，而非用理智来解答，这样就会使教会和教皇受人耻笑，并且还会让基督徒不高兴。

91.所以，赎罪券若真的如教皇的旨意和精神那样宣讲的话，那么这一切疑问便都迎刃而解，甚至于根本就不会发生了。

92.所以，那些向基督徒口口声声说“平安平安”，实际上却根本没有平安的先知都走开吧！

93.那些向基督徒说“十字架十字架”，实际上自己却不背十字架的先知也滚一边儿去吧！

94.基督徒就应该听从告诫，追随他们的头领耶稣，经历痛苦、死亡和地狱。

95.所以他们靠着经历的许多磨难而进入天堂，而非靠人平安的保证。

声　明

我，马丁·路德，维滕贝格的神父，想公开证实我已提出以上这些针对罗马教皇的赎罪券（他们是这样称的）的命题。

迄今为止，这最负盛名的学校和其他民间与教会势力都还没有责难于我，但我早就听说，一些轻率、鲁莽之人已经将我视为异端，对我的调查也在进行之中。但是，对于我个人来说，我会一如既往地恳求所有的人，以耶稣基督之名，给我指出更好的出路；或者至少把他们的想法提交给教会或者告诉上帝。

因为，我既没有盲目自大地认为，我个人的意见比其他人的意见更得人喜爱，也没有迟钝到由于人们事先要求而用寓言代替上帝的话语。

呈　词

给最尊敬的《圣经》里的牧师，维滕贝格的教士尼古拉斯·冯·阿姆斯多夫①，以及我亲爱的朋友。

神父马丁·路德

各位尊敬的阁下，亲爱的朋友们，上帝的慈悲与安宁与你们同在！

正如我们在《传道书》第三章第七节读到的那样，缄默无声的时代已经过去，畅所欲言的时代业已到来。按照一些我们已决意要做的事的安排，我已经把关于基督教宗教改革的一些见解整理了出来。这样做的目的是便于在德意志基督教贵族面前阐述。假如上帝通过一个外行人而对他的教会出手相助，而牧师通常都比较粗心大意，是很难察觉到这一点的。我已把这些都发给了阁下，以便修改和补充。同时，我也意识到，我免不了因为

---

① 尼古拉斯·冯·阿姆斯多夫（1483—1565）是马丁·路德在维滕贝格大学里的同事，也是宗教改革的发起者之一。

从事这样重大的事情而受到责难，因为我是如此地人微言轻、冒昧无礼。就好像这世上除了马丁·路德就没有其他人还关心基督教的问题，也没有人能向各位博学之士进言一般。

就让人们来谴责我吧，我是不会找任何借口的。或许，我还欠上帝和这世界一件“荒唐”的事；而现在，我已决意要尽可能地偿还。这样有可能会招致我人生的一次失败。如果我失败了，不论怎样，我还是会收获一些。那就是：没有人会认为我是小丑。

但另一方面，有些事情还是悬而未决的。我必须实践这样一则格言：“世上要是有什么事情发生的话，修道士就得参加进去，要不然就只是一幅虚构的蓝图。”我认为傻子装聪明的事时有发生，而有时候也会有大智若愚的情况，正如保罗所说：“若是你们当中有些人看起来是很聪明的，那就让他成为傻子吧，因为这样他才可能真正变得聪明。”（《哥林多前书》第三章第十八节）

如今，既然我不仅仅是个傻子还是个曾对着《圣经》发过誓言的教士，我非常高兴我能有机会以傻子的方式来兑现我的誓言。我祈求你们原谅我的一知半解，因为我不知道怎样才能变得聪明之极——这也是我长久以来一直在追寻，而现在却没有的。

上帝助我们寻找他的光荣，而非我们的。阿门。

1520年，圣约翰洗礼前夕

于维滕贝格圣奥古斯丁修道院

（罗亮　杨婷　译）

马丁·路德演讲集

To The Christian Nobility

〔德〕 马丁·路德

致德意志贵族和最伟大、最尊贵的国王陛下公开书

尊贵的国王陛下，尊敬而虔诚的绅士们，慈悲而万能的主与你们同在！

我，一介贫民，敢在这里向各位阁下上书，并非仅仅是出于傲慢与鲁莽。因为压迫基督教各阶层的痛苦与不幸（特别是在德意志）已经不止促使我自己，更使每一个人高声呼喊、寻求救助。现在我祈求上帝把他的圣灵传递给每一个人，并对他身处不幸中的子民施以援手。教会会议上经常提出许多改革措施，但由于某些人的百般阻挠，这些措施都未能付诸实践，甚至不幸加剧了。而现在，在上帝的帮助之下，我将揭发他们的阴谋与邪恶。如此一来，他们今后才不会继续如此。上帝已赐予我们一位年轻、尊贵的君主，这就给千千万万的子民带来了希望。而现在，正是我们好好把握时机，做一些力所能及的事情的时候[①]。

首先，我们应该慎重考虑这件事情，不管我们将来要采取怎样的行动，都不要仅靠一己之力，即使整个世界的力量都属于我们；因为上帝坚信，仅靠我们自己的力量和智慧是不会有什么好成绩的。所以上帝不惜粉碎这

---

① 查理五世当时不到二十岁。

一切，一切的一切都是没用的，正如我们在《诗篇》（三十三章）中读到的那样：“君王不能因兵多得胜；勇士不能因力大得救。”同时，我担心正由于此种原因，我们尊敬的诸侯们，甚至君王腓特烈一世、二世，还有其他的德意志前任君王，才遭到罗马教皇的蔑视与压迫，虽然他们为世人所敬畏。这也许就是因为他们相信自己的力量多过上帝的，如此一来，他们只有以失败告终。在我们这个时代也是，暴君尤里乌斯二世的地位那么高是为什么呢？我想不外乎是法兰西、日耳曼和威尼斯依赖他们自己的武力的缘故。便雅悯的子孙杀害了四万两千犹太人，这也是因为犹太人更相信自己的力量而不是上帝的力量（《士师记》二十章）。

我们必须谨记，在这件事中我们的对手不是血肉之躯，而是地狱诸王（《以弗所书》第六章十二节）。他们能让世界充斥着战争与杀戮，但同时他们也能使我们幸免于难。只有记住这一点，才能避免这样的事发生在我们、乃至我们的君王查尔斯身上。所以我们必须把自己与生俱来的力量放在一边，做一名虔诚的信徒，相信上帝。我们需用诚挚的祈祷来祈求上帝的帮助，只需注意到基督王国的痛苦与不幸，不要计较恶人的报应。如若我们不这样做，那么结局将只会是一场虚浮的闹剧。但当我们顺利进行这一切之后，恶魔便会来捣乱，使世界陷入一片混乱之中，我们终将一事无成。因此，请让我们掂量好利害关系，从而敬畏上帝吧。如果我们不以谦卑之心敬畏上帝的话，敌人的力量越发强大了，这所带来的痛苦就越发猛烈。教皇和罗马教徒一向是借着魔鬼的帮助，使国王彼此不和，如果我们仅仅倚靠自己的力量而没有寻求上帝的帮助，那么他们还是能如法炮制这一切的。

神父　马丁·路德

天主教徒的三层屏障

天主教徒老练狡猾，他们建了三层屏障围绕周围，以保护他们，这样一来就没有人能够革新他们，进而使整个基督王国严重地腐化了。

第一，如果受俗权所迫，他们肯定会说俗权对他们并没有任何管辖权限；相反，宗教权力要超乎俗权。

第二，如果有人提出用《圣经》来谴责他们，他们又会反驳，说只有教皇本人才有资格诠释《圣经》。

第三，如果有人说要召开教会会议，他们又会伪称除了教皇没有人能够召集议会。

因此他们事实上已经偷走了我们处罚教皇的三根刑杖，从而可以轻松地逾越这三道屏障。如我们亲眼目睹他们那样为非作歹，最后却仍可以逍遥法外。不论何时要他们召开会议，他们都会事先用誓约来勾结各诸侯任其妄为，从而维持原状，并在会议中赋予教皇极大的权力，控制一切。其实，他们是在用些不入流的小把戏和小骗局欺骗我们，会议其实可有可无了。在自由的议会面前，他们心惊胆战，这是件多么令人悲伤的事情啊！如果君王和诸侯不服从这些卑鄙虚伪的诡计，就会被威慑说这是对上帝的不敬。

现在，愿上帝帮助我们，给我们个曾经推翻耶利哥屏障的号角，这样我们才能推倒这些草和纸做的屏障，从而释放出基督教的权力来惩罚一切罪恶，并且把恶魔的谎言与狡诈揭露于世，以便我们用惩罚自己来改过自新，重获上帝的喜爱。

第一道屏障 俗权对圣职人员没有管理权限

首先，让我们对第一道屏障发起进攻。

他们早就策划好了教皇、主教、神父和修道士被称作“属灵阶级”；而君主、贵族、工匠和农民却被称为“属世阶级”。不得不说这个策略真是狡猾、虚伪。不过大家都不用害怕，因为，所有的基督教徒无一例外都是真正意义上的“属灵阶级”，除了职位不同，没有其他差别。正如圣保罗在《哥林多前书》十二章所言，我们都是一个共同的身体，尽管每个肢体都有自己的工作，就是服务其他。这是由于我们有共同的洗礼、共同的福音、共同的信仰，而且同为基督徒；因为只有洗礼、福音和信仰，才能使我们变为“属灵的阶级”和基督教徒。

对于教皇或主教的涂油、削发仪式、神职授任仪式，以及他们与平信徒衣着的区别——这一切都使得他们成为伪善者或所谓的奉神的旨意而被选定的傀儡，而非基督教徒或者有“属灵”的人。因为洗礼，我们都受了神职如祭司一般，正如圣彼得所说：“你们是君尊的祭司，为圣洁的国度”(《彼得前书》第二章第九节)。《启示录》也有言：“你用你的鲜血让我们做祭司和君王。”因为，如果我们不是比教皇和主教行更高的授职，那么就没有神父能通过教皇或主教的授职被选出来了，更或许他们就不能行弥撒、传道或者宣赦了。所以，主教授职就似乎是以全教会的名义而来的，相当于派一个与大家权力相当的人出来行使这种权力；就好比国王有十个儿子，但只有其中一位才有继承权。虽然其余的王子享有同等权利，或许都可以做国王，但只有一位可以对他们执行统治的责任。

说得更明白点儿，如果一些虔诚的基督徒被当作囚犯发放到不毛之地，而且他们当中没有主教亲选的神父，他们愿意选一位，不管他是否嫡出，委托他执行洗礼、行弥撒、宣赦和传教，那么这个人事实上就算是个神父了，俨如所有的教皇，主教都亲选了他。这就可以解释为什么必要时每个人都可以施礼宣赦了。因为每个人都可能成为神父。他们用教会律例几乎把洗礼和基督徒的这种大恩惠和权柄都毁灭，使之湮没无闻了。基督教徒通常习惯这样挑选他们的主教和神父，随后由其他主教加以认可，而省去了现今流行的浮夸之风。所以圣奥古斯汀、安布罗斯和塞浦路斯就这样成为了主教。

由于执政者如我们一般接受洗礼，而且我们有共同的信仰和《福音书》，我们必须承认他们是神父和主教，并承认他们对整个基督教群体有益无害的圣职。因为凡受了洗礼的人都可能自诩他被亲选为神父、主教，甚至教皇，但并非每个人都会行使这一职位的权力。因为虽然我们同样都是神父，但若是没有我们一致的同意或是推选，没有人能毛遂自荐或者擅自去做大家权力范围之内的事。

因为，权力是属于大家的，如果没有经大伙儿的同意，就不能擅自做决定。如果被委任圣职的人因滥用职权遭罢免，那他就又和没任职之前没什么两样了。因此，在基督界里，神父就只是一个执行公务的职员。只要他在职位上，他就有优选权；但如果他被革职，就与农民、市民别无两样了。因此，神父被革职之后就不再是神父了。但如今他们杜撰了一种不可磨灭的形象[①]，说一个神父革职之后还是不同于一个平信徒。他们甚至妄想神父就永远都是神父——意思就是他们永远不会变成平信徒。所有的这一切都只是人为的规则与空谈。

从而，所谓的平信徒与神父、诸侯与主教，或是“属灵人士”与“属世人士”，他们的真正不同就在于职位和职能不同，而非在“阶级”这一范

① 依照罗马天主教的教义，神职授任这一行为无异于给神父留下了永世难忘的印象，因此，他将永久地维持着他神圣的职责。

畴。正如不同之于神父和修道士一般。就好比我之前所引用圣保罗在《罗马书》第十章，以及圣彼得在《哥林多前书》第三章中说的："在基督王界里，我们身为一体，互为肢体，连接彼此。"耶稣的身体并非两个，即一个是"属灵的"，另一个是"属世的"。他只有一个头，一个身体。

我们知道，正如那些所谓的"属灵的"人，主教教皇啊，他们其实是无异于其他基督教徒的，只不过受了上帝之托，传道并举行圣礼。同样，世俗掌权者也受了委托，使用武力和权力来惩处恶人，从而保护善人。每一个人：补鞋匠、铁匠、农民，都应在其位谋其职。就好像这些受圣职的神父和主教们，他们在自己的职位上都应尽心尽责，从而为他人谋福利。只有这样，所有的工作融汇在一起才促进了社会精神和物质的发展。这就是之前所说的，这个身体的各个部分互为彼此服务。

在此，有基督教义说：世俗的权力在神职人员之下，并且没有权力惩罚他们。我们来看看这是否合理。这对一个人来说，就相当于即使是眼睛正遭受着剧烈的痛苦，手却不能帮忙。先不说是违反基督教，就是肢体间不能互相帮助或者保护彼此免受痛苦，这是不是很不近人情，是不是很反自然？其实，肢体越是高贵，就越应当受其他肢体援手。因此，我说鉴于俗权是由上帝任命来惩罚坏人，保护好人的，我们就应该让他们在基督界里自由地行使，不管是涉及教皇、主教、神父、修道士、修女还是其他什么人，都不徇情面。

若是有什么能束缚俗权的充足力量，那就是在基督界里它的地位要小于神父、听忏悔者或者教士的——要是这样的话，我们就不该让裁缝、补鞋匠、泥瓦匠、木匠、厨师、店员、农民以及其他世俗工匠们给教皇、主教、神父或修道士们提供衣食住行的必需品，甚至是缴纳什一税了。但是如果这些平信徒能自由自在地做自己的工作，那么，那些天主教徒的法规又有何用意呢？他们就想使自己不受俗权的约束，从而能为所欲为，这就兑现了圣彼得所说的："你们当中必有虚假的老师，因为贪婪，用做作的语言，在你们身上获利。"

因此，基督教俗权必须没有任何障碍地得到行使，不用考虑涉及的究竟是谁，不管他是主教还是神父；只要有罪，就该让他得到该有的惩罚。

不管宗教法规定了什么与之相对的法规，这都仅仅是天主教徒的自大傲慢的产物。因为这是圣彼得对所有基督教徒这样说“人人（我猜这里包括教皇在内）都应服从于更高的权力；因为他们并非单纯的拥有武力：他们服务上帝而且惩罚恶者，赞扬善者”（《罗马书》第十三章第一、四节）。他还说“看在上帝的份儿上，让自己遵从一切法规，因为这是上帝的旨意”（《彼得书》第二章第十三、十五节）。他也预言过将有人蔑视俗权（《彼得书》第二章》，因为这已由教会的律例应验了。

我想现在第一道纸屏障已经被推倒，因为俗权已成为基督界的一部分了，它已是“属灵阶级”了。从而，它必须不受任何阻碍地得到履行，而且高于整体中所有其他部分，从而来对恶者施以应有惩罚或劝导，而不必考虑教皇、主教或者神父，任凭他们的恐吓要把你驱逐出教会。这就是一个有罪的神父在被交给俗世的法律之前，就被夺去神职的尊严的原因。反之，如果世俗权力在神圣的法令之下没有凌驾于他们权力之上，就是不对的。

事实上，我们是无法容忍教会律例过分重视神职人员的自由、生命以及财产，就好比平信徒不是好的属灵教徒或不是同等的教会成员。为什么既然我们都是基督教徒，接受同样的洗礼、有同样的信仰，精神以及其他一切，你的身体、生命、财产以及荣誉就是自由的，而我的不是？如果一个神父被杀害了，整个国家就颁布禁令[①]，而为什么一个农民被杀害了不是这样？是什么让原本平等的基督王国有如此大的区别呢？这都是因为人类的法律和捏造。

同样，也可能会有恶灵编造了这些托词，从而使罪恶之人免受惩处。因为，如上帝和他的门徒吩咐我们的那样，我们有责任反对那些邪恶之人和他们的所作所为，尽可能地把他们驱逐出去，所以当教皇和他的党羽们为非作歹的时候我们怎能坐以待毙？我们已在洗礼当中，发誓要全身心地

---

① 根据禁令或者逐出教会的规定，整个国家，地区，城镇以及他们相应的统治者就被夺去了教会所有的精神福利，比如：做礼拜，行圣礼等。

拥护上帝的戒律和真理，难道我们要因人的缘故而让它们被亵渎吗？这样，我们就真不免要为那些应该被遗弃或者被引入歧途的人负责。

因此，在教会律例中说，“如果教皇是极坏的恶人，他正拽着成群结队的人走向邪恶，那么他也不能被罢黜”的人肯定是魔王了。这真是太可恨了，而罗马就是建立在这样一种邪恶的基础之上的，而且它认为世界也终将如此走向黑暗而我们不应反对他们的恶行。如果一个人仅仅因为他凌驾于其他人之上就可以免受责罚，那么就没有基督教徒能够责罚其他人了，因为上帝曾说，我们每个人都该把自己看做是最卑微、最渺小的人（《马太福音》第十八章第四节，《路加福音》第四章第四十八节）。

只要有罪恶存在的地方，就不可避免地有惩罚所在。正如圣乔治所言，我们生来平等，是罪行使我们彼此服从。现在我们一起看看他们是怎么对待基督界的。他们自称自己可以没有任何《圣经》里的根据得到豁免，尽管他们罪行累累，但是上帝和他的门徒们赋予了他们神圣的权力；所以我们必须担心这些都是反基督者们的“杰作”，也是他们临近的一种征兆。

第二道屏障 除了教皇没人能诠释《圣经》

第二道屏障就更加动摇和脆弱了：虽然他们一身没从《圣经》学到什么，但他们假装自己是精通《圣经》的能手。他们乱摆架子，在我们面前用放肆无礼的言行实施欺骗，试图让我们相信无论教皇是好是坏，他是不会在信仰上面犯错误的，尽管他们不能予以证明。这就是为什么教会法会包含诸多异端和非基督教徒的，甚至反自然的法规了。但现在我们没有说他们的必要。因为在他们的想象中不论他们是多么不学无术，多么恶劣不堪，圣灵都从未离开过，他们都能肆意来决定颁布怎样的命令。但若这是真的，那么要《圣经》还有什么用呢？我们还不如烧了它们，归向着那些罗马不学无术的“绅士们”。他们自认为自己是圣灵的真实存在，然而，圣灵只存在于虔诚的心里。如果我没有读到这，我就永远也不会相信恶魔本该在罗马生出这般罪恶，而且还找到了一群追随者。

但我们千万别仅用自己的语言来抵抗他们，要引用《圣经》。圣保罗说："如果旁边坐着的得了启示，那么请让先说话的保持缄默吧。"（《哥林多前书》第十四章第三十节）。如果我们只相信那个爱说话的或位高权重的人，那么这个戒律又有什么用呢？耶稣曾说过："他们都应该蒙上帝的教训"（《约翰福音》第六章第四十五节）。当然也有可能教皇和他的追随者们都不是真正意义上的基督教徒，他们非常邪恶，没有被上帝教化，他们没有真正地理解基督教义。但是如果一个普通人都可以真正理解到，我们为什么不跟随他呢？教皇不是在时不时地犯错吗？若是教皇犯错了，而且我们又不相信能够诠释《圣经》的其他人，那么谁能够救助基督界呢？

因此，如果只有教皇才能够诠释《圣经》以及证实《圣经》所诠释的意义，而且他们丝毫不能来证实这一点，那这就真可谓是他们居心叵测，精心设计的无稽之谈。他们一本正经，装腔作势。虽然他们说当圣彼得得了钥匙的时候，他就被赋予了权力，但事实上，很明显，钥匙不是给他一个人，而是整个基督界。而且，这钥匙给他，并不是就适用于权威和教义，而是适用于约束或者放纵罪恶。他们所称的钥匙赋予其他权力都仅仅是自己捏造出来糊弄人的。但是耶稣曾对圣彼得说过"我已为你祈求，希望你不至于丢失信仰"（《路加福音》第二十二章第三十二节）。这句话并不适用于教皇，因为很多教皇已经丢失了信仰，这是他们不得不承认的。耶稣也不是只为圣彼得一个人祈求，而是为所有的门徒和基督教徒祈求，他说"我不但为这些人祈求，也为那些因他们的话信我的人祈求"（《约翰福音》第十七章）。难道这还不够清楚吗？

你只要自己想想就是了。他们必须得承认，在我们之中有很多虔诚的信徒，他们真正领会到了上帝的信仰、精神、旨意、语言和思想。那么，为什么我们要反对这些人而去遵从那些对上帝的精神、思想毫无领悟的教皇呢？毫无疑问，这即将颠覆我们之前的信仰以及整个基督教会。再者，如果我们的信仰是正确的，"我相信在这神圣的基督教会里"不光只有主教是正确的；否则我们就得说"我信仰罗马教皇了"，并荒谬地把基督教会削减为一个罪恶的人。除此之外，正如我之前所说，我们都是神父，我们拥有同样的信仰、同样的福音、同样的圣礼，那么我们怎么可能没有能力来辨别信仰里什么是对，什么是错呢？圣保罗说过“他能看透世间万物，却没人能看透他” （《哥林多前书》第二章第十五节），“我们拥有同样的精神信仰吗”？ （《哥林多后书》第四章第十三节）那么为什么我们不可像没有信心的教皇一样，对哪些是合乎信仰的，哪些是不合乎信仰的加以分辨呢？

从这些以及其他文字当中，我们应该获得勇气和自由，千万别让自由的精神（如圣保罗所说）被教皇们捏造的这些有的没的给吓到了；我们应该根据自己对《圣经》的理解大胆地判断他们做了些什么，又有什么没做。从而迫使他们根据更好的精神来做事，而不是根据他们自己的理解。难道古时的亚伯拉罕不是不得不听从妻子萨拉的吗？然而她服从她的丈夫甚于我们服从世界上的任何人。而且，巴兰的驴子比先知还聪明。如果上帝通过一头驴子开口来反对一个先知，为什么他就不能通过一个虔诚的教徒来开口反对罗马教皇呢？而且圣保罗也曾反驳过圣彼得的错误。因此，每一个基督教徒都该理所当然地拥护信仰、了解信仰、维护信仰，同时还要斥责一切错误。

第三道屏障 只有罗马教皇才能够召集宗教会议

随着前两道屏障的坍塌，第三道屏障就不攻自破了；因为如果罗马教皇与《圣经》背道而驰，我们势必会站在《圣经》这一边来惩罚和约束他。根据上帝的戒律，“要是你的弟兄得罪你，你就趁着只有你们俩在一起的时候，指出他的错来。他若听你的，他就是你的弟兄；他若不听，你就带另外一两个人去，两三个人更有说服力一些；若他还是不听他们的，就告诉教会；若是他也不听教会的，就把他当作外邦人和税吏一样看待了”（《马太福音》第十八章第十五—十七节）。我们每一个人都有责任照顾其他人。要是统治者在我们的群体里作恶多端，而且给别人带来许多伤害和冒犯，那我们就更应该这么做了。如果此时我要在教会面前指控他，我就必须和教会团结一心召开会议了。而且在《圣经》中他们找不到只言片语来证明上帝只给了教皇权力来召集和批准教会会议这些都只是他们自己捏造出来的。但是只要他们没有对基督界做出什么有害的事，或者说违背上帝的旨意，这些就仍然有效。因此，如果教皇要接受惩罚，这些法规自然就无效了，因为如果他不接受会议的惩罚，整个基督王国就要遭殃了。如此一来，我们知道，这些由门徒组成的会议不是由圣彼得，而是由所有门徒和长老一同召集的。如果只有圣彼得一人有权召集会议，那么这就不是基督教的议会，而是一个异端派的集合场所了。最著名的宗教议会——尼西亚城的宗教议会——就不是由罗马主教，而是由君士坦丁的君主召集批准的；自他之后，有许多君主争相效仿，他们召集的这些会议也是最符合基督教的。但是如果只有罗马教皇有召开会议的权力，那么，他们就不免成为异端分子了。此外，说到教皇召集的议会，我并没发现他们得出了怎样显著的成果。

因此，必要的时候，我们可以说教皇才是对基督教不敬的罪魁祸首。在这些情况下，不管是谁都能做得最好，作为基督王界一名虔诚的成员，我们必须各尽所能来获得一个真正自由的议会。除了统治者，谁也不能把这件事做得一样好了，特别是他们现在同样是教徒，神父和“属灵阶级”，也同样是管理一切的主人；所以，既然他们要不受阻止地行使上帝赋予的权力，在必要或有用的时候，他们就应该行使这些权力，不负上帝之托。如果城中起火了，只因没有得到市长的允许或者因为火灾是发生在市长家里，就没人站出来灭火，任凭火势蔓延，这是不是太不近人情了呢？每个市民遇到这种情况不都会呼喊大伙儿一起灭火吗？如果罪恶之火在基督属灵的城中燃烧起来，不论是罗马教皇统治区还是其他什么地方，大家岂不更该这样做吗！同样，如果敌人攻击城镇，第一个唤起大伙儿的那个人将会获得感谢与殊荣。那个发现来自地狱的敌人，并且唤起所有的基督教徒的人，为什么不能够获得殊荣呢？

至于他们对自己无人能敌的权力的吹嘘，也都只是扯淡。在基督界，任何人都没有权力去干坏事，或者禁止他人去阻止坏事的发生。教会除了有造就人的权力以外，是没有别的权力的。所以如果罗马教皇妄想利用他手上的权力来阻止大家召开会议，从而好阻止教会的革新，我们就该对他以及他的权力置之不理了。如果他想以革除来威胁的话，我们就只有把此当做是疯人的行径了。我们要依靠上帝来尽力排斥他，把他逐出教会。因为他强行夺来的权力什么也不是，他并没有这权力，而且他马上就会被《圣经》上面的引文所推翻了。因为圣保罗曾经说过“上帝赐予我们权力是为了造就你们，而不是让你们走向毁灭”（《哥林多后书》第十章第八节）。谁愿意让这些引文成为泡影呢？只有恶魔以及反基督者才会，他们用此来阻止基督界的革新。所以我们不能屈服于这种权力之下，而是要用我们的一切来反对它。即使教皇对抗俗权时可能会有一个奇迹发生，或者有些人可能会受到灾祸的侵袭，正如有时候他们所吹嘘的那样，恶魔会让所有的这一切都发生，从而破坏我们对上帝的信仰，就像上帝预言的那样“那里可能会出现假上帝和假先知，而且会有大事记和大奇事显现，就此而言，他们必会尽可能蒙骗上帝的选民们”（《马太福音》第二十四章第二十三节）。圣保罗也曾经引《帖撒罗尼迦书》说“反基督者是照搬撒旦，行各样的异能、神迹和一切虚假的奇事”（《帖撒罗尼迦后书》第二章第九节）。

因此，我们得坚持：基督势力不能做违背耶稣的事情，如圣保罗所说“我们所做的一切不能违背耶稣，只能拥护耶稣”（《哥林多后书》第十三章第八节）。但如果真有类似事情发生的话，那就是反基督和恶魔的杰作，即便他们做过些奇事但也招致了些灾祸。但是这些奇闻异事和灾祸不能证明什么，特别是在近来恶魔盛行的日子里，这些虚假的奇事在《圣经》里早已被预言过了。因此，我们必须以坚定不移的信仰拥护上帝所言；只有这样，恶魔才能停止他们的奇思妙想。

如今我希望这些假的，骗人的魔鬼党羽会被天主教徒一直以来恐吓我们良知的东西给击倒。终有一天我们会看到他们也会如我们一般诚服于俗权之下；也没有任何权力不靠真品实学就要强行诠释《圣经》；他们也没有任何权力阻止我们召开会议，或者仅凭他们个人喜好就提前约束会议，剥夺议会的自由；如果他们这样做，那么他们就真的是反基督和魔鬼的同伙了，除了空名，就没什么是属耶稣的了。

在宗教会议里我们要讨论的事宜

我们要注意到会议所应讨论的事宜。如果红衣主教、其他主教们，以及那些精通《圣经》的博学之才，热爱耶稣以及基督教的人们，就应该对这些事情昼思夜想。如果他们不这样做的话，平信徒和俗权当局就必须这样做，尽管他们面对的是禁令和恐吓。因为一个不公正的禁令要比十个公正的赦免要好得多，一个不公正的赦免要比十个公正的禁令要坏得多。我亲爱的德意志民众们，让我们觉醒起来，敬畏上帝，而不是凡人，好让恶魔不至于像那些可怜的人，因为罗马人可耻和邪恶的统治已走向灭亡了。罗马人的统治使魔鬼日渐强大，我不相信还有比这地狱般的统治有更坏的统治了。

第一，那自命继承圣彼得并代表耶稣统治全基督教的人，过的是豪华奢侈的生活，甚至世上没有一位国王或者皇帝能与之匹敌，因此他称他自己是世上“最神圣的”和“最属灵的”人，但事实上他却比俗世还要世俗。看到这样的情形实在是太可怕了。他戴着一个三重冠，就连国王们都只能佩戴着一般的王冠。如果这是像上帝和圣·彼得的贫瘠，那么这真是一种新型的相似法了。若有人说一句反对的话，他们就说是“异端”！因为他们不愿意听他们所做的事是多么不合乎基督教的精神，多么邪恶。但我认为如果教皇真的虔诚到用眼泪来祈祷，那么他们就该取下三重法冠；因为上帝是不能容忍任何傲慢的。而教皇的职务就是要每天为全教哭泣祈祷，树立谦卑的模范。

然而不论如何，教皇的这种奢华都只是一个罪过，教皇要拯救他的灵魂，就应该放下这一切，因为圣保罗说，“各样的恶事要禁戒不做”（《帖撒罗尼迦前书》第五章第二十一节），“众人都以为美的事物要用心去做”（《哥林多后书》第八章第二十一节）。对于教皇来说，一个简单的主教法冠就已足够：智慧和圣洁就足以让他身处众人之上；如他前任几百年前所作一般，他应该把三重法冠留给那些反基督者。他们说上帝主宰世间万物。这是不对的，因为上帝的代言人对皮拉多说：“我的国不属这世界。”（《约翰福音》第十八章第三十六节）但是任何代理人都没有上帝那么多权限，也没有上帝那么多殊荣，正如圣保罗所言，“因为我曾定了主意，在你们中间什么也不知道，只知道耶稣被钉十字架”（《哥林多后书》第二章第二节），“你们应该以耶稣的心为心，他反倒虚己，并且扮演起一个仆人的形象”（《腓立比书》第二章第五到七节），“我们传耶稣被钉十字架”（《哥林多前书》第一章）。如今他们把罗马教皇看做升天的耶稣代言人。而且其中一些甘愿让魔鬼彻底地统治他们，以至于他们认为在天堂罗马主教是位于天使之上的，这正是反基督者的真实行径。

在基督世界里人们所谓的“红衣主教”到底有什么用呢？我会告诉你答案。在意大利和德意志都有很多富裕的女修道院、基金会、封地和很高的俸禄，为了能使这些最好的落入罗马之手，他们就封了红衣主教，并把主教区、修道院和主教长区送给他们，从而不惜摧毁对上帝的崇拜。那就是为什么如今的意大利就如荒漠一般：女修道院被毁了，主教区被吞噬，所有主教和教堂的收入都流入了罗马；城镇破败不堪，国家和人民身处毁灭之中，因为在那里人们一切礼拜和讲道都没有了；这是为什么呢？因为红衣主教搜刮了所有的财富。甚至土耳其人也不能如这样一般蹂躏意大利，压制人们对上帝的崇拜。

现在意大利已经被吸吮殆尽，他们又来到德意志，并悄悄地开始他们的勾当；但如果我们坐视不理，很快德意志就会陷入如意大利一般的境地。在德意志已经有一些红衣主教了。因此天主教徒是不想让他们所谓的“沉醉的德意志人”[①]知道的，直到我们失去一切——主教辖区、修道院、圣俸、封地，甚至是最后一文钱。反基督者定会如书上预言的那样夺取世上所有的财富（《但以礼书》第十一章第八，三十九、四十三节）。他们以搜刮辖区、修道院和封地的财富开始；他们将主教区、修道院和封地的收入通通搜刮去；因为他们现在还不敢把这一切做可耻的用途，如同他们在意大利所做的一样，所以他们现在所施的神圣诡计只是将十个或二十个教区联合起来，他们还雇用一些狡猾之辈来担任更多的主教之职，虽然每年只是一小部分的加入，但是到头来总数还是相当可观的。维尔兹堡的小修道院给的俸禄是一千金币；班贝克、美因滋等城市也会向他们缴纳俸禄。像这样搜刮财富的话，身在罗马的红衣主教定会如富裕的君王一般。

他们习惯了这些以后，每天定会增加三十或四十个红衣主教，甚至会把班贝克附近的圣米迦勒山[②]，和维尔兹堡管辖区，都当作圣俸给他们，直到教堂和城市变得荒无人烟；他们又会说，我们是上帝的代理人，你们这些疯狂的德意志醉汉必须屈从。然而，我建议红衣教主应该要精简，要不然罗马教皇就要自己掏钱包养他们啦。有十二个年收入为一千金币的红衣主教其实就足够了。

我们德意志公民为什么要容忍教皇对我们这样的掠夺和榨取呢？如果法兰西国王已经奋起反抗了，那么为什么德意志人还要如此继续被愚弄被欺骗呢？如果他们单单是洗劫了我们的财富那还不致如此不堪忍受，但他们毁坏我们的教会，摧毁了《圣经》和对上帝的礼拜。即便是没有红衣主教，教会也不会毁灭，因为他们没有对基督界做什么好事；他们所做的就是抢夺主教区和主教区的收入。

---

① “醉汉”是原来意大利人给德意志人取的绰号。

② 路德这里是暗指位于圣米迦勒山的本笃修道院。

如果我们把教廷里百分之九十九的人数减掉，只剩下百分之一，也足以回复在信仰上的问题。如今罗马有一大堆被称作教皇的寄生虫，就连巴比伦也没有这般景象。单是教皇的秘书就不止三千名；但是有谁数过在其他职位上的教职人员呢？因为有很多职位是我们无法数清的，他们都等着德意志的俸禄，就好比是等待着羊的狼一般。我们认为现在的德意志给教皇的俸禄比之前给君王的还多；甚至有人认为，每年有超过三十万的金币白白地从德意志流入罗马，而我们却被当做傻子一样反遭嘲笑、蒙羞。难道我们还在思考我们的诸侯、贵族、城镇、基金会、修道院和人民是怎样变得贫穷的吗？我们应该奇怪为什么还有得吃！现在我们明白了一切，让我们缓口气，好让他们知道我们并非是对他们这些罗马鬼把戏一无所知的傻子。我并没有在这里控诉上帝的戒律和基督教的正义被罗马轻视；因为现在基督教的状况，特别是在罗马的状况太糟糕时，由不得我们控诉那么多。同时，我也没有控诉他们忽视自然和世俗的法律和正义。事情甚至比那还糟。我控诉的是他们没有遵循教会法规，虽然这就其实质而言仅仅是暴政、贪婪、世俗的浮夸盛况，而不是教会法规了。这才是我们现在应该检讨的。

很久以前，德意志的君王和诸侯们允许罗马教皇向德意志的所有有俸圣职索要头年的收入①；那就是说每个教士都要上缴头年收入的一半给他。之所以教皇有这种特权是因为他要用他全部财力来对抗异教徒，从而保全基督王国，使诸侯们在面临抗争的时候不至于孤立无援，而教士们也当贡献一部分。然而教皇们却利用了德意志人的这种虔诚，一百多年来一直拿着这份钱财，现在更是把它当做是定期的税收和人们应尽的义务了；他们身上没有一分钱，因为所有的财产都用于罗马了，他们在那里建了许多办事处，设立了许多岗位，这些都是用他们每年搜刮来的钱财维持着的，就好比是在收固定的地租一样。

每当他们伪装要与穆斯林打仗的时候，他们就会派许多传教士去筹钱，

---

① 向教皇缴纳头年收入的义务由约翰二十二世于1319年规定。

同时还以此名义发行许多赎罪券。他们认为我们德意志人民会继续当傻子把钱给他们以满足他们无穷的贪欲，即使我们清楚地知道这些钱没有一分是用在对抗穆斯林身上，而是被装进了他们无底的私囊了。他们欺骗我们，和我们约定事项，但从不遵守约定。而他们所做的这一切都是以圣彼得和耶稣之圣名。

事已至此，整个德意志、主教和诸侯们应该牢记他们都是基督徒，应该保护那些保护世俗和宗教事务的公民，免遭那些贪婪的披着羊皮的狼的伤害，虽然这些恶狼平日里宣称自己是神父和统治者；既然他们滥用俸禄，也不履行约定，他们就没权力让土地和子民们遭致如此不公正的榨取和毁灭；他们应该用皇帝或全体民族的立法，或者将首年捐截留，或者根本再度废除。因为，既然他们不能够履行约定，他们就没有权力领取首年捐；所以主教和诸侯们就应该伸张正义，对这些强盗加以惩罚，预防类似事情再次发生。在此，他们要协助罗马教皇，因为他可能有时候不能靠一个人的力量来规避这样的权力滥用，如果教皇想继续支持或者袒护这样的事情，大家都会当他为一只狼和一个暴主；因为他没有任何权力做坏事，也没有任何权力纵容其他人做坏事。即便是他说想筹集钱财来对抗穆斯林，我们以后也得放聪明点儿了。我们要相信德意志比教皇更有能力来负责这件事情，因为如果资金到位的话，德意志能有足够的子民参战。其实罗马人的首年捐事件和其他借口是一样。

更糟的是，教皇和统治阶层的主教就轮流统治着，教皇还把其他月俸的钱都划入他的口袋；这样一来几乎所有的钱就都流入了罗马。尤其是那些最好的俸禄和高位一旦落入罗马，就无法收回，虽然那空缺是永不再发生在教皇的月俸里，但是会吏长[①]便受了欺骗。好比肉包子打狗，一去不回了。就这样只有他们有权动基金，这是名副其实的抢劫啊，而且什么都不留下。所以是时候废除教皇的月份，并且从他们手中夺回我们失去的一切了。因为所有的诸侯们和贵族们都应该坚持那些被夺去的财产应该物归原

① 天主教的总执事。

主，而且强盗应该得到应有的惩罚，那些滥用职权的人也该被剥夺权力。如果教皇自他上任之时就有权颁布新的法律来搜刮财产，虽然他并没有这种权力，那么我们的君王查尔斯在他加冕[①]之日起就更有权力颁布新的法律来阻止钱财以教皇的俸禄的形式流入罗马了。从而那些本属于我们的东西都会回归自由并且从罗马强盗那里夺回来。因为国王有这种权力，而且名正言顺。

但是他们当然不愿看到这种以“教皇的月俸”的方式在罗马贪婪和抢掠的权力慢慢地行使；为了尽可能快地把财产侵吞下去，贪得无厌的他们已经想好了三种办法：

首先，如果一个具有未被教皇任命过的俸禄者，死在了罗马或者死在去罗马的路上，那么他的俸禄仍然属于罗马，或者我应该说强盗们的教廷，虽然他们不愿我们这么称他们，他们还是要被人称作强盗。

第二，如果教皇或者红衣主教的“仆人”拿俸禄为生，那么他就成为了教皇或某个红衣主教的“家属”，而月俸还是属于罗马教廷的。但谁又会去数教皇和红衣主教的“家属”有多少呢？因为如果教皇骑马出门，他肯定会由三四千骑骡之人陪伴，是不是比任何君王和皇帝的排场还大？耶稣和圣彼得都是走路前行的，好让他们的代理人耀武扬威呢。此外，他们的贪婪也衍生出了，如在罗马一样，在这里他们很多人也被称作“教皇的仆人”。因此，“教皇的仆人”这一微妙的词语就给罗马带去了大量的财富，它们将被永久保存在那里。难道这些计谋不邪恶、不狡诈吗？我们要小心，因为恐怕美因兹、马格德堡、施塔特都会沦陷于罗马，这些红衣主教[②]的位置真是要花费很多的钱才能买回来。今后所有的德意志主教都会成为红衣主教，所以到头来什么也不会给我们留下。

① 以上内容作于1520年6月，那时候查尔斯国王已当选，但还没有加冕。

② 这里路德暗指美因兹的总教主艾伯特，除此之外，他还是马格德堡的总教主，施塔特教区的行政官。为了能支付罗马昂贵的大主教的税务（合计起来有三万多金币），他只好卖教皇的赎罪券，雇佣臭名昭著的帖次勒为他的代理，与教皇一道分享其中的利益。1518年，艾伯特被任命为红衣主教。参考《兰克史学》《德意志历史》等。

第三，在罗马发生争议的教士职位，也都归属罗马；我认为这真可谓是一条把财富输送至罗马最普通的方法。因为当一个地方内部没有争议的时候，罗马就会出现许多骗子和流氓，他们已经蓄势待发，准备好随时随地制造争议来争取俸禄。照这样一来，许多神父都会丢掉饭碗或者暂时高价出钱收买，避免纠纷。不论纠纷的结果如何，这些俸禄都将被拿来充公，从此以后都沦为罗马教廷的财富了。毫无疑问，如果上帝从天上降下硫黄雨和大火，就会把罗马扔进深坑里面。就像他以前对所多玛和蛾摩拉城所作的那样。如果教皇的唯一作用就是在他自己权力的庇护之下作恶多端，那么拿教皇来还有什么用呢？噢，尊贵的诸侯和贵族们，你们还要让你们的土地和子民们受这些豺狼的掠夺多久？

然而，这些把戏还不够，对贪婪的他们来说辖区沦陷入罗马的速度太慢了。于是有了这样一个问题：在德意志所有的主教辖区都名存实亡，它们的财富都源源不断地流入了罗马。此后，要是有人想当“保罗”（主教）[①]的话，他就得出大把的钱来换取，并且要发誓成为罗马教皇的忠实仆人。这就是誓言的目的所在，也是为什么之前富足的辖区都负债累累，变为废墟。我听说美因兹的主教就花了两万金币。对于我来说，这些都是罗马人的鬼把戏。他们曾经颁布过教会法规定教皇可以被随意任命，罗马教皇的仆人应减少，争议也要变小，会吏长和主教们应该享有自由，但同时也就不会有利可图了。因此他们改变了做法：夺取了主教和会吏长所有的权力；如果他们没有职位和职权的话，就已没有了任何价值，只是傀儡了；所有的一切都应有罗马教皇规定，甚至是洒扫者和敲钟者也要由他们安排。所有的争议都集中到了罗马；通过教皇给的权力，他们可以为所欲为。

在这特别的一年里到底发生了什么？斯特拉斯堡的主教希望用更合适的方式对他的权力加以调节，就礼拜方面要加以革新，为此，已颁布了一些合乎基督教的法规。但我们尊敬的教皇和罗马教廷，应广大神父的要求

① 自四世纪起，白羊毛披肩就已经是大主教权力的象征，它得从教皇那里用大笔的金钱和郑重而顺从的誓言赎回。

就一同推翻了这个圣洁的属灵秩序。这就是他们所说的作为上帝的代理人，他们鼓励神父们来反对自己的主教，保护他们反抗上帝的法律。我看那些反基督者都不会以这种公开的方式来侮辱上帝。你们就有了一个合乎心意的教皇。为什么呢？因为如果要改革教会的话，改革之风可能会吹得更广，甚至可能吹到罗马去。因此我们最好要想办法把神父们的势力分散开来，使他们彼此不和，就像他们以前对君王和诸侯们挑拨离间一般，用基督徒的血来淹没整个世界，以免让基督教团结一致了，他们就要以革新来烦扰罗马人。

迄今为止，我们已经目睹了他们对日益亏空的财富所做的一切。他们欲壑难填，所以他又把目光转移到那些仍然被教士据有的职位上。它们虽并未空缺，也非使它们空缺不可。他为达到此目的，采取了许多方法。

第一，他们对老弱病残者或无能者手里的丰厚的俸禄翘首以待，罗马人给了他一个副主教的职位，那其实是一个助手，因为他是教皇的仆人，是个用钱赎来的职位，或者给罗马干了些卑微的活挣来的。这样教士和有权施禄的人的权力就必须放弃，全部落在罗马的掌握中。

第二，罗马教皇把那些富庶的修道院和教会交给他的红衣主教和其他仆人保管，就好比是我把一百金币交给你保管一样。这样一来修道院就不是被赐予了谁、租给了谁，或者被毁灭了，也不是对上帝的崇拜废止了它，只是将它给人保管。然而那个受委托之人，并不是要对修道院加以照料或维护，而是要把神职人员都驱除出去，自己好接受那里的财产和收入。他安置一个叛教者[①]，每年给他五六个金币，好让他整天坐在教堂里对朝圣者出售神像和画片，从此以后就不再举行祈祷和弥撒了。如果我说这是对修道院和上帝崇拜的破坏，那么就可以说主教就是这个始作俑者，因为他经常做这种事。但在罗马这样说的话是不怎么好听的。因此，我们得称这件事为“委托”或者“吩咐其管理”修道院。照此方法，教皇每年可以委托四个以上的修道院，而每个修道院都可以搜刮六千以上的金币。罗马人就

① 未经任何法定的革除修道士就自己放弃圣职的被称为“叛教者”。

是用这种方法来增加对上帝的崇拜和保存修道院的。然而，德意志人也渐渐明白了这一切。

第三，还有些教士职位，之前他们说是不可兼容的。例如，按照教会律例，一个人是不能同时兼得两个教区和两个主教区职位的。而这时候，贪婪的罗马教廷就作“注解”来规避教会律例了。它们或被称为“统一”，或被称为“联合”。所谓联合就是将许多不可兼并者联合起来，为了一个俸禄把它们看做全体。这样的话，它们就再也不是“不可兼容的”了。而教会律例也算是被履行了，那就是它只对那些不从教皇或者教廷审核官[①]购买注解的人有约束力。“统一”其实是和“联合”相同的。教皇把许多教士职位合并起来，就像捆树枝一样，就好比成为一个教士职位了。所以有了这个“注解”，在罗马，一个小官员就可以掌管二十二个教区、七个修道院，外加四十四个会吏长的职位，你就可以自己想想红衣主教和其他主教到底可以有多少职位了。照此一来，德意志的钱袋空了，就再也没什么幻想了。

还有一个“注解”——“管理”，即一个人除了他的助教职位以外，还可以兼理一个寺院或者另一种高级职位，并拥有其所有财产，不过他也只能被称为“管理者”。

贪婪造作的罗马人又杜撰出一种出卖和提供神父俸禄的风气，好让出卖者与接受者仍然保持俸禄回归的权力。也就是说，如果在职者死了，教职仍然可以归还给以前的卖主、授予者或者放弃者。他们用这种方法就可以把俸禄变为遗产，而没其他能得到，除非卖主愿意交给他或者死者在死的时候把权力交托与他。此外还有许多都是仅仅把头衔给别人，而接受那头衔的人分文也得不到，除了那个头衔。现在，给别人一个教士职位，每年将此职位上的收入保留一部分也是一种盛行的老风气。诸如此类的事还有很多很多，我不便一一指出。他们处置俸禄真是比那些异教徒在十字架

① 发布和记录特定文件资料的教皇办公室被称作教廷审核处，办公室主任通常是一名红衣主教，天生拥有教廷审核官的职位。

下处置耶稣的外衣还要糟糕。

综上所述，都是些老生常谈了。而这些贪婪的小人还使出了另一种小伎俩，但愿他们吃的是最后一口，吃了就被卡住了。教皇称这些小伎俩为“含意不申”和“权方专断”。操作起来是这样的：假如一个人在罗马已经得到了一个职位，并且已经按照常例签名盖章了。然后却来了第二个人，他用金钱或者其他什么方法（还是不说的好），让教皇给他那个职位，教皇就会把职位从第一个人那里收回来，然后给第二个人。假如有人说这不公平，我们至圣的教皇就会借词开脱，免得有人责备他做事有损公允。他说在他内心那权力，尽管从前从未听过或者想过那职位。这样，他就有了一个小“注解”，好让他能够撒谎把别人当傻子一样骗。他是没有藏着掖着了，而是公开撒谎，还要做全基督教的头，魔鬼已经控制住了他。

教皇的这种专断和谎言已经在罗马造成了一种无以言表的局面。那里有买卖，有交易，有撒谎，有欺骗，有盗窃，有卖淫，还有其他亵渎上帝的事情。甚至反基督者也不能有比这还不堪的统治了。威尼斯、安特卫普、开罗的市场也没有罗马这么繁荣，不过在那里人们仍然坚守信义和公允。在罗马，所有的事情都是按照教皇的意思来做的，而且这种风气已经弥漫到了全世界。他们害怕宗教改革和自由的会议，宁愿让诸侯和君王互相为敌也不愿意让他们召开议会，这有什么奇怪的呢？这是很自然的事，谁都不愿意自己的诡计被戳穿。

最后，教皇已经为这档子买卖建好了一个特别的场所，那就是罗马审查署。那些买卖教职的人都必须来到此处。他们必须从教皇手里买他们的“注解”，从而才有权干这种奸诈的事。早在以前，罗马还算比较宽松，人们可以用金钱收买或者泯灭正义，但现在，她就更贪心了，没有人能作恶多端，除非他事先用大笔金钱来购买了这种权力。如果这不是人所能想到的最大的妓窑，那我就不知道什么才叫做妓窑了。

要是你有钱的话，你就可以在这里得到以上我所提到的一切；不止如此，一切的重利盘剥在这里都是公道的，而且偷窃所得的一切财物在这里也算是合法的。在这里，誓言可以被废弃；在这里，修道士可以随意离开他的职位；在这里，神父可以用钱换得婚姻；在这里，私生子也可以变成合法的；在这里，一切丢脸和羞耻之事都能成为荣誉；在这里，罪恶的名誉都可以变得高尚；在这里，所有遭到禁止或者有缺陷的婚姻都可以得到允许；在这里，抢劫和贩卖是多么横行啊！大家可以想象，貌似所有的法规都只是为了得到财富而撒下的网一般，让人必须付出钱才能得到释放，从而成为基督教徒。是啊，而且在这里，魔鬼变成了圣徒和上帝。这样的审核所，还有什么是做不出来的啊！他们称这法令为调停费，是啊，与其说是调停费不如说是大混[①]呢。这样一来，和莱茵河[②]上的买路钱相比，这审核所的收费那就重得多了。

谁也不要觉得我言过其实了。他们做得都太臭名远扬了，即使是在罗马也必须得承认其罪恶之大是无法形容的。我没说过也不想说那些私人的罪行。我所讲到的都是些再普通不过的事实了，而且我都还没有将它们和盘托出。主教、神父，特别是那些大学博士，他们既然为此而领薪，就该尽自己的职责来反对这些事，不管是用文字也好、口舌也好。但是如果你仔细点儿，就会发现他们所作的却恰恰与此相反。

最后我还得说说。那些足以使三位君王满足的财富还不足以满足那些贪得无厌的罗马人，所以他们现在开始将这笔买卖转让给奥格斯堡的福格尔家族[③]，这样一来，所有的买卖借贷，以及其他一切宗教货物的价格现在都各得其所了，“属灵的”和“属世的”货物都变成了一个整合的业务了。现在我倒希望有这么一个聪明的人，能想象贪婪的罗马人还有什么可以做，除了将福格尔家族的这一业务转手卖给别人。我相信我们是再也想不出了。至于他们在各地卖赎罪券、忏悔许可证、豁免许可证[④]以及其他许可证，在我看来这一切都无非是些拙劣的伎俩，就好比在地狱和魔鬼玩抛球一般。

---

① 路德在此的“调停费”和“大混乱”是双关。

② 莱茵河畔众多地方都被征收课税。

③ 福格尔家族是当时欧洲最富裕的商行。

④ 路德使用 Butterbrieje 词，比如豁免许可证，允许人们在大斋节期间享用黄油、奶酪和牛奶等，它们只是 confessionalia 的一部分，confessionalia 批准了众多其他许可证。

这并非是说他们做得少了，因为一个威武的君王可以用此来维持自己。但是它却总比不上之前所述的财源。现在我也不想说那些卖赎罪券来的钱是怎么花的。我会另寻时间说明的，只需看看罗马的坎坡菲尔[①]和贝尔维蒂宫[②]你就可想而知了。

与此同时，这些邪恶的措施不仅仅是公开的抢劫、欺诈、地狱般的专横，还是对基督教身心的摧残，我们势必要尽自己所能来阻止这样的事情发生，使基督教免遭这样的痛苦和破坏。如果我们想和土耳其人作战，那么让我们先从这里开始吧，因为没有比这里更恼火的了。如果我们公正地把盗贼送上绞刑台，那么为什么我们不能处罚那些贪婪的罗马人？他们才是世上最大的盗贼和强盗，他们借着耶稣和圣徒的名义为非作歹。谁还能够对此保持缄默呢？他们现在所拥有的一切几乎都是偷抢而来的，事实已证明了这一切。教皇有这么多财产，都不是买来的。他单单出售职位就可以得到一百万金币，还没算上之前的财富和土地所得的收入。这财产既不是从耶稣或者圣彼得那里继承来的，也不是别人借给他的，更不是他就职以来就有的。那么，请告诉我，他的财富到底从哪里来？当他们以抵制土耳其的名义筹集款项的时候，你就可以知道了。

我虽身份低微，不配对这些可怕的情况提出改革的建议，但我还是愿意提出愚见，竭尽所能来指出世俗当局和全体教会会议所能做的和应该做的事。

一、诸侯、贵族以及城市应该拒绝每年向罗马缴纳首年捐，或最好能将其废除。因为教皇已经违约了，他已经把首年捐变为了赤裸裸的掠夺，从而使整个德意志受辱。他把首年捐送给他朋友，以大数目卖给别人，又将其作为职位的基金。因此，他已被剥夺了这项权力，而且应该接受惩罚。照此一来，俗权就是应该保护那些无辜之人，防止不义之事，正如圣保罗在《罗马书》第十三章和圣彼得在《彼得前书》第二章，甚至教会律例

---

① 罗马的一个繁华的公共场所。

② 梵蒂冈的一部分。

中第七问、第十六个实例所言一般。所以我们才对教皇和他的同僚说“你们应该祈祷”，对君王和他的下属说“你们应该保护”，对普通民众说“你们应该工作”。然而并非每个人都必须祈祷、保护和工作，因为一个人若是很好地完成了他自己的工作，那么这就已经是很好的祈祷、保护和工作了。每个人都该有他自己的事要做。

二、教皇用他惯用的伎俩，非法地榨取德意志所有的基金，把它们赠送或者卖给那些远在罗马的外国人。具体有委任、助理、含意不申、授予商位空缺的俸禄、教皇的月俸、结合、统一、教皇的白羊毛披肩、教皇事务条例和诸如此类其他诡计。这样，教皇就夺取了主教的权力，主教就好比一个傀儡。而且教皇显然是违反了他自己的教会律例、正义和公允。甚至还有这样的事，出于贪婪，教皇把这些教士职位卖给了那些无知的愚人和粗鲁的莽夫，而那些虔诚而有学问之士虽有智慧和功绩，却得不到任何利益，从而导致不幸的德意志民族无法获得贤良主教而日趋毁灭。鉴于以上情况，基督教的贵族们就该联合起来推翻教皇的统治，就如同反对基督教的敌人和毁灭者一般[①]。为了拯救那些苦难中的人，我们就得这么做。他们应该规定从此以后不准任何俸禄再落入罗马手中，而且无论怎么样任何委任都不得从罗马受领，把这些委任从教皇的暴政当中解放出来，从此不再有教皇说了算，要恢复地方主教的职权，从而使他们能在德意志尽力处理好这些教职。如果有小官员什么的从罗马来，应该严格命令其离开，要不然就让他跳进莱茵河或者其他最近的河中，顺便让罗马的逐出教会令和印信也一并扔进河里洗个冷水澡。这样才能让那些罗马人明白我们德意志民族再也不是他们所谓的“醉醺醺的傻子”，我们也是真正的基督教徒了。从今以后我们再也不允许那些打着耶稣圣名的旗号干坏事和出诡计了。我们应该重视上帝和他的荣光，而不是注重凡人的权力。

三、应该颁布一项帝国法律，规定从今以后不得从罗马领受主教圣衣

---

① 在以上内容规定之时，无偿签名的主要功能就是管理那些津贴，而公正签名则主要负责一些神职事务的管理。

以及一切圣职。那最富盛名和最圣洁的尼西亚会议所规定的条例就应该重新实行，按照条例，一个主教应该由最临近的两个主教或者大主教来任命。如果教皇把会议规定的这些条例取消了，那么召开会议还有什么意思呢？又是谁给他们这样的权力鄙视和破坏教会条例呢？要是教皇真有这种权力，那么我们就应该革除所有的主教、大主教，让他们都变成教区的普通神父，这样就只有教皇一人统治他们了，如同现在一般。他把主教、大主教以及所有的职位都通通剥夺了，归自己所有，而在职者也就只是空有其名而已。不仅如此，他还用“免除”的方式，让所有的修道院、修道院长和高级教士都不在主教正常管辖范围之内，这样整个基督教就完全没有任何秩序可言了。这样的必然结果就是，而且已经出现了：纪律的废弛、邪恶的放纵。我还真害怕有人直接叫教皇“恶棍”了（《帖撒罗尼迦后书》第二章第三节）。在基督教里出现这样的混乱、无秩序、无纪律，我们除了教皇，还能怪谁呢？他的独断专行束缚了所有的高级教士，把权力给他们剥夺了，然而这都算比较慷慨的了，因为至少还有特许权给他们。

但是当他权力被剥夺的时候他不该有任何抱怨，所以应该规定当大主教或者其他高级教士不能处理的事，或者说他们之间存在争议的时候，这件事就该交给教皇处理，但并非事无巨细都要交给教皇处理。以前就有这样的规定，而且在尼西亚会议上也有类似的规定。我们不应该让些琐事烦扰教皇，这样他才可以集中精神祈祷、冥想。过去他和使徒们也这样做。他们说：“我们撇下上帝的道去管理饭食，原是不合宜的。我们应该专心祈祷。”但放眼望去，现在罗马实行的无非是鄙视福音和祈祷的事，而管理饭食就是俗务，使徒的治理和教皇的治理彼此不相融合，正如耶稣对魔王、天堂对地狱、黑夜对白昼一般。然而他还被称为耶稣的代理人和使徒的继承者。

四、应该规定凡世俗之事一律不能交由罗马判决，而应该交给俗权当局来审理。即使他们不遵从这点，这也是他们自己的教会法所规定的。因为这是教皇该管的事情：他不仅在名义上而且在行动上也应当是对《圣经》最有研究的，在生活上是最圣洁不过的人了，因此他有义务执行一切关于督教徒信仰和宗教生活的事务，从而能使大主教和主教管理好这些事。正如圣保罗在《哥林多前书》第六章中所教训的，他责备哥林多人太注重俗事。

因为它牵扯到巨大的开支，所以几乎所有的国家在解决这一问题的时候都承受着巨大的伤害。而远在罗马的那些判官们对其他国家的情况、法律以及风俗一窍不通，进而时常根据他们自己的意愿来处理事情，抹杀事实，因此不免对各方人士不公道。除此之外，我们还应该对各教区判官的严重勒索加以禁止，他们就只该管理些信仰和道德方面的事情。至于那些涉及金钱、财产、人生和荣誉的事情就该交给属世判官们了。因此，世俗当局就不该让革除了流亡这样的规定再延续下去，除非是涉及信念和生活有关的事情。“属灵当局”就该管理“属灵事务”，这才是合理的。然而“属灵事务”并非金钱或者与人生有关的事情，而是关乎信仰和善行。

虽然如此，但我们还是允许像关乎教士职位或者俸禄这样的事情由主教、大主教和其他高级教士审理。所以为了解决争端，德意志的大主教可以有一个内设审计官和大法官的教会法庭。他们主持正义，而且所有的事务都应该上诉到此来解决。这里的一切官员都应该有首年捐支付，或者别让他们抽出自己的薪水，不然就有可能如在罗马那样，教皇不给他们薪水，让他们养成了贿赂的坏习惯，使诉讼不得其平。因为在罗马没人会注意什么是公允，他们眼中只有钱。这个教会法庭可以由首年捐支付，也可以由在此事上比我有经验、有智慧的人另行筹划。能够提出以上建议并且唤起那些有志之士，让德意志变为一个自由信仰基督教的国度，不再受教皇的异教化和反基督教的邪恶统治，我就已经很满足了。

五、教皇的保留权不应再有效力，教士的职位不应再由罗马夺去，不管在职者是生是死，或存在争议，再或者在职者是红衣主教或教皇的“仆人”，这一切都不例外。所有的判官都应该严格防止或禁止一切有关俸禄引起的争议，以免打扰虔诚的神父，让他被传到罗马，迫使他公诉。如果罗马因为此种制止而下令将人逐出教会或对其实施宗教制裁，我们就应该置之不理，只把这事看做好比有一个盗贼因被人阻止行窃就辱骂他人一般。事实上，他们应该接受严厉的惩罚，因为他们滥用逐出教会的权力，而且以上帝的名义来行使他们的掠夺，并对我们实施威胁，从而迫使我们忍受和赞扬他们对上帝的亵渎和对基督教职权的滥用，使我们在上帝面前也成了他们的帮凶。然而在上帝面前抵制他们的恶行才是我们的职责，正如圣保罗在《罗马书》第一章里说："不仅要责备这样行事的人，也要责备那些赞许行这些事的人，视他们为犯死罪之人。"但是在这么多行径当中，最令人难以忍受的莫过于"含意不申"了，正由于这一点，基督教公然遭受着嘲笑的侮辱，因为它的领袖因为贪婪，公开对每一个人实行无耻的欺骗和愚弄。

六、一切"被保留的"[①]案件也应一并废止，因为它们不仅是勒索人民钱财的工具，更是那些贪婪的暴君混乱心软民众、扰乱他们对上帝信仰的手段。特别是那些"圣餐的教谕"[②]中可笑和幼稚的案件。这些其实都是些连小罪也算不上的，用不着算得那么严重，以致教皇都不能用赦罪的方法来免除了。例如阻挡罗马人朝圣，供给土耳其人武器或者篡改教皇的文书。他们只用这些鬼把戏来糊弄我们。所多玛、蛾摩拉，以及一切触犯或者可能触犯上帝戒律的罪行，都不是"保留案件"。而那些并没有触犯上帝的戒律，只触犯他们自己规矩的罪行，就反而被他们称作"保留案件"了。这样仅仅是方便他们把财物带到罗马去，这样他们就可以过着骄奢淫逸，没有对外敌顾虑的日子了。而且利用那些没有价值的教谕和令状，使全世界都屈服于他们的淫威之下。

现在，所有的神父都应该知道，或者应该有公共条例让他们知道：若是没有公开的指控，任何秘密罪行都不能成为"保留案件"；而且若是没有公开的罪名，不管它叫什么，神父都有权赦免；再者，修道院主持、主教或者教皇都没有权力保留那样的案件。如果他们那样做了，那么都是无效的。并且还要因为他们的胆大妄为、干预上帝的审判和无缘无故使无知的

---

① 保留案件是指那些只有主教或者教皇能够给予赦免的大罪。

② 这一著名的教皇之训令发生在巴勒斯坦北部一个村庄迦南的多米尼身上，在这一事件中罗马天主教把一切不信奉天主教的人都驱除出教会，直到 1770 年才在濯足节于罗马被公开宣读。

人受累而遭到斥责。但是相对于其他任何公开的罪行，触犯上帝这种罪行才可以被称为“保留案件”。但是也不能太多了，并且也不应该太过武断就予以保留，因为耶稣自己在基督教里都不是暴君，而是牧人。正如圣彼得在《彼得前书》第五章第三节所说那样。

七、罗马教廷也应该废止职位的买卖，而且还应该减少在罗马的恶棍，这样才能是教皇的“仆人”由教皇自己出钱支付。教皇也不该让教廷的浮华和奢侈程度超过国王的宫廷。鉴于这种情形对基督教的信仰毫无裨益，而且还使教职人员无暇顾及研究和祈祷之事，信仰就更谈不上了。这在上次的罗马会议[①]中已经证明得再清楚不过了，在这些个幼稚的琐事当中，他们有这么一说，说人的灵魂是不朽的，所以神父每个月都必须祈祷一次，否则，他们就难免失掉俸禄[②]。这些被贪婪迷瞎了眼睛的无耻之徒怎么能决定好关乎信仰和教会的事呢？他们在罗马这样侮辱信仰，这对所有基督教徒简直是一种巨大的羞耻啊！如果没有这些金钱和虚荣的东西，他们可能还会潜心钻研祈祷等事，这样的话他们还会处理信仰方面的事情。正如古时教皇所作一般，那时候还只是主教，不敢自称是万皇之王。

八、教皇强迫主教们所宣的那些严格和可怕的誓应该被废止。因为这些誓言让主教们形同受缚奴隶一般。他们已经用了许多疯狂的法律来困住我们的身体、灵魂和财产，使我们缺失信仰[③]，从而使全基督教遭受毁灭；但这还远远不够，他们又夺去了主教的身份、职务和工作，甚至现在他们还夺去了国王对高级教士的任命权[④]。这种权力自古以来就属于国王，在法兰西和其他国家也都是属于国王的。就这一点，他们和国王引发了很多争端和争议，到最后他们居然用无耻的权力把国王的这一权力夺去了，直到

---

① 文中提到的会议于1512到1517年在罗马召开。

② 马丁·路德当然不是说要反对灵魂永垂不朽这一说法，他反对的是教会明文规定灵魂的永垂不朽以及把这个事情等同于训导那一类无关紧要之事。

③ 以上内容是《罗马天主教宗规大全》一章的标题。

④ 授职一权一直是乔治七世和亨利四世争论的一个话题，这直接导致国王在卡罗萨的服从。

现在还紧握手中，迟迟不肯归还。仿佛德意志人比其他任何国家的人都还愿意做教皇和罗马教廷的傀儡一般，去做或者去承受别人所不愿做和不愿承受的一切。这是纯粹的强权和掠夺，不仅妨碍主教的正常职权，而且还危及无辜的民众，因此我们的国王和诸侯们有义务对这样的暴虐行径加以防治。

九、教皇的权力应该在国王之下，除了在圣坛上给国王抹油和加冕。同时我们也不该让教皇延续他的骄傲，那就是强迫国王亲吻他的脚或者坐在他的脚下，还有就是他们要求当他们骑驴的时候，国王要替他拿铁镫或者缰绳。对于这些个狂妄的规定，我们不应该让步，国王更不该对教皇表示诚服，如教皇所要求的那样誓死效忠于教皇，因为教皇其实根本没有这样的权力。如那一文不值的 Solite[①]中提到的教皇的权力被提升到国王之上。同样，那些依靠或者恐惧他的人也一文不值。因为它无非是在曲解《圣经》，以迎合人的幻想，就如我在一篇拉丁论文中所说的那样。

教皇那些过度放纵的行径和极其邪恶的行为都是魔鬼的杰作，魔鬼想在此掩盖之下寻求合适的时机插入敌基督者，把教皇置于国王之上，如前面许多人已经做了或是正在做的。教皇在传道和赦罪以外的事务上把自己置于俗权当局之上是不合适的。在其他事情上他应该服从掌权者的，正如圣保罗在《罗马书》第十三章，圣彼得在《彼得前书》第二章所训，以及以上我说明的那样一般。他并非天上的耶稣代理人，乃世上的耶稣代理人。因为在天上，耶稣既然是君王的形象治理一切，看见一切，知道一切，控制一切，就不需要代理人。但是在世上他就是以仆人的形象出现了，他如常人般工作、传道、受难、死亡。而现在他们却倒行逆施，把耶稣天上的形象给教皇，而那仆人的形象就完全消失得无影无踪了。事实上，他就几乎已经是“反基督者”了，即《圣经》上称的“敌基督者”，因为他的所有行径都是与耶稣相悖的，他要毁灭耶稣的存在和意愿。

教皇在他的教谕《田园牧歌》中夸口说，如果是帝位空缺的话，那么他当之无愧便是帝位的合法继承人。这也是相当荒谬可笑的。谁给了他这

---

① Solite 这一章也来自《罗马天主教宗规大全》。

样的权力？耶稣曾经说过“外邦人有国王治理他们，但你们不可这样”(《路加福音》第二十二章第二十五、二十六节)。难道耶稣给他这样的权力了？还是圣彼得给的？让我十分反感的是，这些在教会律例中无耻、拙劣、愚蠢的谎言，我们还要加以阅读和研究，并把它们看做基督教教义。另一种闻所未闻的谎言就是“君士坦丁的馈赠”[①]。如此之多有学问之人居然相信了这种拙劣的谎言，这必定是上帝降下的一种特别的灾难。因为就算是一个醉汉都可以撒更好的谎。一个人怎么能够一边统治一个国家，一边还继续传道、祈祷、研究、照顾穷人呢？然而后者是教皇的职责。而且耶稣很诚恳地把这些职责托付于他，以至于耶稣甚至不允许他的门徒带钱或者大衣（《马太福音》第十章第十节)。因为就算是要管理一个家庭的人也很难执行这些职责。然而教皇不仅要统治一个国家，还要一面统治整个基督教。这都是那些恶棍的诡计，他们想借着教皇要做国王的缘由，以教皇和耶稣的名义，来恢复自己以前在罗马的地位。

十、教皇应该收手了，别再多管闲事，别再假装对那不勒斯和西西里还有什么权力，因为他对那些王国的权力和我差不多，然而他却还想当他们的君王。像他大部分财产那般，这是他强行抢掠回来的。所以国王就不要再给他封地了，要是已经给了，也不能再允许他，应该把《圣经》给他看，这样国王才能去管理土地和子民。特别是在别人没把政权交给他的时候，就让他们去讲道和祈祷吧。

对于博洛尼亚、伊莫拉、维琴察、拉文纳、罗马涅，以及其他由教皇用武力夺取的意大利的土地，都应该归还给国王。而且教皇这样加以干预，违反了耶稣和圣保罗的命令。因为圣保罗曾经说过“凡是在军中为兵的，不将事务缠身，好做神的精兵”（《提摩太后书》第二章第四节)。现在教皇应该做这种精兵和带头人，但是他却比任何国王还要管得多。所以我们应该帮他摆脱尘世干扰，一心只做精兵。而相信就连教皇自己夸口是其代

① 为了使教皇的世俗权力合法化，这样一个编造的谎言就在18世纪后半世纪应运而生。规定：君士坦丁国王把统治权都移交主教，或是罗马，甚至是整个意大利。

言的耶稣也绝不愿意为俗世之事所烦扰。有一次，一个人让耶稣为他和自己兄弟的事评个理，耶稣说："是谁让我做你们的判官啦？"（《路加福音》第十二章第十四节）相反，教皇对这些事却是不请自来，想掌管一切，好像他就是神一样，以至于虽然他冒称自己是耶稣的代理人，但他却没有明白耶稣到底是什么。

十一、亲吻教皇脚的这种风俗也不应该再延续下去。这是一种非基督，甚至反基督的事，就好比一个人去亲吻比他自己坏百倍的、可怜的、有罪的人的脚。如果这是出于对教皇权力的尊敬，那么教皇自己为什么不对别人行此礼呢？现在我们把耶稣和教皇做一个对比：耶稣帮他的门徒们洗脚，而且还帮他们擦脚，而他的门徒们从来没有给耶稣洗过；而教皇却自以为是，认为自己在耶稣之上了，本末颠倒，让别人亲吻他的脚，而作为他的一大恩惠。其实，就算是别人愿意这样做，他也应该制止别人啊，就好像圣保罗和巴拿马一样，他们不让路斯得人把他们当神一般敬畏，并说："我们和你们一样，也是人。"（《使徒行传》：第十四章十五节）但是谄媚者却给我们制造出了一个偶像，好使大家比敬畏上帝还要敬畏教皇，却没人对上帝这么敬畏。这些事他们都可以忍，但要说到牺牲教皇的一丝骄傲，他们就不愿意了。若他们还是基督徒，又视上帝的荣耀高于自己的荣耀，那么，教皇一旦知道了上帝的荣耀变低了，而同时自己的荣耀却被抬高了，肯定会不高兴的。而且他要看到了上帝的荣耀高过自己的，他才会让人尊敬他。

还有一样类似荒唐的骄傲事迹就是：教皇不以乘马车为满足。虽然他身体无恙，而且还很强壮，但是他还是要人抬着他，就如木偶一般，想要彰显那前所未有的浮华盛况。请问我亲爱的朋友们，这样的骄傲行径，怎么才符合耶稣的榜样呢？耶稣都是步行的，他的门徒同样也如此。而且哪一个国王又像他这般耀武扬威呢？他还自诩是无视一切荣誉的基督徒之首。其实这件事本身与我们没有太大的关系，但假如我们对这样的骄傲阿谀奉承，而不是嗤之以鼻，我们就该畏惧上帝的震怒。教皇已经这样大言不惭，而且我们已经受够了，若还要我们加以附和和容忍，那么就实在是太过了。哪一个基督教徒又能或者愿意看到这种事呢？当教皇要领圣餐的时候，他便静坐着，犹如是有德之君，然后让一个红衣主教卑躬屈膝地把圣餐放在金杖上递给他。就好比这圣洁的圣餐不值得他这可怜的有罪之人站起来向上帝表示尊敬一般。而其他所有的基督教徒都要比他圣洁，因为大家领圣餐的时候都是恭恭敬敬的。假如上帝降灾害给我们，因为我们容忍主教们如此对上帝之不敬，或者是因为我们纵容甚至默许自己成为这种遭诅咒的骄傲之帮凶，那也一点儿都不奇怪。同样，当教皇带着圣餐游行的时候也是如此。他必须要人抬着，但是陈列在他面前的圣餐，就犹如一罐摆在桌上的酒。总而言之，在罗马，耶稣算不了什么，教皇才是一切。他们迫使我们，并且威胁我们附和，称赞这些反基督的罪恶，这显然是违反上帝和一切基督教教义的。现在愿上帝给我们一个自由的会议来教训教皇，好让他知道，他也是一个凡人，并非如他自己妄想的那般在上帝之上。

十二、到罗马朝圣的事也要加以禁止，或者至少不能再让人出于好奇心或者是由于他自己的虔诚就去罗马朝圣，除非他的神父，他的当地领导，或者他的尊长认为他有充分的理由去。我这样说并非是说朝圣本身不好，而是，今时今日，去罗马朝圣的话不太符合时宜。因为在罗马，朝拜都不是什么好例子，尽是叫人跌倒的事。他们自己都有一句俗话了："离罗马越近，就越是更坏的基督徒。"所以从罗马回来的人都会藐视上帝和他的戒律。又有人说："人第一次去罗马，是去寻找痞徒；第二次去罗马，他找到一个痞徒；第三次去罗马，他带回一个痞徒。"如今，他们如此娴熟，竟把三次旅行糅合成一次，事实上，也带回这样一句话："从未见过或是听说过罗马才是更好。"

即便不是这样，也还有一个更好的理由，那就是：这些朝圣之人已经走入了一个误区，他们对上帝的戒律的理解发生了偏颇。他们错误地以为朝圣是一桩宝贵的善事；其实这是件很渺小的善事，通常都被视为一种邪恶和荒谬的妄为。但是上帝曾命令众人，一个人应该照顾好自己的妻儿，履行婚姻生活的其他职责，除此之外，还应该照顾和帮助邻里。

现在这样的事时有发生：一个人去罗马朝圣，就花掉五十或者一百个金币，却让他自己的妻儿或者至少邻居在家过着贫困的生活，而事实上没有人曾要他去朝圣。然而，那愚蠢的人竟然还想用他迎合己意的朝圣来掩饰自己对上帝戒律的反抗和藐视。其实，他这就是被好奇心或者说邪恶的诱惑所指使。教皇们用那些虚假的、愚蠢的“周年纪念”[①]说法来煽动人们背弃上帝的诫命，从而好行他们那些荒谬之事。这样，他们就做了本该禁止做的事。但是，这样做可以给他们带来利益和财富，也可以加强他们虚假的权力，因此，这其实也是得到了允许的，虽然它违反了上帝的意愿和灵魂的拯救。

就单纯的基督徒而言，这种虚假的有诱惑性的信仰应该被废止，而同时对善行的正确认识也应该重新被引入，所有的朝圣都应该被废止，因为他们里面无善可陈，既没有戒律，又没有服从，有的只是无数犯罪的根源和对上帝戒律蔑视的苗头。所以这里才会有这么多的行乞者，他们施用无尽的诡计，学会了行乞。因此，游荡和许多其他的罪恶也就相继发生了。对这些事，现在我就不多说了。

如果现在有人要去朝圣，或者发愿要去朝圣，就应该先向他的神父或者俗权领导陈明理由。如若他是因为善行而朝圣，神父或者俗权领导就应该以他的誓言和善行作为魔鬼的引诱，予以践踏，同时还要给他指明他要怎样才能把朝圣所要花费的财力和劳力用在遵守上帝的诫命上，就是要把这些钱用在他自己的家庭或者贫穷的邻居身上，显然这件事要比朝圣好上一千倍。但是，如果他只是出于好奇，想去体验下当地的风土人情，那就别拦着他了。然而，如果他是在生病的时候发愿要去的，那就该禁止并且取消这誓愿了，好叫他明白他只应以在受洗礼时发的誓愿感到满足。那就是对上帝戒律的遵守。但是，为了不让他良心不安，我们可以允许他这次去履行他愚蠢的愿。没有人愿意行走在上帝戒律这正直和平常的道路上，每个人都会为自己铺出崭新的道路和新的誓言，就好比是他已经遵守了上

---

① 在周年会上，那些凡是去过罗马圣彼得教堂或者圣保罗教堂的人都可获得天主教大赦。这种传统最初是百年一次，而后又改为每二十五年一次。倘若有些人因故不能去罗马，那么可以缴纳同等差旅费用给罗马教廷，这样同样也可以得到赦免。

帝的所有戒律一般。

十三、现在，我们还要说道那些多发愿少遵守的人。各位，请不要发怒。我本意是好的。我不得不告诉你们这个又酸又甜的事实：那就是别再允许修道院建立了。上帝帮帮我们吧！因为现在已有的修道院已经够多了。巴不得上帝把它们都摧毁了，或者，至少把它们改造成两三个团体吧。全国各地到处都是修道院，但是它们就没有干过些什么好事，也不会干出什么好事来。所以我提议将十个或者更多的修道院合并成一个，给予充足的供给，这样就没有人再干行乞之事了。我们还有更重要的事要做，那就是关心平民得救的需求，这比关心圣法兰西斯、圣多米尼克、圣奥古斯汀[①]或其他人的命令都还重要。尤其是因为那些事的结果都不是他们所希望的那样。除非有主教、教区、教会或者俗权当局的要求，这些修道士也不得讲道和听人忏悔。因为他们的讲道和听人忏悔，使神父和修道士之间产生了仇恨和嫉妒，而且还冒犯了许多人。所以他理应被禁止，因为本来就无须有它。但是，圣罗马教廷有这样的一批队伍并非毫无理由的。也许教皇害怕神父和主教们日渐厌烦他的专横从而发起一个他不喜欢的宗教改革运动，成为他的绊脚石。

与此同时，也应该废止同一教团中的许多分歧。这些分歧可能本是因为很小的原因而产生的，之后就因为更小的原因而延续了下来。它们互相争斗，产生了许多无法形容的仇恨和嫉妒。这就使得双方都丧失了对基督教的信仰，虽然这信仰不需要分歧就存在。并且基督教生活的良好只是由外在的法规、行为、惯例来寻求和评判。结果就使灵魂毁灭，并造就了假冒伪善的事态。这是大家有目共睹的。此外，教皇不应该再建立或者批准教团，相反，他应该奉命废除一些，或是减少它们的数目，因为耶稣的信仰——它不需要任何教团就能存在——遭受到很大的危险，因此，人们容易为那些不同的善行和仪式而活，而不注意信仰。除非是修道院有贤明的

---

① 以上提到的圣徒是著名的乞士秩序的维护者，他们是圣法兰西斯、圣多米尼克、圣奥古斯汀。

院长，强调信仰多过于教团的法规，否则，教团就可能会伤害和误导那些只想到善行的单纯之人。

如今，在我们这个时代，那些有信仰和创建教团的院长们，差不多都去世了。就如古时候以色列人一样，他们当中见过上帝的作为和奇迹的父辈去世之后，子孙们由于不了解上帝的作为，也没有了信仰，从而盲目崇拜偶像，并开始他们自己“属人”的工作。同样，现在也如此，这些教团对上帝的作为和信仰缺乏认识，只用他们自己的法规和惯例来自讨苦吃；而且，他们对虔诚的属灵生活也没有什么认识，正如保罗在《提摩太后书》第三章第二到七节中所说的那样：“他们有虔诚的外貌，却背离了虔诚的实意，时常学习，却终不能明白真理。”若是修道院长不能参透基督教的信仰问题，那么还不如别要修道院；因为这样的院长有害无益，而且他表面上越是圣洁，骨子里就越能危害众人。

依我看来，特别在我们这个危险四溢的时代，是非常有必要把所有善堂和修道院恢复如初的，使它们能对外开放，随人愿意住多久就住多久，就像在使徒的时代和之后很长一段时间内一样。因为它们除了教授《圣经》和基督徒生活，以及训练人传道和怎样治理学校以外，就没有什么作用了。就像我们熟知的圣艾格尼丝进学校的故事，我们如今在另外的许多修道院也发现了同样的事实，比如说在奎德林堡修道院。其实，所有的修道院都应该绝对自由，这样大家可以自愿服务上帝，而不是以奴仆的身份。但是现在他们已经用誓言把修道院围起来了，实质变成了终身监狱，致使这些誓言比洗礼时的誓言还要分量重。随后，我们就一天比一天更清楚这后果到底是怎么样的。

我想我的这个建议现在已经被认为是愚蠢之极，但是我现在也管不了这么多了。我提出的都是我认为尽善尽美之事，若是有人反对，就让他们反对好了。我知道人们是怎样遵守誓言的，尤其是关于贞洁的誓言。在这些修道院里，这个誓言①是如此普通的了，但是耶稣并没有吩咐一定要遵

① 路德在此是暗指誓言本身，即纯洁之誓言；而间接谴责一般意义上的婚姻生活。

守，只是有很少人去遵守了，正如耶稣自己和圣保罗说的，愿世人皆得帮助，从而不至于使基督教的灵魂被人为的风俗和法律所束缚。

十四、我们也目睹了神父的堕落。许多可怜的神父怎样为妻儿所累，怎样让良心不安。虽然，帮助他们并不是什么难事，但是却没人愿意出手相助。而教皇和主教却置之不理，任事态继续坏下去，但是为了拯救我的良知，我要开口自由大声地说话，不管是否激怒教皇还是主教，更或者是其他什么人。因此，按照耶稣和他的门徒们的旨意，每一个城镇都该有一个神父或者主教，正如圣保罗在《提多书》中提及的那样；这个神父不应该被强迫性地不让妻子与之同居，反而应该要有一个妻子陪伴左右，如圣保罗所说："做主教的必须无可指责，只做一个妇人的丈夫，让他的儿女服从自己，并且还要有德行。"（《提摩太前书》第三章）因为，对圣保罗来说，主教和神父是没什么区别的。圣杰罗姆也有如此见解。但是像现在的主教，对《圣经》一无所知；因为教会条例规定一个主教可以管理很多神父。

因此，我们清晰地知道，每一个城镇都应该从圣会选一位博学虔诚的市民来担当神父，且他的日常开支应该由圣会报销，至于他是否结婚，这个也不作要求。他应该有几个助手，他们结婚与否也不作要求。这些助手的任务就是帮助他管理教会、传道和行圣礼，希腊教会现在正实行这样的制度；在未来的日子，因为可能会有许多逼迫或者与异端派的争执，所以为求专心研究，有些圣教父自愿不结婚，因为随时有可能要应付争执或者丧命。于是罗马教皇无理的干预，直接下命令禁止神父结婚。这样做简直就如魔鬼的做法一般，正如圣保罗做出的预言，"这儿将来有人怂恿人们……禁止嫁娶"等。（《提摩太前书》第五章第十二节）这就是导致众多不能言表的痛苦的原因，并导致希腊教会脱离我们，带来了无尽的分离、罪恶、羞耻和丑闻，就像魔鬼所做的一切或它的建议。现在我们应该做些什么？

我的建议就是婚姻应该重获自由，每个人有结婚或不结婚的自由。然而我们要这么做的话，就必须对教会的财产进行不同的管理和支配，全部教会律例也要废弛，只允许少量教士俸禄落到罗马。我觉得贪心是导致这种并不贞洁之贞洁的一个根源，其导致的结果便是人人都希望做神父，人人都想要他的儿子学做神父，并不是为有一个贞洁的生活，而是想要不劳而获，因为即便没有做神父，也可以有贞洁的生活，这种不劳而获的想法是违反上帝在《创世记》第三章的命令，即“你必汗流满面，才能得食”。他们却这样诠释这句话：他们的劳动就是祈祷和举行弥撒。我说的不是那些未经上帝委任的教皇、主教、教堂职员和修道士。如果他们愿意没事找事做，那就让他们自己担着吧。我说只有上帝所委任的以传道和服务圣礼的教区神父，他们应该走近人民，过着家庭般的生活。为避免危险和犯罪起见，教会议会应该准许他们有结婚的自由。因为上帝没有束缚他们，任何人都不能束缚他们，即便是天上的天使也不能，教皇更不能。凡教会律例所命令相反的，都是废话和空谈。

再者，我劝告以后被委任以神父一职的人，无论如何都不要宣誓过独身生活，倒应该反对主教，他无权要求这样的誓言，只有魔鬼才会提出这种要求。但是若有人被迫或自己愿意说“只要人性的弱点允许”这句话，有的人就这么说，那就让大家把这几个字消极解释为：“我不宣誓过独身生活，因为人性的弱点不许其过独身生活，只能允许人拥有天使的坚毅和神的美德。”（《彼得后书》第二章十一节）因此，他应该问心无愧，且不为一切誓愿所拘束。那些还没有结婚的人究竟该不该结婚，我不能提供任何建议。这问题该听从教会的规定，同时依靠自己的判断。但是有一群可怜的人，他们现在家庭生活不和，蒙受羞耻，而且良心还承受很大压力，因为他们的妻子侮辱地被称作“神父的娼妓”，他们的儿女也被称为“神父的野种”，对这些人我不会隐瞒我忠实的意见，也不会吝啬给他们安慰。坦白地说，在这方面我会动用我的权力。

还有许多可恶的神父在很多方面都逃脱了该受的责备，除非原因是出于人性的弱点或者是与女人有了不名誉的事，他们双方决心一起结婚生活，对彼此忠诚。即便一起结婚生活会受到大众的羞辱，他们也能做到问心无愧。其实他们两个人在上帝面前真正结婚了。我认为，既然他们双方下决心一起生活，他们就应该忠实于自己的良心，他就应让她做合法的妻子，忠实地做她的丈夫，不必理会教皇是否准许，或是否违背教会律例与俗世的法律。拯救自己的灵魂，比一切专制的、武断的和邪恶的法律更重要。救赎良心不必理会这些法律，而且这些法律并不是上帝所命令的。以色列人从埃及人那里偷窃他们应得的工钱（《出埃及记》第十二章三十五节、三十六节），仆人也从无良的主人那里偷窃他所赚的工钱，你就应该仿效他们的做法。同样，你可以从教皇那里偷窃你所应得的妻子儿女！

凡有着充分的信仰敢作敢为的人，勇敢地跟我来，我不会领他走入歧途。虽然我没有教皇那样的权力，但我有作为一名基督徒的权力去忠告并帮助邻舍，提醒他注意罪恶和危险，而且我也有理由这么做。理由如下：

（一）不是每个神父都能够没有女人，不仅是因为生理上这一人性弱点的需求，还因为家务需要女人来做。假如因此他可以有一个女人，而能得到教皇的批准，但不许他娶她，这岂不是让一男一女独在一起，同时又不许他们堕落吗？这好像是要一个人去放火，同时又命令被烧的东西不能冒烟，又不能燃烧一样。

（二）教皇无权命令这样的事，正如他没有权禁止人家吃喝、排便或长胖一样。所以不必遵守这条规，但教皇对一切有违于此的罪恶行径，对那许多因此消逝的灵魂以及许多因此混乱而受苦的良心，都应该负责。他早就应该被人逐出世界，他用这魔鬼的绳子拴住了许多可怜的人，不过我希望上帝对他们的死给予更多的恩惠，比他们一生从教皇所得的还多。教皇制度和其法规是从来不会，也永不会产生什么好东西。

（三）尽管教皇的法律明文禁止，但是双方一旦结婚后，教皇的法律也就不再发生效力了，因为上帝要求是不许将丈夫和妻子分离，他的命令当然是凌驾于教皇法规之上，而且上帝的诫命不得因教皇的命令而被破坏或受忽视。许多万恶的法学家为着教皇的利益，对婚姻规定了种种障碍，由此对其加以禁止、破坏甚至完全破坏上帝的诫命。我还能说些什么呢？在教皇一切法规中，没有两行法规能够对于虔敬的基督徒加以指导，而且错误和危险的法规太多了，最好是将它们付之一炬。

但如果你们持反对意见，并认为神父结婚是一种冒犯行为，结婚者必须先要取得教皇的特许。我的答案是：若这真的有什么冒犯，这也是罗马教廷的错，因为它制定了不工作不神圣的法律。神父结婚并不是对上帝和《圣经》的冒犯。再者，即使教皇为了得到金钱，能够用他贪婪和专制的法规颁发特许，那么，为了上帝，为了拯救灵魂，每个基督徒在这个问题上都有权颁发特许。因为基督把我们从一切人为的法规，尤其是从那反对上帝和拯救灵魂的法规中解放出来，正如圣保罗在《加拉太书》五章和《哥林多前书》十一章所说的一样。

十五、我也不应该忘记那可怜的修道院。邪灵借法律之手扰乱人民的生活，到了不堪忍受的地步。现在邪灵也控制了一些修道院的院长和主教，借此还将进一步控制他们的弟兄姊妹们并将其送入地狱，而且在世上过可怜的生活。因为一切魔鬼的殉道者的命运都是如此。这就是说，他们有权听人忏悔一切或至少若干部分大罪的秘密，忏悔过后任何弟兄都不会因为被逐出教会而痛苦，也会赦免另一弟兄的这种罪恶。我们并不常常到处都能找到天使，但能找到血肉之体，他们宁肯忍受被逐出教会的危险和恐吓，也不愿对这些教长和指定的听人承认、无人知晓的罪。由于有罪，所以他们领圣餐的时候觉得良心不安[①]，还得承受很多苦楚。盲目的牧人啊！愚蠢的教长啊！贪狠的豺狼啊！我要说的是：若一种罪已经公开或臭名昭著，那么犯罪之人只归教长加以惩罚，这才是合法的，除了他和教长外其他人无权过问这些罪。他没有权过问那些无人知晓的罪，尽管那些罪坏到无以复加、没人能够想象的地步。若教长保留处理这种罪的权力，他就与一个暴君无异，干涉上帝的审判。

所以我要建议孩子们、弟兄姐妹们：假如你们的尊长不愿答应你们对自己相信的人忏悔你们那无人知晓的罪，你们就应该向任何一位弟兄或姊妹面前忏悔这些罪，然后去做你们自己所应该和愿意做的事加以补赎，只要坚信你们的罪已经被赦免，其他什么都不重要了。你们不要为被逐出教

① 路德这儿使用不规则这个词意在说那些心存异心，叛教或者违反纯洁誓言的修道士们。

会、违反规定或其他的恐吓所困扰。这些恐吓只在一个人不愿意公开极恶的罪时才有效，你们可不属于这种情况。盲目的教长啊，为什么你想用恐吓的手段来防止泄露那些罪呢？你不要过问那些不能公开证实的事情，使上帝也能审判你的人民，也能赐予他们恩典。上帝并没有完全将他们交给你，以致他们完全脱离了他自己的掌握。你管理人们不过是一小部分而已。你的律例权限仅限于此，不要想让它等同于上帝在天上的判决。

十六、废除一切周年纪念活动，为死人和“灵魂”所举行的弥撒，或至少减少次数。因为我们很清楚，这些弥撒不过是取悦人气，只会使上帝震怒。这唯一的目的只是捞钱和暴饮暴食。这种晚祷和弥撒很糟糕，既不读经也不祈祷，怎会让上帝感兴趣？即便他们很好地诵经，这也不是因为对上帝的爱，而是为金钱和还债。凡不是自愿去做，不是为了表达热爱上帝的那些事情，既不能取悦上帝，也不能从他那儿得什么。所以作为真正的基督徒，我们应该废除或至少减少这样的恶习，因为这种恶习不但不能使上帝高兴，反而使他震怒。善堂、教会和修道院把一切周年纪念活动、弥撒和晚祷合并为一场弥撒活动，带着诚恳的热忱和信仰，用一天的功夫为所有的施主举行一次真正的晚祷和弥撒，比为每一个施主每年举行千数次没有诚意和信仰的弥撒要好得多了。我更倾向于这样做，这也更符合上帝的意愿。亲爱的基督徒啊！上帝并不是期望有很多祈祷者，而是忠实的祈祷者。他甚至要谴责那祈祷烦琐而冗长的人，他在《马太福音》第六章说：“他们将因此受到惩罚。”正是人们的这种贪婪，使得上帝不相信人们会这么做。似乎不这样做就要饿死！

十七、教会律例中的某些处罚条例也应该废除，特别是禁谕。这毫无疑问是魔鬼制定的。犯下更多更大的罪去使一种罪显得微不足道，这难道不是魔鬼的作为吗？毫无疑问，停止或废除对上帝礼拜，其罪恶大于一次绞死二十个教皇，更大于杀死一个神父，或隐瞒一部分教会的财产。这是在属灵的法律中所学的另一温柔的美德。“属灵法律”和“教会律例”之所以有这名称，理由是因为它来自于邪灵而非圣灵。

“逐出教会”这一处罚条例只能在《圣经》所规定之处使用，也就是用来对付那些没有真正信仰的人，或公开犯罪的人，但不宜用于因俗世的财产方面的问题。现在一切反了过来：每个人，尤其是那些用逐出教会令劫掠别人财产和毁坏别人名誉的人，随性地去信教、去生活。如今，一切的逐出教会令都用于处理因俗世财产而引发的问题，这还得感谢那圣洁的“属灵的非法行径”所赐啊！关于这一点，我在之前的说道已经讲得很多了。

其他的刑罚和惩处，如停止职权、犯规、从重处罚、再加重处罚、革职[①]、恐吓、诅咒和其他这类处罚，都应该深埋于地下，好使它们从此消失殆尽。那些因“属灵的法律”而猖獗的邪灵把这可怕的灾难和痛苦带入了圣教会的天国，将灵魂毁灭，所以我们可以很好地用基督的话来描述这一切，基督在《马太福音》第二十二章中说：“你们这些假冒为善的人有灾难了，因为你们把通往天国的门关闭，自己不进去也不容他们进去。”(《马太福音》第二十三章第十三节)

十八、所有圣人的节日都应废除，只保留星期天。然而假若想要保留圣母和伟大圣徒的节日，也应该把它们归并到礼拜日，或在节日当天仅用一个早晨举行弥撒，其余时间仍旧工作。理由是：我们在节日中大肆喝酒、赌博、闲懒和各种罪恶，以致上帝更容易在节日被我们激怒。我们把一切的事都颠倒了，圣节日不圣洁，工作日反而圣洁，这许多的“节日”不仅没有礼拜上帝和他的圣徒，反而大大地侮辱了他们。有一些愚蠢的教长以为如果为尊敬圣阿提里亚或圣巴尔巴拉之类的人，按照其各自的特点而举行节日，便是在行善。其实，假如他们真要尊敬圣徒，就应该把圣徒的节日变成工作日，那就行了一桩更好的善事。

在节日上，人们除受精神上的折磨外，还在生活上两方面受到损失：荒废工作，花费更多；身体受伤，不能工作。我们每天看到这样的事，但没有人想去改善。我们不应该考虑这节日是不是由教皇所设立的，或考虑是否要得到教皇的特许和允准才能废除它。假如有行为违反上帝的意愿，

① 路德在这里例举了神父的各级惩罚。三次警告之后是逐出教会的警告，而更严重的则直接驱逐出教。

还会伤害人的身心，那么，任何教会、议会或政府，不仅无须得到教皇或主教的同意有权废止，这么做也是他们的职责。他们重视对自己灵魂的救赎，虽教皇和主教都不愿看到它被废止，我们也必须加以制止。其实教皇和主教自己应该首先禁止这样的事发生。我们首先应该完全废除教堂纪念日，因为这个节日只不过成了喝酒、集会和赌博的时机，只能更加侮辱上帝，加重人的罪恶。有人会说这些风俗曾有一个好缘由，但是现在谈这些都没用了。上帝给了我们曾在天上实行的律法，如一旦被人误用和滥用了，他岂不是等于把它搁置吗？岂不是在颠覆破坏他所任命的和设立的规矩，他做的东西吗？诗篇十八篇对这些倒行逆施有着如下记载："在这倒行逆施的行为面前，你定要坚决地保持自我。"

十九、在某种等级之内禁止通婚的做法必须改变，例如第三级与第四级[①]之内不得通婚。如果罗马教皇为金钱或可耻的交易就能颁赐特许状，那么每个教区的神父为拯救灵魂也可以免费发同样的特许状。希望每个神父都能免费给予人们那些原本要从罗马购买的东西，比如赎罪票、赦免状、食奶油许可状、享受弥撒惠益状、其他一切的准许状和被罗马无赖们抢夺和欺骗的东西，得到这些东西也就意味着从教皇律例的陷阱中获得自由。假如教皇有权用他的陷阱或律例网（我这么说）来交换钱财，那么，任何神父都可以为上帝的缘故，有权撕破他的罗网，完全无视它。假如他没有这样的权，教皇也没有权在他那丑陋的市场上交易这些东西。

此外，我也主张把斋戒当做一件随意的事，照《福音书》所规定的，可以随意禁食某种食物。但是，罗马人自己却取笑禁食，他们让我们外国人吃他们擦皮鞋都不用的油，以后他们向我们兜售吃奶油和其他各种东西的自由。然而基督信徒说：福音给予我们吃各样东西的自由（哥林多前书第十章二十五节以下）。但他们通过教会律例约束我们，夺走我们的权利，所以现在我们须用金钱把它买回来。因此，他们让人们良心不安，使得一旦有人宣扬这种权利便会引得众怒，因为人们觉得吃奶油比撒谎、咒骂或

① 换句话说，也就是洗礼上的负责人和他们的神子。

不贞洁的罪还要大。其实，人们可以随性而为，因为这不过是人本性罢了，绝不能产生后果。

二十、那些乡村里的小礼拜堂和教堂都应该全部废除，比如那些新朝圣者所去的地方，包括威士纳克、斯特恩旧格、特里尔、格利门谷、雷根斯堡和其他许多地方都是。哦，这对那些纵容这邪恶的欺骗并又从中得利的主教来说，是多么大的报复啊！他们本该首先出来禁止这些小教堂，但他们却反当它为虔诚的神圣的事业，竟未察觉魔鬼只是利用它加重贪婪之心，宣传错误的信仰，削弱教区教会的影响力，增加酒馆和妓院，浪费金钱和劳力，还控制穷苦的人民。如果他们能像读那可诅咒的教会法规一样大量阅读《圣经》，就知道怎样处理好这样的事。

虽有些相异的情况，但也是无济于事的，因为基督耶稣在《马太福音》第二十四章告诉了我们，恶人也能创造奇迹。假如他们严格认真对待此事，奇迹很快就会停止；又或，假如是上帝出手处理这事，取缔这些小教堂便不受各种条例的约束。若没有其他的证据可以证明它不是上帝的旨意，有以下的证据就够了，只要人们像失去理智的牛群那样兴奋地到处乱跑，就可以证明这绝不是上帝的旨意。上帝从来没有命令做这样的事，这样做既没有人顺从，也没有好处可言。所以应该勇敢地干预此事，警告人民不许做这样的事，因为如果既不是上帝命令的事，也不属于上帝训诫要求的范围的事，那就一定是魔鬼的所作。教区的教堂也受了损害，因为重视教堂的人减少了。总之，这些事是对人民没有信心的表现，希望人们坚持信仰。他们假如真相信人们还有信仰，就会在自己的教堂里找到所需要的一切，正是上帝要求他们因为到自己的教堂去。

我所说的还有什么用呢？每个主教都只想着怎样在他的教区里建立一个朝圣地，而毫不在意人民是否有正确的信仰和生活。俗世当局是和人民一样；瞎子领导瞎子。若不能成功建立朝圣地，他们就开始美化圣徒，但这不是对圣徒的尊敬，没有他们的美化，圣徒也受到人们足够的尊重，他们只是为吸引人们达到聚敛金钱的目的。教皇与主教都给他们以帮助。他们放出大量赎罪票，而且每个人都买得起。但是上帝所命令的事，却没有人在意，没有人听从，也没有人愿意为之花钱。唉，因为盲目，我们不仅忍受魔鬼的恶行，而且还助长了他的放肆。我希望圣徒不会受到搅扰，穷苦的人民也不会误入歧途。哪位神灵给过教皇美化圣徒的权力呢？谁告诉教皇他们是不是圣徒？世上的罪恶还不够多吗？难道我们非要吸引上帝的注意、干涉他的判决，还把他亲爱的圣徒当作钱袋子吗？所以我建议，让圣徒们自己美化自己。不行，只有上帝一人才可以美化他们。每个人都该留在他自己的教区，他在自己的教区所得的要比在其他任何一个朝圣之地所得的还要多，即使把一切朝圣之地的所得都合在一起。在教区里我们有洗礼、圣餐、讲道和邻居，这一切比天堂的圣徒还要伟大，他们之所以成为圣徒也是由于上帝的讲道和圣礼所感化。

我们轻视这些大事，也是上帝出于愤怒便将我们交给魔鬼，并任由魔鬼引诱我们入歧途，包括举行朝圣，建立教堂和小礼拜堂，美化圣徒，并做其他愚蠢的事，使我们远离真正的信仰，堕入新的伪信仰中。就像魔鬼在古时候对待以色列人那样，魔鬼带领他们离开圣殿而后到其他无数的地方。而他所做的一切都是借上帝的名义，伪装圣洁。众先知都反对这种行为，但是都因自己的言行遭到非难。但现在没有人来反对这样的事，因为如果有人出来反对，便会遭到教皇、神父和修道士的联合迫害。这样，佛罗伦萨的安东尼人和众多其他的人都可以做圣徒，好使他们的圣洁可以作为创造那本来只属于上帝的荣耀和财富的工具，此外还可以做一个好的榜样。

虽然美化圣徒在古时候一直是一种善举，但现在就不是了。正如许多其他的事在古时候都是好的，现在变成了有害和可耻的一样，如假日，教会的珍宝和饰品都是如此。很明显，现在美化圣徒既不是为了上帝的荣耀，也不是为推动基督的进步，而只是为得金钱和虚荣。教会希望要比别的教会有优势，而不喜欢别的教会拥有同样的优势。这样的话，他们在后期滥用教会的财产，以得到整个世界的财产。所有的事，甚至上帝本身，也都被迫来助长他们的贪婪。这样一方对另一方的优势只引起彼此争吵和骄傲，教会彼此歧视，各自夸自己。其实上帝所给予教会的财产都是一样的，只应促进教会的合一。教皇也乐见这种情况，不愿意所有的基督教堂都平等合一。

这里我必须说，教皇在罗马所抢夺土地上售卖教会许可证、教谕和别的东西，而对于这些东西我们应该废除它们，或不理睬它们，或赠与教会作为财产。若他把许可证、特权、赎罪票、恩惠、优势和特许卖给或赠与威登堡、哈勒和威尼斯，尤其是他自己的罗马，那么为什么他不把这些东西也送给其他的教会呢？为上帝的缘故，难道他不应该尽力帮助所有的基督徒而不求回报，甚至为他们流血吗？我想要知道，他是不是把这些东西赠给或卖给一个教会，而不给另一教会呢？所有基督徒都拥有大致相同的洗礼、福音、信仰、基督耶稣、上帝和其他的一切，在教皇眼中那该死的金钱在基督徒中间有这么大的差别吗？我们看得见的时候，他希望我们成瞎子，当我们拥有足够的判断力时，他希望我们是傻子什么也不懂吗？他希望我们崇拜这样的贪婪的无赖行为和种种欺诈行为吗？他是一个牧人——是的，只要你有钱哪怕其他的什么也没有也行。但他们还不以他们的无赖行为为耻，竟把他们的教谕留给我们。他们只关注那万恶的金钱以及其他没价值的东西！

我的建议是：如果不能废除这种愚蠢的工作，那么，所有的虔诚的基督徒就应该睁开眼睛，不要被罗马的教谕、图章和其他一切虚伪的东西欺骗。基督徒要待在自己的教会，满足于自己的洗礼、福音、信仰、基督和上帝（上帝在各处都是同一个）。让教皇这个瞎子继续领导一群瞎子。无论是天使还是教皇，他们所能给你的都不如上帝在你的本地教会所给你的多。不，教皇只会使你得不到上帝的恩赐，拥有这些恩赐你将不付出任何代价。他还把你引到他的“恩赐”去，而这些“恩赐”必须用其他东西交换。他给你铅，你得用黄金交换；给你皮毛，你得用肉交换；给你线，你得用钱包交换；给你蜡，你得用蜜来换；给你诺言，你得用实物交换；给你证书，你得用酒交换。你能亲眼看到这样的事，只是你没有注意罢了。如果你想骑着教皇的蜡和羊皮纸做的车上天，你的车子会很快粉碎，而你将堕入地狱，这可并不是以上帝的名义去的！

你应把下边的话作为准则：凡是你必须从教皇手里买来的东西，就一定不是好东西，也不是出于上帝的意愿。因为凡从上帝给予的东西，比如福音和替上帝工作的机会，不仅免费赐予，而且全世界会因不愿意接受这免费的恩赐而受到处罚和定罪。我们受欺骗犯错误是罪有应得，因为我们轻视了上帝的圣言和洗礼的恩惠。正如保罗在《帖撒罗尼迦后书》第二章中所说："为此，上帝就给他们强烈的错觉，让他们相信谎言，然后他们又因为不相信真理，享受邪恶而受诅咒。"

二十一、我们还有一件最紧急的事情要做，那就是在整个基督教内消除行乞现象。基督徒不应该去行乞。要做到这一点并不难，只要我们有勇气和决心去尝试。办法就是：每个城镇救济本地的穷人，禁止外来的乞丐入城，无论他们如何称呼自己，朝圣者也好或行乞的僧侣也好，一概不许入城。每一个城市都能养活本地的穷人，若城市太小，应该号召附近村庄的村民捐款相助。实际情况是，他们总得养活许多假装行乞的僧侣和恶棍无赖。如果他们按我说的建议去做，就至少能分清谁穷谁不穷。

每一地应有一个管理员或监护员，他应熟悉一切穷人，并告知市镇议会或神父穷人们的需要，或提供其他可行的生活必需品。我认为，没有别的事像行乞那样有那么多的诡计和欺骗，但要消除行乞现象并不难。再者，这种不受限制的普遍行乞现象对普通百姓是有害处的。我估计，每年在同一地方，至少有五六批行乞的修道人要来行乞六七次，此外还有普通的乞丐、流浪人和朝圣者，所以估计每地每年要给乞丐六十次的钱，还不算缴纳政府的税款和被罗马教廷抢劫的钱财。在我看来现在我们还能继续维持自己的生活就已经是最大的奇迹了。

有人可能认为，这样的话穷人就不会得到很好的照顾，而且也不会修建这么多巨大的石头房屋和修道院。我也认同这种看法，确实这也不是必要的。但凡愿意处于贫穷的人，就不应该富足；若想发财，就让他从事耕种，拿着铁犁从土地上去寻求他的财富。只要为穷人保证不错的生活，使他们不死于饥寒就够了。现如今，有人整天无所事事却靠别人劳动过活，劳动者生活困难而无所事事者却生活安逸，这都是不对的。正如圣保罗所说："不劳动者不得食。"（《帖撒罗尼迦后书》第三章第十节）上帝并没有规定任何人都可以靠别人的东西生存，只有神父除外，因为他们从事跟神灵相关的劳动，如圣保罗在《哥林多前书》第九章所说的，而基督也对门徒说："人的劳动与其所得报酬相符。"

二十二、在教堂和修道院有许多弥撒，这恐怕不但无益，还会激起上帝的愤怒。所以最好是不要再增加弥撒的数量，并大量取消那些已经存在的。因为在我们眼里，弥撒只是献祭的人和行善的人而已，尽管其实弥撒也是像洗礼和忏悔那样的圣礼，但只对那些接受它的人才有益处，对其他的人并无用。但现在大众普遍相信这种说法，即为活人、死人才举行弥撒，一切都基于弥撒之上。所以，弥撒越来越多，以致造成了我们所见的状况。

但是，这也许是一个全新的、从未听过的建议，特别对那些担心消除弥撒会让他们的商业和生计陷入绝境的人来说尤其如此。所以在这件事上，我不想多说，直到人们对弥撒有了正确的认知，正确认识其本质和作用之后，我才愿意就这问题谈论更多。唉，多年来人们一直把弥撒当做谋生的手段！所以我建议有这看法的人今后还是做一个放羊人或工人，在他明白弥撒是什么之前不要去做神父或修道士。

然而我所说的这一切并不是要在那些老基金会和教堂实行，设立在这些地方的弥撒毫无疑问原是为了贵族子弟（按照德意志的风俗，不是所有的贵族子弟都能做继承人或统治者）可以在里面做事，自由服侍上帝，不断学习成为博学之人，教育别人。但我所说的只是新成立的基金会，它们的设立仅是为祈祷和举行弥撒。老的基金会也仿效新的基金会的做法，但却为同样的祈祷和弥撒所累，以致变得用处不大了。然而在上帝公正的处罚下，他们最后变成了糟粕，即变成了风琴和唱诗班哀鸣的地方，死板和冷淡的弥撒，这都无非是为获取和花费基金的钱而已。教皇、主教和博士应该检查这些事并做出汇报，但现在他们自己却是最爱这么做的人。只要是能搜刮钱财，他们什么事都可以通融；瞎子总是领导瞎子。这便是贪婪和教会法产生的结果。

此外，以后任何人不得兼任其他工作。他必须满足于合适的地位，这样也使别人有一点位置可做。因此，我们必须阻止一些人的借口，说他们必须兼职，以求保持“合适的地位”。“合适的地位”个人的解释有所不同，哪怕拥有整个王国也还不够维持这种地位。再者贪婪和对上帝怀疑随之而来，因此人们所要求的“一个合适的地位”，其实，只是是贪婪和不信任而已。

二十三、兄弟会、赎罪票、大斋节特许权、弥撒以及其他这类的事都应取消。它们毫无好处。若教皇有权批准人们吃奶油参加弥撒，那他就应该让神父也有这权力，其实他无权夺取神父的这些权力。我这里说的特别是指那些摊分赎罪票、弥撒和善功的兄弟会。亲爱的朋友，你在洗礼中便已经加入了基督、众天使、圣徒以及所有基督徒都参与的兄弟会。你若忠实于它并实践它的要求，你就不必再加入其他兄弟会了。让其他的兄弟会随便炫耀去吧，若我们的兄弟会是真币，那么他们也不过像假币而已。但假如有一个兄弟会捐款救济穷人或用别的方法帮助别人，这样的兄弟会便是好样的，在天上会得到赦罪以及应有的功德。但现在它们竟成了狼吞虎咽和纵饮的地方。

我们更应该把教皇的使节和他们的“特权”通通逐出德意志，他们为了索取大批金钱把种种特权卖给我们，但是这却都是诡计和欺诈。例子很多，比如，他们为得钱，便宣布非法获得的财产为合法财产；将人们从誓言和约束中解脱；自己破坏的同时还教人破坏人们已经互相保证了的承诺和忠诚。他们还撒谎说教皇有权这么做。他们之所以说这样的话，是因为受了魔鬼的唆使。通过这么做，他们把魔鬼的信念卖给我们，教我们如何犯罪并领我们入地狱，这样捞得大把金钱。

如果没有其他办法证明教皇是反基督者，单有这一件就够证明了。教皇不是最圣洁而是最有罪的人啊，你听过这观点吗？愿上帝从天上来砸坏你的宝座，把它扔进地狱的深渊。谁给你权力把你自己凌驾在上帝之上？谁允许你破坏并放宽他的训诫？谁给你权力引导基督徒，尤其是那些在历史上受推崇，有着高贵品质和坚定及忠实美誉的德意志民族，变得虚伪、不忠、放荡和无信呢？上帝已经命令大家即使对仇敌也要遵守誓言，你竟胆敢废除他的训诫，还在你那异端的、反基督教的教谕中宣称有权这么做。

这样借着你的嘴和笔，邪恶的撒旦撒了他以前所没有撒过的谎，还让你按照自己的意愿曲解和滥取《圣经》的要求。哦基督，我的主啊，你看看这一切吧，愿你的审判日快快来到，毁灭魔鬼那在罗马的巢穴吧。那就是圣保罗曾经说过的人，他说：“他凌驾在你之上，坐在你的教会里装作上帝的模样——实际上却是大罪人之子，是沉沦之子。”（《帖撒罗尼迦后书》第二章第三节）除了假借你的名义教授并增强罪恶，带领灵魂遭上天谴责之外，教皇的权力还有什么呢？

古时候，以色列人的后代虽因无知和错误被迫向敌人吉比恩人①起誓，但他们也不得不遵守。西底家王和他的人民都遭到灭顶之灾，只因他没有遵守对巴比伦国王的誓言。一百年前，就在我们当中，匈牙利和波兰贤明的国王拉斯洛五世和众多臣民被土耳其人杀害，只因他自己为教皇的使节和红衣主教所骗，破坏了和土耳其人所订的条约。虔敬的西吉斯蒙德皇帝在康斯坦茨会议后再未交过好运，因他纵容那些恶棍撕毁发给约翰胡司和杰罗姆的安全通行证，结果使我们和波希米亚人之间纠纷不断。就在我们自己的时代，上帝拯救了我们。只因教皇朱利叶斯使皇帝马克西米兰和法王路易相互起誓和订约，以后又做坏予以破坏，为此有多少基督徒为之洒血呢？教皇狂妄傲慢，声称有权废除自己和国王所立的誓约，而借此收取钱财而酿出一桩丑闻，我又怎能言尽他们这些行为给人们带来的苦楚呢？我希望审判日快快来到，比起罗马教皇来，再没有比之更坏的事了。他藐视上帝的训诫，把自己的命令凌驾于上帝的训诫之上。如果他不是反基督者，我不知道谁才是反基督者！关于这一点另外时候我还要畅所欲言。

二十四、现在是诚恳地解决波希米亚人问题的最佳时间，团结他们，以便终止双方对彼此的诋毁、仇恨和嫉妒。关于这一问题，我愿意首先发表我的愚见，希望对这问题有着更深认识的人以指教。

第一，我们必须坦白地承认事实，不再抱以主观态度，要对波希米亚

---

① 吉比恩，巴勒斯坦古都，位于耶路撒冷西北。在《旧约》中，吉比恩的居民被约书亚定罪，作为劳力侍候以色列人。

人承认约翰·胡斯和布拉格人杰罗姆在康斯坦茨被焚烧，这违背了教皇、基督教徒以及帝国的安全通行证与誓约的要求，因此这也违犯了上帝的诫命，激怒了波希米亚人。虽然在我们眼里看来，他们应该因为对上帝的反叛而忍受这样大的痛苦，可是他们并非必须赞同并承认这种做法是对的。不，甚至他们还宁肯冒着牺牲生命和肢体被分解的危险，也要认为违背帝国的、教皇的和基督教的安全通行证是正确的，并不再继续忠诚而采取行动反对它。所以虽然波希米亚人的不够忍耐该受谴责，但教皇和他的同僚们在康斯坦茨会议以后的一切纠纷、错误和灵魂的堕落都应受更大的谴责。

虽然以我的认知还不足以在他的著作中发现任何错误，但此时此刻我无意对约翰·胡斯的信念加以评判，或去捍卫他的错误。我十分相信那些违背安全通行证和上帝诫命的人（毫无疑问，这些人信奉的不是上帝，而是魔鬼），对约翰·胡斯的一切既不会有公平的判断，也不会从正确认知的角度去批判。没人怀疑圣灵也会违反上帝的诫命，也没人会愚昧到不知违背诺言和通行证乃是违反上帝诫命的地步，即便诺言和通行证许给了魔鬼，也当遵守，更何况这些是上帝答应的一个异端分子呢。约翰·胡斯和波希米亚人得到了通行证，但我们不但没有遵守诺言，还把他烧死了，这也是众所周知的事。我不愿像一些波希米亚人一样，把约翰·胡斯看为圣徒或殉道者，不过我承认他受了不公正的对待，而他的著作和教理也被错误地定罪了。因为上帝的诸般审判是秘密可怕的，所以除了上帝自己以外，谁都不能揭露或解释它们。

我要说的就是：不管他是多么恶的异端分子，把他烧死乃是不公道的，且是违反上帝诫命的，而强迫波希米亚人赞成这样的行为乃是不应该的。若不承认这一点，我们就无法联合。那使我们联合的，不是固执，乃是公开地承认真理。当时所用的借口，以为对异端分子的护照没有遵守的必要，这种借口是无用的。这是等于说，为求遵守上帝的诫命，我们不必遵守上帝的诫命。魔鬼使他们疯狂了，愚蠢了，所以他们不知道他们所说和所做的是什么。上帝发了命令，护照是应该遵守的。这样的命令，即令世界毁灭，我们还是要遵守。何况问题仅是关于释放一个异端分子，岂不更要遵守吗？我们当以著作去消灭异端，而不可用烧死的办法，因为古代教父即是这样做的。假如用火去消灭异端是一种学术，那么，绞刑吏便是世界上最有学问的博士了；我们也用不着再研究学术，谁有力量胜过别人，谁就可以把别人烧死了。

第二、帝王和诸侯应该向波希米亚人派遣若干虔诚和有见识的主教与博士，但绝不可派红衣主教和教使者与宗教裁判官去，因为这些人完全不懂基督教，他们不求为救赎人民的心灵努力，却和其他伪君子一般，只知道求自己的权益和荣耀。他们在康斯坦茨的不幸事件中就是主导人之一。那派遣到波希米亚去的人应当弄清波希米亚人的信仰，看看能否联合他们所有的派别。教皇（为他们灵魂的缘故）应该暂时放弃他的权威，并按照尼西亚会议的教令的要求，准许波希米亚人选举自己的希拉格大主教，然后再由莫拉维阿尔描的主教或匈牙利格兰恩的主教，或波兰勒森的主教，或德意志马得堡的主教批准同意。如果由他们当中的一个或两个批准，正如圣塞浦路斯时代的做法一样。教皇对此也没有权力反对，他若反对，他就变成了豺狼和暴君，此时大家都不应该听从他，而且应将他逐出教会来还击他的逐出教会令。

但是，如果这样做是为尊敬教皇，那么，只要不花费波希米亚人半文钱，而且只要教皇对波希米亚人不要像对其他主教一样，违背上帝旨意和正义，用誓约去束缚他们使他们服从他的专制，我就不会反对。人们去征询教皇的同意，若这种尊重还不足以使他满足，他们就不要再理会他，以及他的权力、法规和专制；让选举为大家满意，让所有遭受危险的人共同起来反抗他，因为谁也不赞同不公平的事，把这种尊重给了专制的人也就够了。如果没有别的办法，我们可以考虑普选，选举的结果同暴君批准的结果一样有效。但我希望这不是我们必须的选择。有些罗马人或虔诚的主教与博学的学者，迟早会认清并反对教皇的专制。

我建议不要强制他们放弃这两种圣礼的办法，因为那既不是反基督教的，也不是异端派的。应该允许他们坚持保留自己的办法，不过，新主教应该留意，不要因为这件事情产生不和，但是他们应该晓得这两种办法实际上都没有错误，正如不应该因生活和服装不同而发生不和一样。同样地，假如他们不愿意接受罗马的教会律例，也不应当强迫他们接受，相反我们应该首先满足于看见他们拥有信仰和相信《圣经》。因为虽没有教皇那难以忍受的法规，基督徒的信仰和生活也可以存在。其实，只有减少或完全废除这些罗马的法规，他们才能很好地存在。洗礼中给了我们自由，只听从上帝的道，既然这样，那么为什么我们要忍受一个人，还要把自己变成他的话的奴隶呢？圣保罗说："你们得以自由，因为基督耶稣给了你们自由，要摆脱奴隶的枷锁。"（《哥林多前书》第七章第二十三节；《加拉太书》第五章第一节）

如果我知道胡斯人[①]所犯的唯一错误就是相信当在天堂举行圣礼时有真正的面包和酒，但在面包和酒中确有基督的肉和血。我说，如果这是他们唯一的错误，我就不会将他们定罪，而会让布拉格的主教来处理。有人认为坚持相信在圣餐中禁止面包和酒并不是一个必须遵守的信条，只不过是圣阿奎那和教皇所编造的谎话罢了。反之，相信在面包和酒中有基督的肉和血却是一个信条。所以我们应该容忍双方的意见，直到它们团结在一起，因为是否相信圣礼中有没有用到面包都没有危险。只要信仰没有威胁到律例和典章，我们就应该一概予以容忍。反之，若他们有不同的信仰（暗指不信面包和酒之中有基督的肉和血），那最好不要团结他们，但我要把真理告诉他们。在波希米亚发现的一切错误和不和意见，我们都应该予以容忍，直到大主教得以复职，再由他逐渐把所有的人民团结到一个共同教理中。绝不能用武力来团结他们，不能心急。基督岂不也得忍耐门徒一个长久的时间，容忍他们的不信，直到他们相信了他的复活吗？只要他们有机会拥有一个正式的主教和能干的政府，而不受罗马的辖制，我认为情况就可以得到解决。

不应该过分严格地要求教会归还其占有的财产，但因为我们大家都是

① 路德这里用"Pi\arden"这个词，实际上是对"Begharden"的误用，如"Beghards"，这个词最近常被捷克宗教改革家胡斯信徒使用。

基督徒，为了团结所有人都有扶助别人的义务，我们应该把这些东西还给他们，让他们在上帝和人面前保留这些东西。因为基督说："只要有两个人因为我而团结在一起的地方，那里就能找到我的影子。"（《马太福音》第十八章第十九节以下）我希望能帮助双方达成这样的团结，就像亲兄弟一般的谦虚彼此携手，不要顽固地坚持我们自己的权威或权力。爱比心无爱的罗马教皇伟大，必要得多，因为没有教皇，爱依旧能够存在。我希望我已经尽了我的全力。若教皇或他的追随者阻挠这善举，违背上帝的爱，牺牲别人以求自己的利益，那么将来有一天他们定会为此付出代价。如果教皇放弃职位、财产和荣誉，能够拯救一个人，那他就应该舍弃这一切。但现在他宁愿让世界毁灭，而丝毫不肯放弃他已经篡夺到的权力，可笑的是他还是我们神圣的教皇。我的责任到此为止。

二十五、大学也需要良好的、彻底的改革。我必须说，不管会得罪谁，改革都将进行。因为事实上，教皇所设立的和命令的一切都是旨在为扩大罪恶和错误的范围服务。倘若不对大学的现状加以改革，那么它们只能像是《马加太书》所说的那样："希腊传统和异教习俗的场所。"其中满是放荡的生活，鲜有人教授《圣经》和基督教的信仰，然而那盲目的异教徒亚里士多德统治着一切，其统治力几乎超越基督。关于这一点，我的建议是：亚里士多德的《物理学》《玄学》《灵魂论》《伦理学》从来都是被认为他最好的著作，现在应该完全废除这些书。其他有关自然的著作，也应废除，因为我们并不能从那些书中学到关于自然和灵魂的东西。此外，没有人能理解他在书中的观点，读这些书只是牺牲了大量宝贵的时间和气力。我敢说任何陶工所了解的自然知识都比这些书里面所写的还多。让我痛心疾首的是许多优秀的基督徒被这该死的、奸诈的、无赖的异教徒用虚伪的语言愚弄，还受他们的谎言欺骗走入歧途。上帝派遣他来，是要惩罚我们的罪恶。

这个可怜虫，在他最好的一部书《灵魂论》中宣称灵魂与肉体同灭，但尽管是徒劳，仍然有许多人想挽回他的名誉。他们这么做就表现得好像我们没有《圣经》教我们各类丰富的知识，而这些知识是亚里士多德完全不知道的。可是这死了的异教徒竟征服、阻碍，而且几乎压制了仍然在世的上帝的《圣经》。所以当我想到这悲剧的时候，我只能相信是邪恶的灵魂已经将亚里士多德的学科引来了。

亚里士多德还著有《伦理学》一书，尽管在反对上帝的意愿和一切基督教的优点方面再没有其他著作比这本书更加直接，但它还被看为他最好的作品之一。把这些书毁掉吧，让基督徒远离这些书。谁也不要责我言过其实，或指责我所言毫无依据。我亲爱的朋友，我很清楚我在说什么。我对亚里士多德的了解认知和你以及和你类似的人所知道的一样多。我对他的了解也要比对圣阿奎那或苏格徒的了解更多、更透彻，我可以毫不夸张地这么说，如有必要，我能证明。数百年以来，许多大思想家为研究亚里士多德绞尽脑汁，我却不管这些。这种抗议从前让我很是烦恼，现在不会了，因为一个很明显的事实是，在世界和各大学中其他的错误流传的时间比他的错误更为长久。

但是，我欣然同意保留亚里士多德的逻辑学、修辞学和诗学方面的著作，或者对它们进行概括研究，研究其有用的地方以训练青年人在演讲和传道方面的能力。但要删除各种注解和评论。读亚里士多德的《逻辑学》一书，应该像读西塞罗的《修辞学》一样，不用参照一大堆注解和评论。但现在，不能从他的《逻辑学》中学习演讲或讲道，因为如今此书只是人们争论的对象罢了，再没有什么用处。此外，我还要讲到拉丁文、希腊文、希伯来文、数学和历史。但我把这些交给在这方面有着更深认识的人来深入讲解，如果他们认真改革，那么对其他方面的改革自然会来到。这种改革关系重大，因为这关系到基督教的青年和优秀分子的教育和训练，基督教的发展还得依赖这些人。所以我认为皇帝和教皇应该首先彻底改革大学，因为没有什么比未经改革的大学更坏。

关于医学，我让他们自己去改革；至于法学和神学，我会参与改革。首先我要说，从头至尾完全废除教会律例，尤其是教谕，是可行的。有《圣经》教导我们怎么做事就绰绰有余了，所以研究教会律例只会妨碍对《圣经》的研究，而且大多教会律例都沾有贪婪和骄傲的味道。尽管有一部分是好的，但也要废除，因为教皇已经把整个教会律例囚禁在他“内心的密室中”，所以研究它只是徒然耗费时间和自欺欺人的表现。如今，教会律例并不是照书中所记载的来执行，而是按教皇和其谄媚者的好恶来执行。尽管依据教会律例你的主张是可行的，但教皇仍然有他的私心，一切法律和全世界都必受其操纵。这种私心如今常常受恶棍或魔鬼支配，他们还夸口说它受圣灵支配。不幸的基督子民就是受这样的对待，他们受许多法规而约束，但恶魔却不遵守，强迫人们遵守或购买免受约束的权力。

既然教皇和他的追随者已经放弃了整个教会律例，对其毫不重视，只顾把他们自己的意志凌驾于整个世界之上，我们也应该学他们的榜样，也要拒绝这些律例。为什么我们要浪费时间去研究它们而毫无好处呢？我们永远无法明白教皇的反复无常，而今教会律例就是他反复无常的结果，他以魔鬼的名义制定教会律例，但却以上帝的名义把它作废。今后在世界上也不应该再有“教令博士”，只应该有“教皇心性博士”，即教皇的伪君子。人们都说任何地方俗世的统治没有比土耳其人的更好，然而土耳其却没有属灵的法律，也没有俗世的法律，他们只有《可兰经》。我们应该承认，尽管我们有属灵的和俗世的法律，但其他任何地方的统治，没有比我们更糟糕，以致我们没有一群人能自然随性地生活，更谈不上是按照《圣经》要求来生活了。

我的上帝啊，俗世的法律是变得何等混乱不堪！的确，它比徒有其名的教会律例要好些，也更能反映人的智慧，但它还是太繁杂了。除了《圣经》，贤明的君主就是充分的法律，如圣保罗在《哥林多前书》第六章所说的：“难道你们中间没有一个聪明的人能审断邻舍的事吗？”在我看来，地方的法律和风俗应该优先于帝国的普通法律，只有在必需的时候帝国的法律才用得着。我希望每一个国家根据自己的特点和属性用简单的法律来治理，这些国家在帝国法律没有制定以前，就是这样治理的，如今许多国家也是这样治理的。这些庞杂和广泛的法律对人民是一种负担，弊多于利。我希望别人对于这个问题，比我能有更多思考。

为减少麻烦、节约时间，那些有名的神学家忽视《圣经》整体内容，只读语录[①]。我认为青年神学生才应该首先研究语录，那些博士应该研究《圣经》。但是现在他们倒行逆施，先研究《圣经》，得了学士学位后就把《圣经》搁置，最后才研究语录。博士一生必须研究语录，以致研究语录成了神父的一种庄严义务，只有不做神父的人才真会读《圣经》。我知道结了婚的人能够成为圣经博士，但无论怎样也不能成为语录博士。我们的作风是如此不按规矩，把《圣经》——上帝神圣的话——抛诸脑后，我们怎么能够让基督教繁荣呢？此外，教皇严厉要求说，学校和法庭必须研究和采用他的法规，但福音很少被提到。这样的后果便是，在学校或法庭里《圣经》被长期弃置在长凳底下，这样使得教皇那有害的法律得以横行。

既然我们被称为“圣经老师”，我们就应该教授《圣经》，而不教别的东西。不过这种头衔是太夸大了，没有人能自称“圣经老师”。若工作能够与名称相符，也还说得过去，但还是很不应该。但如今语录之风横行，我们发现神学家更多的是受异教和人为的意见的影响，多于《圣经》的确定教理。我们应该怎么办呢？除了谦虚恳求上帝赐予我们神学博士以外，我不知道怎么办。教皇、皇帝和大学可以生产文学博士、医学博士、法学博士和语录博士，然而有一点是可以肯定的，那就是除圣灵以外，没有其他人能制造圣经博士，正如基督在《约翰福音》第六章说：“他们都要接受上帝的教导。”帽子是红是褐，或是否有其他装饰，圣灵并不在意，他也不管是年轻人还是老人、非教徒还是神父、修道士还是俗人、独身还是已婚。甚至他曾在驴子边上，反驳那骑驴的先知。我们希望上帝赐予我们那样的博士，不管他是非教徒还是神父、已婚还是未婚。但现在他们想迫使圣灵加入教皇、主教和博士，但没有任何证据可以证明圣灵在他们之中。

我们也应该减少神学书，选择最好的。因为仅仅书的数量多或多读书，并不能使人有学问，最好是常常读好书，哪怕所读不多也可以使人精通《圣经》，也使人虔敬。就算是教父的著作，也只该读一读，作为我们研究

① 路德这里是指彼得隆巴的“判决”，正是这位所谓的“法律格言大师”造就了从12世纪中期对宗教改革的教条式阐释。

《圣经》的引子。那些书我们读得太多，竟沉溺于其中，再也不读《圣经》了，这就如同我们只研究路牌而从不到路上行走。那些亲爱的教父希望用他们的著作把我们引入《圣经》，但我们却因那些书而离开《圣经》，其实只有《圣经》才是我们的葡萄园，我们应该在园中辛勤工作和劳动。

在各类学校中，最主要和最普通的功课就当是《圣经》，而为那些年轻的男孩，则以学习《福音书》为主。希望每个市镇也有女子学校，使那些女孩子每天有一小时时间可以用德文或拉丁文学《福音书》。事实上，学校和修道院就是以此为目的开办的，也是出于发展基督教的目的。当我们阅读圣亚革尼斯和其他圣徒的书，就会在书中读到圣贞女和殉道士。那时基督教情形很好，但现在的修道院除了祈祷和唱诗外，也不再做其他事。每一个基督徒难道不应该在九岁或十岁的时候，了解那给他命名和影响他生命的全部福音吗？纺织工人或缝工在女儿很小的时候，就教她学习谋生的行当，但现在甚至最博学的主教长和主教也不了解《福音书》。

人们把孩子托付给我们教育和指导，但我们对待这些可怜的青年人多么差呀！我们没有听从上帝的话好好对待他们，对此我们应负严重的责任。他们的命运正如耶利米在《哀歌》第二章所描述，“我流泪过多，以致失明，我的心肠备受折磨，肝脑涂地；都因我民众子女遭毁灭，还因孩童和婴儿昏厥在城内街上。他们像伤者似的昏倒在街上，躺在母亲怀里即将死去，还问母亲，‘面包和酒在哪里？’现在信奉基督教的青年，也因得不到需要的福音而渐渐流失了，这一切太可惜，但我们竟看不见这种悲痛情形。”

然而，即使大学努力研究《圣经》，我们也不该把每个人都送进大学；我们应该只送那已在低年级受了良好训练的最优秀学生去大学。此事应由诸王或地方长官负责选送并注意，只让最优秀的学生进大学。但我劝人不要送他的儿子进去那些不以《圣经》为主要课程的学校。不仔细研究《圣经》的人，定会堕落腐化。所以，我们所见的在大学里面的人，行为举止都是那样，这些错误应由那些负责教导青年的教皇、主教和教士负责，因为大学只该培养《圣经》方面的专家，以便这些人将来能够做主教、神甫，成为反对异教、魔鬼和世界的领袖。但在什么地方能够找到这样的人呢？

如果大学不仔细研究《圣经》也不教授青年人《圣经》，我担心这些大学就是进入地狱的大门。

二十六、我十分明白天主教民众一定会持反对意见并大声伪称，说是教皇把神圣的罗马帝国从希腊帝王手里夺过来赠与德意志人，就因为这种荣耀和善行，德意志人应该服从教皇，感谢教皇并给他一切好东西作为回报。因为这个原因，他们可能反对一切改革他们的尝试，我们只许纪念罗马帝国的赠与。这也是为何他们能武断专横，还狂妄地迫害压制许多贤明的帝王的原因，对此我表示同情。他们还用同样巧妙的方法来使自己成为当局一切世俗的太上皇，而这也违背了福音的要求。关于这一点，我也必须说一说。

先知们在《民数记》第二十四章和《但以理书》中预言过真正罗马帝国，毫无疑问这个帝国早就被推翻了，正如巴兰在《民数记》中明确预言："罗马人将来要推翻犹太人，事后他们也定会毁灭。[①]"哥特人就实现了这预言并摧毁了罗马帝国，特别是当土耳其帝国约于一千年以前兴起的时候，哥特人摧毁了更多帝国，后来征服了亚洲和非洲，随后占领法国和西班牙。最后威尼斯崛起，从此罗马的力量不复当年。

当教皇不能强迫希腊人和在君士坦丁的罗马世袭皇帝遵守其意愿时，他便策划出了一个阴谋将罗马皇帝的帝国和王位夺去，交给当时声望远播和强大的德意志人，以控制罗马帝国和加强教皇的权力。事情果然就这样发生了。君士坦丁堡的皇帝，大权旁落，王位和尊号都落到我们德意志人的手里。于是我们听命于教皇，教皇在德意志建立了第二个罗马帝国，因为如我所说最初的罗马帝国早就灭亡了。

于是罗马教廷为所欲为。它占领了罗马，赶走了德意志帝王，迫使他发誓离开罗马。他是罗马皇帝，但却不在罗马，而且他还要时常听从教皇和他僚属的驱使，并按照他们的意愿办事。因此我们徒有空名，他们却占

---

① 路德这里是沿用拉丁文《圣经》中的句子，原文是："Es werden die Romer kommen und die Juden verstoren: und hernach werden sie auch untergehen."

有土地和城市。他们常常利用我们的老实单纯，把我们用作满足他们自己的骄傲和实现专制的工具，并且称我们为愚蠢的德意志人，任意欺骗和玩弄。

哎！在主上帝看来，把帝国和君权移来转去是一桩小事！他对此很随意，有时候把王国从一个好帝王手里夺取赐给一个坏人。夺权的手段有很多样，有时候是靠背信弃义夺权，或是通过邪恶无信之人的阴谋，或是通过继承，例如我们所了解的波斯王国和希腊王国，几乎所有其他王国都是如此。但丹尼尔说："上帝拥有智慧和力量，改变时间和季节，他废除皇帝并任命他人。"（《但以理书》第二章和四章）所以如果一个人，尤其是基督徒，若得了王国，不要以为这是了不得的大事。那么，我们德意志人也不要因为得到一个新的罗马帝国而骄傲，因为在上帝眼中这是一件小礼物，他常把这样的礼物送给那最不该得到的人，正如丹尼尔说："在他眼里地球上的人什么都不是，他按自己的意愿行事，他掌控着天上的军队，要将国赐予谁就赐予谁。"（《但以理书》第四章）

虽然教皇不公平地用暴力真正从皇帝手中夺去罗马帝国和其名号，并交给了我们德意志人，但是可以肯定的是上帝在这件事上通过利用教皇的邪恶手段才把帝国交给德意志民族，在第一个罗马帝国灭亡后才建立了这现存的罗马帝国。虽然在教皇的所作所为上我们未曾做帮手，也不明白他们虚伪的企图和目的，但是教皇的狡诈行为也使得我们为这个帝国付出了惨重的代价，无数人流血牺牲，还失去了自由和财产，尤其是失去了教会的财产和圣俸，此外还遭受了难以言语的欺骗和侮辱。名义上我们得到一个帝国，但教皇却得到了我们的财富、荣誉、身体、生命、灵魂和我们所拥有的一切。所以在这件事情上，我们德意志人完全受了欺骗。教皇们想要的是做帝王。他们即使不能当上帝王，至少也成功地做了太上皇。

在上帝的意旨和恶人的阴谋作用下，从此我们拥有了这个帝国，这件事上我们自己并没有过错。所以我不赞成放弃帝国，相反我主张真诚地治理这个帝国，对上帝怀揣敬畏之心，上帝愿意我们治理多久，我们就治理多久。正如我先前所说，在上帝眼里帝国从何而来并不重要，他希望我们把国家治理好。虽然它是教皇运用肮脏欺诈的手段从别人手里夺来的，但至少我们并没有不诚实。上帝意在通过坏人的手把这帝国交给我们，和教皇比较，我们对上帝要尊重得多，教皇总怀揣着种种不良企图，他把帝国交给我们，目的是想要自己做皇帝，甚至做一个能控制皇帝的人，他仅以名义来愚弄我们。

巴比伦国王也是以暴力和劫夺的手段得到了他的王国，但上帝希望王国由丹尼尔、亚拿尼亚、阿撒利雅和米撒利等圣徒王子来治理。不管帝国是教皇偷来的、抢来的，还是重新建立的，上帝更希望德意志基督教的王子来治理这个帝国。总之，这是上帝的命令，在我们知道以前就已经定下来了。

所以教皇和他的追随者没理由夸口说是他们把罗马帝国送给了我们，是对德意志人的善行。第一，因为在这件事上他们的目的并非出于给我们好处，而是要利用我们的单纯老实来加强他们自己的权力，从而反对君士坦丁堡的罗马皇帝，他违背了上帝的意愿和正义。教皇超越自己的权力，从皇帝手里掠夺了这个帝国。第二，因为教皇本不是想要把帝国交给我们，而是想要据为己有。正如他在教谕中明确说到的那样，如果不是上帝阻止，他还要通过帝国控制我们的权力、自由、财富、身体，和灵魂，继而利用我们征服全世界。此外，他还利用各种邪恶的手段对付德意志的众多皇帝。我们德意志人从简单朴实的德文里学到：当我们想要做主人的时候，我们已经变成了最狡诈的压制者的奴仆。我们拥有了帝国的名号、尊称和勋章，但教皇却得到了帝国的财富、权力、法律和人们的自由。这样教皇吃麦粒，却只留给我们空壳玩耍。

求上帝帮助我们（先前我说过是上帝通过狡诈的教皇之手把帝国给我们并让我们治理），使我们所做的能与我们的名位、尊称和勋章相匹配，捍卫我们的自由，而且也让罗马人看看上帝通过他们给了我们什么。如果他们夸口说他们把一个帝国给了我们，就让他们这样吹吧。就让教皇把罗马帝国和他在帝国所拥有的一切交给我们，让他免除那些难以承受的租税和搜刮，把我们的自由、权力、财富、荣誉、身体和灵魂还给我们，把那些本属于帝国的东西还给帝国，从而实现他的承诺和托辞。

但假如他不愿意这么做，那他说这么多谎话和找这么多借口到底是要要什么把戏呢？他数百年以来牵着这个伟大的民族的鼻子走还不满足吗？教皇为皇帝加冕，但他并不意味着他应该凌驾于皇帝之上。先知撒母耳奉上帝之命，曾替扫罗王和大卫王加冕，但他并没有凌驾帝王之上，依旧做他们的臣民。先知拿单曾为所罗门王加冕，但也没有因此就驾凌在国王之上。此外，以利沙也曾派他的一个仆人为以色列王耶户加冕，但他们还是他的臣民，听从与他。世界上从来就没有因为替国王加冕，便能凌驾于国王之上的人，教皇除外。

教皇让他下属的三个红衣主教给他加冕，但红衣主教依旧听命于他，教皇依旧是他们的上级。为什么如今他要违背他自己树立的榜样，违背全世界和《圣经》中的惯例和信条？难道只因曾给皇帝加冕，他就把自己置于俗世的权力或帝国之上吗？在神的事务方面，也就是在说教、讲道和举行圣礼方面，教皇凌驾于皇帝之上，就够了。然而，在这些事情上，任何主教或神父都是在别人之上，正如圣安波罗修在主教事务方面则是在提阿多修皇帝之上，先知拿单在大卫王之上，撒母耳在扫罗王之上。所以，让德意志的皇帝做一个真正的拥有权力的皇帝，不让他的权力或刀剑被教廷伪君子的托辞所压制，就好像他们不必听命于皇帝，还能在某方面指挥俗世事务一样。

二十七、尽管教士有很多过错，但是如果再加以适当的考虑，还可以发现许多，但现在已经够了。我们也应该说一说俗世人的过错。

首先，德意志民族需要一部普通的法律和法令以反对衣着浪费，这也是许多贵族和富人陷于贫穷的原因。跟其他国家一样，上帝也赐予我们充足的羊毛、毛皮、亚麻和其他各物，以满足各阶层的人做合适衣服所需的衣料，所以我们不必花大钱去购买丝绸、鹅绒、金饰和其他外国货。我相信，即使教皇没有通过征收难以忍受的税收来抢劫、剥削我们，我们仍然会被许多不明显的贼打劫，即丝绸和鹅绒贸易商人。在这方面，正如我们所看到的，人人都想和别人一样，所以骄傲和嫉妒在我们中间随之增加了，这也是必然的。假如我们能以感激之心满足于上帝所赐的一切，那么，我们中间的骄傲和嫉妒以及其他所有的不幸就都可以避免了。

其次，同样，减少香料的使用也是很必要的，这也是德意志金钱外流的一大原因。仁慈的上帝给了我们比其他国家更多的食物，给我们的食物也更好、更有价值。也许有人指责我的提议很愚蠢，也不切实际，而且给人家一种印象，以为我是要抑制那关系到民生的贸易。但我只是在做我的本职工作。若社会不能自我修正这些问题，每个人都该为之付出个人的努力。我没发现贸易给一个国家带来好的风俗和行为，所以上帝让以色列人远离海边，而且不让他们过多从事贸易。

再次，毫无疑问德意志最大的不幸当是借高利贷交易。假如没有这种交易，许多人就不会买丝绸、鹅绒、金饰、香料和其他各种奢侈品。这种买卖存在还不过一百年，就已经差不多使所有的诸侯、城市、有基金组织、贵族和他们的子孙都陷于穷困、不幸和堕落毁灭之中。若再继续一百年，整个德意志将一文不剩，而且我们一定会堕落到互相蚕食的地步。魔鬼创造了这买卖，教皇加以批准，害了整个世界。

所以我的要求是：每一个人都看看他自己和家人的衰退，这不再只是表面衰退，而是深层次的衰退了。还要求皇帝、诸侯、贵族和市政府当局赶快找理由禁止这样的贸易，不必理会是否有悖于教皇意愿及其合理与不合理的法规，也不管教士俸禄或教会获得的捐款是否依靠这种贸易。一个城市里哪怕只有一个地区的人靠不动产或合法手段获得利益，也好过有一百个地区依靠高利贷获得利益。一份靠高利贷获利而得到的捐款，要比二十份靠不动产获利得到的捐款更有害。老实说，这种高利贷交易是世界因其浩大的罪恶而被出卖给魔鬼的征兆和警告，也在警告我们正在丧失精神上和世俗上的利益，但我们却丝毫没有注意到。

无疑我们需要对富格耳资本家和类似的公司加以约束。一个人在一生里所累积的大量财产是否能够完全不违法律，是否完全合乎上帝的旨意。我不擅计算，我不懂怎么能够在一年之内用一百个银币赚得二十个银币，又或怎么才能用一个银币赚得另一个银币，而且他们并不是靠从事农业或畜牧来积累财富，因为这靠的是上帝的赐福而非人的聪明智慧。我把这事交付给那些业务专家。我是一个神学家，只斥责邪恶之事，关于这一点圣保罗说："要远离各种罪恶之事。"我只知道，若鼓励农业，减少商业，我们定会更虔诚。那些按照《圣经》的指示靠耕种田地而生活的人，一定是做得最好的人，正如上帝在亚当里对我们大家所说的："大地必因你而受诅咒，大地必给你带来荆棘和蓟，你必汗流满面才得糊口。"（《创世记》第三章第十七节到第十九节）无人耕种的土地还很多呢。

接着要讲到饮食上的无节制。在这一点上我们德意志人在外国名声不好，好像这是我们独有的罪恶一样。它如今太普遍了，而且在社会上是主流行为，这不是靠讲道所能制止的。因此而浪费的金钱还不是最糟糕的事，因为与之相随的还有其他的罪恶，如谋杀、通奸、偷窃、渎神和其他一切的邪恶。世俗的力量应该对此采取行动制止这种无节制，否则一切会变得很糟，正如基督耶稣所预测的那样，"当他们大吃大喝、婚娶、恋爱、建筑、栽种和买卖的时候，那末日要如同小偷忽然在夜里临到他们身上"（《路加福音》第二十一章第三十四节）。如今很像耶稣预测的那样，所以我深信审判日近了，哪怕现在也很少有人想到这一天。

最后，尽管我们基督徒在洗礼时都宣誓保持贞洁，但是我们中有人还公开开设妓院，这岂不是一件糟糕的事吗？我很清楚在这件事上说什么的人都有，有人说：这不是某个民族所独有的，想清除这种现象很难，与其让那些处女，或已婚妇女，或有地位的女人遭到蹂躏，还不如让妓院存在。难道除了此类异教的办法外，世俗的力量和基督教的力量不能合力想出办法来解决这种情况吗？很多城市和村庄没有妓院，那些人又是怎样生存的呢？为什么大城市没有妓院就不行呢？

但是，我已经指出世俗政府能做许多好事，也指出每个政府所肩负的责任，从而人人都很明白从政和居高位需要承担何等重大的责任。如果君王在这些事上无意尽力帮助人民，尽管他自己的生活和圣彼得一样圣洁高尚又有什么用处呢？如果那样的话，他的权力就正好是他的罪恶，因为当局者的职责就是为他们的人民谋福利。若当局者想办法怎样能使青年人在结婚后结合起来，那么，那婚姻就能帮助人抵抗诱惑。

但是，如今人人都被神父的职位或修道生活所诱惑。绝大部分人向往神父的职位或修道生活只是想要解决生存问题或是维持一个稳定的家庭，而不是出于其他目的。我担心每一百个这样的人当中，还不到一个是出于其他目的的人。所以他们最初过着很风流的生活，四处放荡不羁（照他们自己所说），但恐怕他们更愿意过风流的生活[①]。有句俗话说，“多数人由于绝望而做修道士和神父”，我觉得这句话很正确。因此，目前情形就如我们所见的一样。

为避免许多普遍的罪恶，我真诚建议男女在三十岁以前不应该宣誓保持贞洁或过宗教生活。正如圣保罗所说，这需要上帝特殊的恩赐。所以，除非上帝要求某人过宗教生活，否则就不要宣誓。我想进一步说，若你不怎么信任上帝，担心自己不能维持婚姻的生活，而只因为这种忧虑才想做神父，那么，为救赎你自己灵魂，我求你不要做神父，倒不如去做一个农人，或做其他你所高兴的事。因为，若是想得到俗世的支持，你必须对上帝有一分信任，那么，为了过上宗教生活，你必须对上帝有十分信任。如果你不相信上帝给你世俗的支持，那么你怎么能相信上帝能在教会里支持你呢？唉，这种不信任和对信仰的渴望把一切事都弄糟了，而且带给我们不尽的悲伤，这便是我们在各阶级中所看到的情况！

这种不幸的情形还有很多。青年人无人管教，他们可以任性而为所欲为。尽管管理青年人该是教皇、主教、贵族和议会的主要任务，但是政府当局也当他们不存在一样。他们希望管理万事，治理所有地方，但他们却什么也不做。哪怕一个君主或贵族为上帝建造了一百座教堂，使死人都复活，然而他们在人间无所作为，恐怕也不会出现在天堂里！

现在我所讲的已经够了。关于俗世当局和贵族应该思考的事情，我想在那本《论善行》的小册子中已经说得很多了。他们的生活和对国家的治

---

① 路德这里使用“ausbuben”是从“austoben“这个意义上来说的，也就是说 “to storm out one’s passions”变为了“to storm in one’s passions.”

理很有改良的余地，然而正如我在那书中已经指明的，这带来的弊害远不及宗教当局带来的弊害。我猜想我的论调太过高调，我的许多提议在别人看来不可能实现，并且在很多问题上太过尖锐。但我能怎么办呢？我必须说，如果大权在握，我会实现这一切。我与其惹上帝的发怒，还不如引世人的生气。世人至多能夺去我的生命，再无其他。以前有许多次我主动与敌人讲和，但我现在明白，上帝利用他们逼着我大大开口，让他们有足够理由去说、去吠、去写材料，因为他们的嘴闲不下来。关于罗马和他们，我还有另一首小曲！如果他们有心思去听，我也愿意唱那一曲，并且唱出最大声。亲爱的罗马，你知道我在说什么吗？

我曾多次主动将我的著作提交审查，但是毫无用处。我很清楚假如我的主张是对的，就定会在地上被人定罪，再由天上的基督批准。因为《圣经》规定基督徒和基督教界的事务必须只能由上帝处理。这些事务从来不会交由世人处理，但是反对的力量倒常常是很强烈的。我所最惧怕和最担心的是我的事情不会被世人定罪，因为我确实知道，若是这样，若被世人定罪一定不被上帝所喜悦。所以让教皇、主教、神父、修道士和学者勇敢地去工作吧！他们向来是掩盖真理的人，这也是他们常做的事。愿上帝赐给我们一颗基督徒的心，尤其赐给德意志民族中基督徒贵族真正的勇气来信奉神灵，使他们为可怜的教会效忠。阿门。

一五二〇年于威登堡

（罗亮　杨婷　译）

基督徒的自由

Concerning Christian Liberty

——路德给教皇利奥十世的信

〔德〕马丁·路德

我同这个年代的那些充满邪恶的人交战已有三年时间，有时我不得不求助于你——我最神圣的利奥神父。事实上，因为只有你被所有人视作我参战的原因，所以我每时每刻都记得你。你恳求从目前的工作调动到未来的理事会，不畏惧你的前任庇护教皇和朱丽叶斯苍白无力的法令，但在他们愚蠢的暴政统治下这却被禁止。但对你的福音，我从未有过如此疏远的感觉，因为我未曾全力去找寻、去祈祷，没有诚心向上帝请教把所有最好的礼物给你。但是那些迄今为止试图用你的名号和权威来恐吓我的人，我鄙视并战胜了他们。仅剩下一件事我不能轻视，这也是我写信的原因，即我发现所有过错都归咎到了我身上，并且视我为不敬，他们认为我的行为鲁莽，甚至在你的面前都没有让步。

说实话，我很清楚，每当我提到你的时候，我只谈论你受人尊重和善良之处。如果我还谈论了其他的，我绝非为了支持我的行为，也不是因为这比放弃这样的鲁莽与停止亵渎神明的行为更让我高兴，而是在尽全力帮助那些人对我做出正确的判断。在巴比伦，我称呼你为丹尼尔，每个读者完全清楚我带着极高的热情同西尔维斯特争斗，以证明你显而易见的无辜，而他试图混淆是非。事实上，许多伟人公开的观点和你完美的人生已广为人知，受到整个世界的尊重。任何人，无论多么伟大，都无力对其进行批判。我不会愚蠢到去攻击一个人人称赞的人。不仅如此，这一直是、而且以后也将是我的愿望，那就是：不要攻击那些即便是公众认为可耻的人。我不会对任何人的缺点幸灾乐祸，因为我很清楚，我很同情他们，我也不能成为向通奸者扔石头的第一人。

我确实尖锐地抨击过那些不虔诚的说教，也没有放缓谴责对手的步伐，我抨击的并非他们的不良道德，而是他们的不虔诚。我蔑视别人的观点，一直保持这种鄙视的热情，对此我毫不愧疚。耶稣也是这样，他也一直坚持称他的敌人为一群毒蛇、瞎子、伪君子和魔鬼的孩子，这种热情从未改变。保罗也指责巫师为魔鬼的儿子，极度狡猾和满肚子的坏水；称某些人是邪恶的工人、狗和骗子。在那些对任何微妙的意见敏感的人听来，没有什么比保罗的话更难受。有什么比预言者的话更难受的吗？我们的耳朵在众多毫无意义的献媚者的作用下变得如此敏感，以至于只要我们的任何事情未被认可，我们就大声抱怨称自己受到严重的攻击；而当我们毫无理由地抵制真理的时候，我们为了逃避却将苦难、急躁、放纵归罪于我们的敌人。盐若不刺鼻，还会有什么用？剑若没有杀戮，又有何用？被诅咒的是那些虚伪地为上帝工作的人。

所以，最优秀的利奥，我恳求你接受我在这封信里的辩护，恳求你相信我对你从来没有过任何邪恶的想法；其次，恳求你相信我渴望永恒的幸福降临到你身上，相信我不想与人在道德方面争论不休，不论争议观点正确与否。至于其他事情，我愿意对任何人作出让步，但是我不能也不会放弃和否认这句话：那些对我有异议或者曲解我的话的人，就不会朝正确的方向思考，也不会了解真相。

然而，你看到的，被称为罗马教廷的地方，你和其他任何人都不能否认它比巴比伦或所多玛的任何法庭更腐败、更没有作为。因为我相信，我已经真正地放弃了这样一种让人迷失方向、让人绝望和毫无希望的不虔诚的教廷。别人用你的名字打着罗马教会的幌子欺骗耶稣的子民，对此我感到很愤怒。所以只要信仰在我心里，我就一直抵抗这种行为。我所追求的并非是不可能完成的事，也不是希望以己之力反对众多的谄媚者，因为在那个最混乱的巴比伦人们都可以做好事。但是，我觉得我亏欠我的弟兄，我会担心他们，担心他们中的一些人会被罗马的灾难完全毁了，或者部分毁了。你不是一个无知的人，所以知道多年以来，除了物品、身体和灵魂所产生的铺天盖地的废物和大量最坏的事情之外，罗马再也没向世界传播过其他东西，在所有人眼里，这比灯光还清晰明亮。罗马教堂，以前是最神圣的教堂，如今已经成为窃贼的非法巢穴，最无耻的妓院，犯罪、死亡和地狱的王国。所以，即使是反基督者，如果有的话，也能找到作恶的地方。

与此同时，利奥，你正如同狼群中的羊羔，狮群中的丹尼尔，你和以西结与蝎共居。你能在何种程度上反对这些道德败坏的罪恶？你自己看看那些最博学的、最优秀的红衣主教，在众多主教中他们又算是什么？在你还没来得及决定采取补救措施，你们所有人将被毒死，罗马教廷也将万劫不复，上帝也会愤怒到极点。她讨厌议会，她害怕改革，她不能抑制疯狂的不虔诚，她替母亲承担罪责，并对母亲说："我们本应医治好巴比伦但却没有做到，就让我们抛弃她吧。"寻找办法来医治这些恶魔是你和红衣主教们的职责，但这群家伙却嘲笑医生无能，一切都失控了。受这些情绪的影响，我总是感到悲痛，因为你，最优秀的利奥，应该生活在一个更好的时代，却在这个时代做教皇。罗马教廷是不值得你和那些与你一样优秀的人为之努力的，但是事实上，巴比伦更像是撒旦的王国。

哦，放弃了连敌人都声称属于你的荣耀之后，你宁愿在一个神父的私人教堂谋生或靠父亲的遗产生活！那些荣耀里其实没有一个值得骄傲的，除了种族的叛逆，孩子们的地狱。除那些发生在你教廷的事以外，利奥，越是邪恶、卑劣的人，越能用你的名字和权威去毁灭人们的财产和灵魂，从而获得更多的利益，去犯下大量的罪，压迫整个教廷的信和真诚。哦，利奥，事实上，大多的不幸都处在最危险的地步，我实实在在地告诉你这些，是因为我希望你好。因为如果当时伯纳德怜悯阿纳斯塔修斯，虽然很腐败，但也没有比现在更理想的，为什么我们不向那些在这三百年来深受腐败与迫害的人们哀悼？

在广阔的天底下再没有比罗马教廷更堕落、更让人讨厌、更可恨的了，这么说难道不对吗？她的罪恶完全超越了亵渎神明的土耳其人所犯下的罪，普天之下无人能比。她曾是天堂之门，现在却是张大的地狱之嘴，而且就是这样一张嘴还不能被堵住，因为上帝愤怒了。只留给我们这些可怜人一个任务：如果可以的话，从罗马的旋涡里唤醒并挽救一些人。

利奥，我的教皇，你要看清楚，我攻击那个害人的职位到底是出于何目的，坚持的是什么原则。我对你没有丝毫的愤怒，我甚至还希望获得你的应许，让我在生活上帮助你，我会积极地、毫不懈怠地跟你的监狱，不，你的地狱做斗争。无论这些努力能对这不虔诚的教廷产生什么样的作用，这都将有利于你和你的福利，以及其他许多与你一起的人。那些伤害教廷的人也从事着你的职务，那些天天憎恶她的人也在颂扬基督耶稣。一句话，这些都不是罗马籍基督徒。

尽管我对这从来没有上过心，但我还是想多说一点，以痛骂罗马教廷，鄙视关于她的一切。因为，当我看到为她的健康发展开出的所有治疗方法都无济于事时，我开始以轻蔑的眼光看她，只想跟她一刀两断，并对她说："不公平的，就让它不公平吧；肮脏的，让它继续肮脏下去。"这样也让自己有机会平和地、安静地研究神圣的《圣经》，这也可能对那些依赖我生活的弟兄们有所帮助。

当我在《圣经》研究中取得进展的时候，撒旦睁开眼睛，唆使他的仆人约翰·伊萨斯（JohnEccius），在我毫无准备的情况下将我拉到竞技台。约翰·伊萨斯臭名昭著，是基督的敌人，以毫无节制的欲望得名。他试图用一个罗马教廷大主教的职位来吸引我，而这对我却毫无吸引力。这喜好自吹自擂的萨索（Thraso）此刻却气得口吐白沫、咬牙切齿，宣称他敢为了上帝的荣耀和圣徒的荣誉做一切事情。借着你的权力他趾高气扬，还打算滥用你的职权以赢得胜利，寻求升职。但他不可能坐上彼得大主教那样的职位，因为与这个时代的神学家比，他还没那么出类拔萃。他认为，就算带领路德取得胜利，这对目前的现状也毫无帮助。这样的结果对这个诡辩家很不幸，这也折磨着他，让他抓狂，因为他觉得任何出自我口的对罗马的诋毁都是由他一个人的错造成的。

为了给自我辩护，也为了控告你真正的敌人，我请求你，最优秀的利奥教皇，折磨我吧。我相信你也清楚，迦耶坦主教，也就是你那轻率又倒霉的使者以何种方式对待我，他对你也不够忠诚。出于对你的名字的敬重，我把自己和属于我的一切都交到他手里，但他并没有因此就实现和平。实现和平对他来说很容易，只是一句话的事情，因为我那时就承诺如果他命令我的敌人做同样的事情，我就保持沉默就此罢休。但是他太过狂妄，对我的承诺并不满意，并开始替我的敌人辩护，给他们免费的许可证，还命令我公开认错。他的权限当然不足以让我认错。当处理这件事情的最佳时机到来之时，原本令人烦恼的残暴政权却易主，变得更残暴。因此，无论在这之后发生了什么问题都不是路德的错，完全是由迦耶坦一手造成的。因为当时我可是全力请求他让我保持沉默安静，而他却没这么做，那我还指望什么呢？

接下来要提到的就是查尔斯·米尔提兹（Charles Miltitz）了，他也是受你恩赐成为了教廷大使。他一生起起伏伏，也有过许多不同的尝试和努力。迦耶坦的鲁莽和自大在这件事情上造成混乱，但他却没有遗漏任何能使这件事回到正轨的有利因素。尽管这样，甚至也有弗雷德里克选举侯这位非常杰出的王子的帮助，我俩之间也很难举行两次类似的会晤。在这些问题上，我再次臣服于你的大名，保持沉默，并接受特里尔大主教或南伯格主教做我的法官，因此这件事也就此完结，画上了句号。我们也希望能成功处理这件事情。瞧！你最大的敌人伊萨斯，在莱比锡争论中反对加勒斯大（Carlstadt），还提了一个有关教皇大主教的新问题，他又毫无征兆地攻击我，完全推翻了和平计划。与此同时，查尔斯·米尔提兹还在等待，争论在进行，法官正在挑选中，但没有达成一致的决定。这也不足为奇！因为谎言、虚伪和伊萨斯的虚假表演，使一切都陷入了彻底的混乱、困惑，痛苦也在不断加剧。不管如何学习语录，一场更大的冲突定会出现，因为他一直追寻的不是真理，而是他自己的荣誉。在这件事情上，我同样没有放弃那些正确的、我应该做的事情。

我承认这一次没有把罗马的腐败行为公之于众，但如果这有任何过错，那也是伊萨斯造成的，因为他承担太多以至于自己力不能及。他拼命地为自己争取荣誉，也就向全世界暴露了罗马的耻辱。

利奥，这就是你甚至是你教堂的敌人。仅此一例，我们就明白，马屁精比敌人更危险。除了那些皇帝们都不能带来的罪恶外，他的谄媚还能带来什么？就在这一天，全世界都嗅到了罗马教廷的臭味，教皇的权威越来越弱，他的无知、臭名昭著，人人知晓。如果伊萨斯没有扰乱我和米尔提兹的和平计划，我们就不会关心这些事情。他自己也清晰地感觉到自己的愤怒，但这都太迟了，他反对我们出书，也是徒劳的。他当时疯狂地追逐名誉，还试图在你那里寻求他想要的东西以及那些对你危害最大的东西，而就是在那时他就该对我们出书一事作出反应。这个愚昧的人希望我因畏惧你的名号而屈服和保持沉默，之所以说他愚蠢是因为我认为他并没有利用他的天赋和学识。现在，每当他看到我非常自信地大声说话，他就忏悔自己的轻率行为，还看见（如果他确实看到了）我在天堂抵制那些骄傲的、自大的和专横的人。

自那以来，这场争论带来的只是人们更困惑于罗马接下来怎么做。米尔提兹为此第三次写信给神父，这些信我在第一章中提到，并征求他们解决的办法，因为现在处于最麻烦和最危险的状态。但是，由于上帝的帮助，他们不能继续武力攻击我，我已经得知他们的一些非常明显的特征，他们恳求我至少应该尊敬你的人，并以一封谦卑的信证明我的清白。他们说，这件事还未到毫无希望的地步，如果是利奥教皇，本着天生善良的品质他会同意这么做。在这件事上我渴望和平也总是给出方案，以便我可以让自己更平静，做更有用的事。为了这一目标，我精神十足、热情积极，希望能够找到压制我激烈的话语以及激动的情绪的机会。对于那些地位远不及我的人，我不只是高兴地作出让步，还甚至怀揣感恩之心高兴地接受了它，把这看做最大的善良和利益，所以你也应该认为满足我的愿望没错。

最神圣的教父，我以最卑微的姿态来请求你，如果可能的话遏制那些马屁精，因为他们与和平为敌，也常假装支持和平。最神圣的教父，为什么每个人都认为我该改变我的论调呢？他们的要求毫无道理，除非他们更喜欢让这件事陷入更大的混乱。此外，我不能忍受那些解释上帝之道的法律，因为上帝之道宣扬自由，他的道不应该被限制。为挽救这两件事，我愿意真心地奉献一切或去受苦。我讨厌争论，我不会挑战任何人，同样，我也不希望受到挑战。但是，一旦受到挑战——我的主教——为了耶稣的事业我不会默不作声。你可以很容易地说一句话，把争议双方叫到你跟前，压制他们，并强制双方在这事情上保持沉默与和平，我一直都渴望听到你这句话。

因此，利奥，我的主教，有人会用警报器引诱你出门去，你要谨防他可能不是一个普通人，或许在部分意义上是一个神，这样你就可以命令和要求任何你想要的事情。这种情况不会发生，所以你也不会有这样的特权。你还得服侍仆人，你所处的位置比其他任何人都可怜和危险。有些人会声称你是世界之主，他们不允许任何未经你批准的人成为基督徒，他们还会胡言乱语说你的权力超乎天堂、地狱和炼狱，但是你都不要上当受骗。这些人都是你的敌人，他们在寻求你的灵魂并要摧毁它。正如以赛亚所说："我的教徒们，那些把你列为死后可以升天的人正是欺骗你的人。"那些人吹嘘你的权力超过议会和教会的做法是错误的，那些认为只有你才有权解释《圣经》的观点也是错误的。所有这些人都试图以你的名义在教会做不虔诚的事。唉！通过利用你前任时代的那些人，撒旦收获不小。

总之，不要相信任何赞扬你的人，反而要相信那些羞辱你的人。因为上帝认为："他把有权势的人从宝座上推翻，而去提拔那些地位卑贱之人。"看看吧，耶稣跟他的继任者差别多大，尽管所有人都认为他们是他在人间的代理人。我担心，事实上很多人在一定程度上都把他的代理人太当回事，然而他只能在诸侯不在的时候代表他。如果教皇只在耶稣不在的时候才起作用，而耶稣却没在他心里，那么他除了是耶稣的代理人外还能是什么呢？教堂礼拜又是什么？难道是心无耶稣的一群人的集合吗？这样的一个代理人到底是一个什么样的人，是反基督者还是我们的神？那些传教士自称是现世基督的仆人，而不是一个虚无基督的代理人，那些传道士说的又有多少是正确的？

也许看起来我是在胆大妄为地向一位伟大的头领讲道，还显得厚颜无耻，然而所有人都听他讲道，法官的宝座收到他们的句子，但我也只是在仿效圣伯纳德（St. Bernard）在《论则》（Considerations）一书里给尤金一世（Eugenius）写信，每个教皇都应把这本书牢记在心。我这样做的目的并非想要讲道，而是真诚地关怀，这也是我的责任。这种真诚的关怀要求我们把有助于邻居安全的一切事放在心头，不许衡量考虑什么有价值或无价值，只关心他人的安危。因为我知道你的福音受罗马力量的海洋的驱使，受其摆布，这样深的海水压在你身上，带给你无限的危险。你在如此痛苦的条件下工作，需要来自兄弟们的帮助，哪怕是一点点也好。如果在完成慈善工作之前我冒犯了你的威严，我并不认为这是不妥。在如此严重和危险的问题上我不会奉承你，如果你因此觉得我不是你的朋友和最完全的臣民，那么会有人来判定。

最后，我可能不会空手而来，神圣的神父，我会带来这本以你名义出版的小论文，以期能够建立和平与美好的希望。如果那些不虔诚的马屁精允许我这么做的话，透过这本论文你能了解到我喜欢追求什么，并且为之寻求更多的有利条件。如果你只看表面，这就只是个小事。但是，如果你理解它的内在意义，除非我的认识有错，那它就好似是一个小罗盘，总结了基督徒的各种生活。我很贫穷，没有其他礼物带给你，除了属灵的礼物你也不需要任何其他东西了。愿耶稣主永远保留。阿门。

于威滕伯格

1520年9月6日

信

许多人认为基督徒的信是一件容易的事，甚至不少人把它看做一种社会美德。的确，它也是一种美德。他们这么说是因为他们没有过信的体会，也没尝过它有什么滋味。没有受过苦难重压的人，不可能把信写出来，也不能正确理解关于信的任何东西。而那些有过体会的人，即使只有很少的体会，都能充分地、不断地把自己听到的或想到的写出来、说出来。《约翰福音》第四章第十四节中称，“信是一眼喷泉，喷流到永生”。

现在，虽然我不能夸口我有很多的信，虽然我知道信的积累很少，但我依旧希望，被各种诱惑烦心后，能获得哪怕一点信。我对信的陈述不是那么高雅流畅，但比起那些难以捉摸的好辩论之人，我的更加可靠。因为他们对基督的信只有表面的认知，他们连自己要说的都不清楚就开始妄加评论。

自由与受困

我可以给这些无知的人，也只给这些人，更简单的方法来了解信。我首先抛出有关属灵的自由和受困这两个命题。

基督徒是最自由的人，不听命于任何人；

基督徒也是最忠实的仆人，听命于每一个人。

尽管这些话看似很矛盾，然而这两句话，就能极好地符合我要说的。

这都是保罗自己的言论。他说："虽然我是自由的，不受任何人约束，但是我甘心做所有人的仆人（《哥林多前书》第九章第十九节）。"还说："我不亏欠任何人，对他们我只有爱（《罗马书》第十三章第八节）。"从本质上看，爱忠诚并服从于所爱的对象。因此，即便基督是万物之主，但同时他又服从于一个女人，也要受制于法律。他不受制于任何人，但又要服务所有人；是上帝，却也是仆人。

人的属性

让我从更深入但更简单的原则审视这个主题。人有两种属性：属灵的属性和身体的属性。他们把属灵的属性叫做灵魂，内在的人，或叫做新人；把身体的属性称作肉体，外在的人，或叫做旧人。对此使徒说："虽然我们外在的旧人毁灭，但内在的新人却一天天地长大。"（《加拉太书》第五章第十七节）这种差异的结果是，在《圣经》中对同一个人的陈述却是相反的，因为这两种人都在同一个人身上，这两种人都与另一个相对，肉体抵制灵魂的欲望，反之亦然。

内在的人

我们先谈谈内在的人，我们就会明白通过什么方法让人变成一个公正、自由和真正的基督徒，也就是变成一个属灵的、新的、内在的人。可以肯定的是，绝对没有任何外在事物，可以用能想到的任何名义对基督徒的公正或自由，邪恶或奴役产生影响。要做证明很容易。

身体保持良好状态，自由和充满活力对灵魂有什么好处呢？尽情吃喝玩乐对灵魂又有什么好处？因为这些连最不虔诚的奴隶都能做到。还有，伤病、奴役、饥饿、干渴或任何其他外在邪恶，对灵魂带来什么伤害？即使是最虔诚的人、最自由的人以及良心纯洁的人都会受这些事情的伤害。这两种情况都与灵魂的自由或奴役无关。

身体纵然穿着神圣的长袍，或住在神圣的地方，或者从事圣职，或祷告、禁食，禁食某些肉类，或做一些能由身体和内心完成的事，灵魂也不会因此受益。灵魂的义和自由所要求的东西很是不同，因为我说过那些事情任何不虔诚的人都会做到，只有伪君子才会全心致力于这些事情。另一方面，纵使身着世俗的衣裳，住在世俗的地方，平常地吃喝，没有大声祈祷，没有以上提到的伪君子行为也不会对灵魂造成伤害。

神之道

抛开一切毫无用处的东西，专心思索、冥思，行任何由灵魂本身能做的事情。生命中只要一个东西，只需要一个就够了，那就是正义和基督自由。这也是上帝最神圣的道，基督的福音。他说："我会转世复活，重获新生，信我者必永生不灭。"（《约翰福音》第八章第二十五节、第十一章第二十五节）还说："若耶稣让你们自由，你们就真自由了。"（《约翰福音》第八章第三十六节）又说："人不光靠面包生存，还有上帝口中说出的每个字。"（《马太福音》第四章第四节）

因此，我们要坚信没有其他灵魂也能行，上帝的道除外，因为上帝给我们提供所需要的一切。拥有了上帝的道，我们就变得富有而不需要其他东西，因为它是生命之道、真理之道、和平之道、正义之道、救赎之道、欢乐之道、自由之道、智慧之道、美德之道、慈悲之道、荣誉之道以及任何好事之道。因此，在整个一百一十九章《诗篇》和其他许多篇章里，先知不断喃喃叹息，希望并呼唤上帝之道。

此外，要是上帝发怒不再让我们听到他的道，那再没有什么比这种残酷打击更大的了，就像再没有什么比得到他的道更有帮助一样。诗中说："他用道拯救了他们，让他们脱离毁灭的危险。"（《诗篇》第一百零七篇）基督被指派管理上帝之言，并无其他职务。使徒、主教和所有神职人员职位的设立都是为了管理上帝之道。

福 音

但你会问，上帝之道是什么？上帝的道有很多，怎样运用这些道呢？我的回答是，使徒保罗在《罗马书》第一章中会解释这些道是什么，其实也就是上帝的福音，关于他儿子的化身、受难、升天以及通过使人成圣得到荣耀。因为传道也就是养育自己的灵魂，使其得义，让它自由、让它得救。只有信和虔诚使用上帝之言才能够让人得救。书中说："你若向耶稣忏悔，相信上帝使他复活升天，你就必得救。"（《罗马书》第十章第九节）"对于他的信徒，基督是最终的正义之法。"（《罗马书》第十章第四节）"正义必因信而生。"（《罗马书》第一章第十七节）任何行为都不能接收和执行上帝之言，唯有信能够。因此很明显，灵魂只需要上帝之言便能称义，所以仅因信而称义，而非因行称义。因为，如果可以通过其他手段称义，那么就不需要上帝之言，也不需要信了。

但这信不能与行并行。也就是说，想象一下，如果你可以凭任何行为称义，这将是什么情况。如果这样就是在这两者之间徘徊，信仰上帝或敬拜太阳神巴力，用自己的嘴亲吻手，但正如约伯所说，这是极大的罪恶。因此，当你开始相信的时候，你也明白你内心的一切都是有罪的，也会受到谴责。书中说："人都有罪，还亏欠上帝的荣耀。"（《罗马书》第三章第二十三节）"没有正义之人，一个也没有。他们都偏离正路，他们全都变得毫无用处。没有行善之人，一个也没有。"（《罗马书》第三章，第十节到第十二节）当你了解了这一点，你就会知道，你离不开基督，因为他已经受难并因为你再次升天。相信他，你会通过信脱胎换骨，你所有的罪将被赦免，你将被另一个人的功绩称义，这个人就只有基督。

因信称义

这种信念只能支配内在的人，正如书中说："人的内心里相信正义。"（《罗马书》第二十四章第十节）由于只有因信称义，所以很明显，没有外在的行为或努力能够使内在的人称义，让他自由、让他得救，他与任何行为没有关系。另一方面，人变得有罪，成为罪恶的奴隶，从而受到谴责，这完全是由内心的不虔诚和不信任造成的，与任何外部的罪或行为无关。因此，基督徒首先关心的应该是抛开对行为的依赖，不断加强信，增加对信而非行为的认知。因为基督耶稣为他受难并再次升天，正如彼得所说，没有做其他行为使人成为基督徒。因此，当犹大问基督需要做些什么才能实践上帝的行为之时，他反对他所见到的门徒们所做的大量行为，只吩咐他们一件事，说："若要实践上帝的行为：你们相信他差来的人，因为他被批准为圣父。"（《约翰福音》第四章第二十七节、第二十九节）

因此，对基督的正确信仰是无比珍贵的宝藏，拥有它就拥有了广泛的得救，也能让人远离一切罪恶。《圣经》说："相信基督并受洗的人必得救，不信者必被受罚。"（《马可福音》第十六章第十六节）以赛亚已经发现了这一宝藏并预测说："消费法令将充满正义公平。因为众人之主耶和华甚至会让每个领地自行决定消费。"他好像是说，信是对法律简洁完整的补充，会让那些相信有这样的正义就不再需要其他东西便能称义的人，心中充满信心。因此，保罗说："因为人们内心里相信正义。"（《罗马书》第二十四章第十节）

信与行为

但如果你要问，如果只因信就能称义，不需要任何行为和努力就能得到这样大的宝库，那《圣经》为何还给我们规定了众多行为、仪式和法律？我的回答是：牢记我说过的，只有信，而不是行为，才让人们称义，给他们自由，让他们得救。下面我将更清晰地来解释。

戒律的软弱

同时要注意，整个《圣经》有两部分：戒律和许诺。这些戒律明确教导我们什么是善，但所教导的东西却并没有立即得到践行。因为，戒律告诉我们该做什么，但没有赐予我们力量去做。然而，它们只是想让人认清自我，并通过这些戒律明白自己在某些事上无能为力，从而对自己的力量感到绝望。正因为此，这些戒律被称为《旧约》，它们就是旧约。

例如，“你不可贪心”，这就是定我们所有人都有罪的一条戒律，因为，不管做出什么努力来控制，任何人都止不住要贪心。因此，为了能履行戒律，做到不贪心，人们约束自己，对自己感到绝望，并从其他地方寻求自己所不能提供的帮助。如何西阿所说：“你与我反对，就是反对帮助你的人，自取败坏。”（《何西阿书》第十三章第九节）如果不能做到这一条戒律，我们也就不能做到其他所有戒律，因为所有戒律我们都一样不可能做到。

当一个人已经通过戒律了解到自己的软弱无能，因不懂怎样达到法律的要求而变得焦虑不安——因为法律的要求必须达到，不能放过任何一点法律的要求，否则他必将受谴责——这时的他真的很卑微，也看不到任何办法，他发现自己无力称义和得救。

许诺的力量

然后就是《圣经》其他部分，也就是上帝的许诺，这表明了上帝的荣耀。许诺说：“如果你想履行法律的要求做到不要贪心，那就相信基督吧，他会赐予你恩惠、正义、平安与自由。”如果你相信耶稣，你便会拥有这一切，如果不信，将会失去这一切，这一切都是那些繁多而无用的法律所不能给你的，而却可以通过信轻而易举地得到，因为圣父要求万物皆依信而行，所以凡有信者就拥有这一切，没有信者就一无所有。“上帝已经把他们视作不信的一群，他对所有人施以怜悯。”（《罗马书》第十一章第三十二节）因此上帝的许诺给了履行戒律所要求的东西，也履行了法律的要求。因此，唯有上帝能做到这一切，无论是戒律的要求还是履行法律的要求。因此上帝的许诺属于《新约》，不，它就是新约。

由于上帝的许诺都是有关神圣、真理、正义、自由与和平的话，满是普世的善。凡是以坚定的信和这许诺连在一起的心，也都会和它们充分结合，不，是彻底融为一体。它不仅融入进去，还被这些许诺渗透。如果触摸基督可以治疗病痛，那么，在这一个心灵上最轻柔的一摸，不如说，这一个道的吸收，岂不更要将道的一切传达于心灵？因此，信徒仅有信而无须法律，只需上帝之言，灵魂就能得到正义、真理、永远的和平与自由，心里满是福气，真正地成为上帝的孩子。如书中说，“给他们力量成为上帝的儿女，即使是那些相信他名字的人”（《约翰福音》第一章第十二节）。

信使人称义

从以上就很容易理解为什么信有如此大的力量，为什么任何善行，甚至所有善行一起，都不能与之抗衡，因为没有行为可以与上帝之言相通，也没有什么能进入人的灵魂。信和上帝之言支配着人的心，也就是这样的话造就了这样的灵魂，就像铁在火中烧就会红似火，因为它与火在一起。这样就很明显，对一个基督徒而言，他的信足以满足一切，而且，他不需要任何行为就能称义。如果他不需要任何行为，他也不需要法律；如果他不需要法律，他当然不受法律的约束。下边的说法很正确，“法律不是为正义之人所立”。这是基督徒的自由，也是我们的信，它不是要我们过粗心的、糟糕的生活，但没有人需要用法律或行为来称义和得救。

信成全戒律

上面所谈的，让我们把它看做是信的首要功德，接下来让我们看第二个。这也是信的另一个功能：信徒在这里礼拜自己相信的最受尊敬和声望最高的上帝，因为他们认为上帝是诚实的，是值得相信的。带着诚实和公正，我们礼拜所相信的上帝，因为再没有什么信誉能与诚实公正相比。除了诚实公正和善良之外，我们还能拿出什么更好的评价吗？另一方面，给人贴上撒谎和不义的标签或怀疑他有这些行为，就是对他最大的侮辱，当我们不信任一个人的时候我们就会这么做。

因此，灵魂坚定地相信上帝的许诺，相信他是诚实的、正义的。诚实、正义是对上帝最高的荣誉了。对上帝最高的礼拜就是相信他是诚实的、正义的，相信上帝一样拥有我们相信一个人时认为他们拥有的任何品质。通过这么做，灵魂就会按上帝的意愿办事，也对上帝表示崇敬，把自己交给上帝以取悦上帝。坚持相信上帝的许诺，就决不怀疑上帝的诚实、正义和智慧，坚信上帝会用最好的方法完成、处理和准备所有事情。这样一个有着坚定信的灵魂难道还不算是在大多事情上都顺从上帝吗？还有什么连这样的服从都还不能完全满足的戒律？有什么比这样的完全服从更完全？这不是靠行为完成的，仅仅是信。

另一方面，比起不信任上帝的许诺，还有什么更大的背叛、不虔诚或者侮辱吗？比起称上帝为撒谎者，或怀疑他的真诚，也就是认为自己是真诚的而上帝谎话连篇和行为轻浮，还有什么更大的背叛、不虔诚或者侮辱吗？这样做，不是在否认上帝，并在自己心中把自己立为榜样吗？这么一种不虔诚的行为，即便是上天的或使徒的行为，又有什么益处呢？所以上帝没有把这一切算作愤怒或欲望，而是不信，以便让那些想要通过行贞洁和仁慈的事（社会和人类的美德）而履行法律要求的人不会误认为他们会因此得救，明白自己犯下不信的罪，但也可以寻求上帝的怜悯或正义的惩罚。

当上帝看到自己被我们认为是诚实的，在我们由衷的信念里，他受到了一切应得的荣誉，那么作为回报，他也因为我们对他的信仰而尊重我们，认为我们也是真诚和正义的。真理和正义的信念确实在呈现给上帝什么是他的，因此作为回报，上帝给了荣耀以回报我们的正义。上帝的确是真诚和正义的，承认这一点并将这些归为他的特性，也是真诚和正义的表现。

因此他说："那些尊重我的人也会得到我给的荣誉，轻视我的人也不会受到我的尊敬。"（《撒母耳记上》第二章第三十节）所以保罗说，亚伯拉罕拥有信仰是因为上帝的正义，这样也给予了上帝荣誉。我们也是一样，出于同样的原因，如果我们相信上帝，就该相信他是正直的（《罗马书》第四章）。

信与基督结合

信仰上帝能得到的第三个无与伦比的恩赐是：它将信徒的灵魂与基督连在一起，就像妻子与丈夫结合。正如使徒所说，通过这种神秘的结合，基督和灵魂合为一体。如果他们是一体的，又如果有了真正的婚姻（迄今为止最完美的婚姻，因为人类的婚姻不过是这伟大婚姻中最脆弱的一类），那么他们各自拥有的东西，不论好坏都变成了共同财产。因此，凡基督拥有的，信仰耶稣的人都可以拥有，并可以宣布归自己所有；凡是灵魂拥有的，基督都可以宣称是自己的。

如果我们比较这些恩赐，我们会发现自己所得是多么地无价。基督满是恩赐、生命和得救，而灵魂却充满罪恶、死亡和谴责。让信进入灵魂，那么罪恶、死亡和地狱就属于基督，而灵魂得到了基督的恩惠、生命和得救。如果基督是一个丈夫，他必须得到妻子的一切，同时把自己的一切给妻子。他把自己的身体和自己都交给了妻子，那他怎能不给妻子他所拥有的一切呢？他得到妻子的身体，他又怎会不接受属于妻子的一切呢？

这就出现了令人愉快的景象，不光是圣餐，还有丰富的福利、胜利、救赎和拯救。由于基督是神人的合体，所以他不会犯罪，也不会死，也不会受罚，他也不能犯罪、死亡或受罚。由于他的义、生命和得救是无法战胜的、永恒的和万能的，所以我要说，通过信的婚戒，这样的一个人分担了妻子的罪恶、死亡和地狱之痛，并由自己来承担这一切，仿佛都是他自己来对待，好像他自己犯的罪。如果他受苦、受死或下地狱，他会克服这一切困难，因为罪恶、死亡和下地狱不能消灭他，而在激烈的斗争中，他们必被基督消灭。他的义征服了所有人的罪恶，他的生命比死亡更强大、更有力，所有地狱的恶都不能战胜他的得救。

因此，拥有信的灵魂，因承诺对基督的信而变得自由，从而免受所有罪恶的侵蚀，从此不惧死亡，远离地狱，永享来自其丈夫基督的义、生命和得救。因此她呈献给丈夫一个优秀的新娘，没有污点和皱纹，并用道的水，也就是信的生命、正义和救赎之道为自己净化。基督与她订婚，并承诺要做到“忠诚、正义、公平、慈爱和怜悯”（《以弗所书》第十九章、第二十章）。

谁能完整地高度评价这些彻底的婚礼？谁能理解这种恩赐荣耀有多么丰富？基督，这位富有和虔诚的丈夫迎娶了贪婪不虔诚的娼妓，并把她从所有罪恶中救赎回来，还给她自己所有的善。现在她的罪恶不可能摧毁她，因为这些罪恶都转到基督身上，被他吞噬，还因为她已经属于她的丈夫基督，她便可以宣称拥有义，她也可以自信地对抗所有的罪恶、死亡和地狱，并说，“如果我有罪，在我信仰的基督那里那也不是罪;我的就是他的，他的也是我的”，正如书上所记，“我亲爱的爱人属于我，我也属于他”。这也就是保罗所说的：“感谢上帝，让我们借着基督，我们的主，战胜了罪恶和死亡，死亡的毒刺就是罪恶，罪恶的力量就是律法。”（《哥林多前书》第十五章第五十六节、第五十七节）

信成全律法

所有这些将使你再次明白为什么信如此重要，因为它可以独自承担法律的作用，不需要任何行为就能称义。第一条训诫这样说，“你只能礼拜一个上帝”，也只能心中有信才能做到。如果你彻头彻尾都只是在行善，你也不能礼拜上帝，也不满足第一条训诫的要求，不把真诚和普世的善行归于他是不可能礼拜上帝的，应该信任他的真诚。如今，这不是由行为而是由心中的信来做到的。这不是通过行事，而是通过信来表现我们对上帝的崇拜，承认他的真实。因此，唯有信才是基督徒的义，才能实现所有训诫。对于那些履行了第一个训诫的人来说，履行剩下的训诫不难。

这些行为是荒谬的，不能给上帝带去荣耀，但如果信存在，这些行为就能给上帝带去荣耀。目前我们想要的不是行为完成的质量如何，而是谁完成的，谁给上帝带去了荣耀，成就了善行。是心中的信，我们的义中最重要的部分，也是实质所在。因此那种说训诫是由行为来实现的说法是盲目的，也是危险的。训诫必须在任何善行之前得以完成，之后才有善行，我们以后会说。

《旧约》的预表

但是，我们会对我们的内在人从基督得到的恩赐有一个更深入的看法，我们知道在《旧约》里，上帝赋予每个长子神圣的力量。这种与生俱来的权力颇受重伤，他会得到两种荣誉，即祭司和君王的双重荣誉，这就使得长子相较其他兄弟有优势。因为长兄是其他兄弟的神父和主人。这也就预示着基督是上帝和圣母玛利亚真正的、唯一的儿子，也是真正的非肉体和俗世的国王、神父。因为他的王国不属于这个世界，它主宰上天和属灵的东西，他履行神父的角色，专管称义、真理、智慧、和平、得救等事情。但这一切，即使是俗世与地狱的一切，都臣服于他，要不他怎么能保护和拯救我们，让我们摆脱这一切呢？但他的王国却不是靠做这些事而存在。

同样，他的神父职位的表现主要并不在于法衣和姿势等外在特征，正如人类祭司长亚伦和我们教会的神父，重要的是精神上的东西。他在无形的办公室里替我们向天堂的上帝祈求，并自愿履行一个神父所有的职责，就像保罗在《希伯来书》中描述的那样：他就像麦基洗德（Melchizedek）一样。他不光祈祷，替我们祈求，还在精神上用他的圣灵教导我们，这样就完成了神父的两个职责，属人的神父给我们做属灵的祈祷。

作为长子的基督生而获得了两个身份，所以他就按照婚姻法把这赐予每一个相信他的人，并与之分享。因为根据我们之前所说的婚姻法，丈夫所拥有的也都是妻子的。因此，凡相信基督的人在基督那里都是国王和神父。正如彼得所说："你们是上帝挑选出来的人，是高贵的教士，是一群

圣洁的人，是上帝的子民，你们应该崇拜呼唤你们走出黑暗进入到他那无限光明中的人。”（《彼得前书》第二章）

基督徒王的地位

我要说明这两件事。首先，关于王权，每个基督徒因信凌驾于所有的东西之上。其次，基督徒拥有属灵的力量，他完全是万物之主，所以没有任何东西可以伤害他。毫无疑问，凡事都服从于他，必须听命于他从而得救。因此保罗说，“万事都相互为彼此服务”（《罗马书》第八章第二十八节），“无论生活、死亡、既存的事物或未来的事物都是你的，因为你们属于基督”（《哥林多前书》第三章第二十二节、第二十三节）。

按照某些神父疯癫的和毫无意义的说法，不是任何一个基督徒都被指定拥有和统治一切的有形权力。因为这只属于地球上的君王、诸侯和其他人。生活的经历让我们明白，我们臣服于一切，也受许多苦，甚至死亡。的确，一个人若越彻底地成为基督徒，那他便会遭受更多邪恶、痛苦和死亡的痛苦，就像我们看到的，基督的长子和他所有的神圣的弟兄都是那样。

我所说的是属灵的力量，它能支配敌人，在困苦中力量更是强大。只不过，这种力量在软弱的人身上变得坚强，我能使所有事情都有利于我的得救。所以，即使是十字架和死亡都必须为我服务，都必须共同为我的得救努力。这是崇高而卓越的地位，真正完全的统治地位，是一个属灵的帝国。在这里只要我有信，没有什么太好或太坏，因为不必共同努力致力于我的得救。然而我不需要从这里得到任何东西，因为仅有信便能够让我得救，除非它能使信发挥力量和使帝国更自由。这是基督徒无价的权力和自由。

基督徒祭司的地位

我们不仅仅是王和最自由的人，我们也是永远的神父，这种地位远高于王，因为有了神父的身份，我们就可以面见上帝，为他人祈祷，并彼此传教上帝的事。因为这些是神父的职责，任何不信上帝的人都不许有这样的职责。如果我们相信基督，他会为我们争取这种职责，就好像我们是他的弟兄、儿女和同他地位类似的王。此外我们也同他一道祭祀，可以借着信斗胆来到上帝面前大声喊。“上帝啊，天父！”并为他人祈福，做我们看来合乎情理的、神父在办公室里所做的那些事情。但对于不信的人，他们所做的事没有回报，也不是善行，他是一切事情的奴役，而这一切都成为他的罪恶，因为他不虔诚地用所有事情为自己牟取利益，而不是为了上帝的荣耀。所以他不是神父，而是不虔敬的人，他的祷告变成了罪恶，他也不能面见上帝，因为上帝不听罪人说话。

如今谁能理解基督徒地位的高尚，通过无上的权力统治一切，甚至死亡、生命和罪恶，还能凭借神父的荣耀，与上帝一样万能，因为上帝成全了他寻求和希望的事情，如书上所记“畏惧他的人，他将满足他们的愿望，还将听他们诉求，并拯救他们”（《希伯来书》第十章第十九节到第二十节，《约翰福音》第九章第三十一节）。当然任何行为都不能得到这个荣耀，只能靠信。

如此一来，任何人都能明白基督徒是如何不受万事的束缚，因此，他不需要任何行为来称义和得救，仅凭信就能收到一切。他会愚蠢到以行来称义，获得自由，得救，用一切行为成为基督徒吗？如若这样，他会立即失去信以及所得的一切好处。这种荒唐事只会出现在寓言里：一只狗叼着一块真正的肉在水中奔跑，却被肉在水中的倒影欺骗，还尝试张口咬住它，却同时失去了嘴里的肉和水里的肉。

基督徒当中的区别

你会问：“如果教堂的所有人都是神父，那些我们现在称为神父的人区别于世俗人的特性是什么？”我的答案是，“神父”、“神父”、“属灵的人”、“神职人员”，这些词是不同的，因为他们已经从其他基督徒身上转移用到少数人身上，在这些丑陋的习俗下，这些人被称为神职人员。因为

《圣经》没有区别他们，那些现在自夸为教皇、主教和领主的人除外。《圣经》要求神父、（对神的）献身者和管理人员为他人服务，宣传基督的信和信徒的自由。虽然我们都是同样的神父，但我们不能，如果我们能但也不应该公开履行神父职务，也不该公开宣教。因此保罗说："让人们把我们当作基督的执事，上帝秘密的管理员。"（《哥林多前书》第四章）

这个糟糕的组织狂妄地滥用自己的权力，滥施暴政，让人感到恐怖，还宣称没有任何世俗政府可以与它相比，似乎与基督徒相比俗人就是异类。这样的曲解就把对基督教恩赐、信、自由和基督一切的认知完全毁灭了，又重新受行为和法律的束缚，这种束缚让人无法忍受。《耶利米哀歌》中说，我们已经成为地球上那些卑鄙者的奴隶，他们利用我们的不幸，以达到自己一些不光彩的、可耻的目的。

如何宣传基督

回到我们的主题，我认为仅靠阐明这些事实和基督教课程，还不足以从历史的角度宣传基督的行为、生活和基督的道。而不合基督教道理的，今日必须认为上等的传道人却正是这样。还有那全然不讲基督，只将人的律法、教父的戒律，教导人的，那就更为不足，更不合乎基督教的道理了。又有不少的人传基督，为的是要打动人的情感，给予基督同情，生犹太人的气，以及这类无知的事。

如今，讲道的目的应该是让更多人信仰基督，宣传他不仅属于自己，还属于你和我，他所说的、所要求的都会被我们实现。我们宣讲基督为何而来，他带给我们什么，会得到什么好处和利益，这样信在人们心中产生并得到维持。只要我们讲清楚我们从基督那里得到的自由，问题就迎刃而解，我们也会明白基督徒怎样成为神父和王，我们为何是万物之主，也自信于我们在上帝面前所做的一切都会取悦他，让他满意。

如此传讲的效果

听到这些事情，有谁的内心深处不会高兴？得到了如此巨大的安慰，得到了基督的爱，一种任何法律和行为都不能给予的爱，又有谁的心不会因此而甜蜜？谁能忍心伤害这样的一颗心，或使它感到害怕？如果对罪恶认识，或对死亡的恐怖涌上心头，那就对主心怀希望，从此无惧各种罪恶，心平如镜、泰然自若，只会藐视敌人。因为它相信基督的义属于自己，罪恶却属于基督而非自己。但是正如我先前所说的，因为它信基督，所以它的一切罪恶在得到基督的义之后会完全消失。它也同使徒一道嘲笑死亡和罪恶，并说："死亡啊，你的毒钩在哪里？坟墓啊，你的胜利在何处？死亡的毒钩就是罪恶，罪恶的力量在于律法。但是，感谢上帝，你借着主耶稣基督之手赐予我们胜利。"（《哥林多前书》第十五章第五十五节至第五十七节）死亡被胜利吞没，这不仅是基督的胜利，也是我们的胜利，因为借着对基督的信，我们得到了胜利，我们也征服了死亡。

足以说明这与内在的人及它的自由相关，也与信的义相关，这种义不需要任何善行，也不需要法律。如果任何人想借这些称义，那这些行为或法律甚至会对义造成伤害。

外在的人

接下来我们谈论其他部分：外在的人。在此，我将答复那些误解信之道和我宣讲的东西的人。他们说："既然信可以满足一切，而且光有信就足以称义，那为什么还要求善行呢？我们就可以放松自己，不做任何善事，只靠信就够了。"我的答复是：不虔诚的人，不是你认为的那样，不是的。如果我们是彻底的、完全的内在的人和属灵的人，那就真的会发生。因为直到世界末日，死人将复活的那天，我们才能成为完全的内在的人和属灵的人。只要我们的肉身活着，我们就会起步并取得进展，而这将在将来的日子里实现。因此，使徒宣称我们今生拥有了成为属灵的人的初步成果

(《罗马书》第八章第二十三节)。将来我们还将拥有十倍的成果和成为属灵的人的全部要素。这是我在前面所讲的一个事实：基督徒服务众人、服从众人。基督也是自由的，不需要做任何事，但同时他也是一个仆人，要做所有的工作。让我们看看在什么条件下需要这样。

他必须做事

尽管，正如我刚才所说的，人在内心拥有信就足以让他称义，他会得到想要的东西，除了要求这每天都应该不断增加的信和对它的热情一直持续到未来。他既然还生存在地球上，就应该管好自己的身体，还要与人交流。此后他的行为就开始了，他一定不能安心地休息。他必须注意训练身体，方式很多，比如禁食、守夜、劳动和其他定期训练修行，让身体顺应内心，服从内在的人和信的需要，而不是反抗它们或妨碍它们，因为身体反抗或妨碍才是它的本性。内在的人是根据上帝的模样通过信创造出来，他有着上帝的模样，会因基督的赐福而感到高兴快乐，因此他只有如下任务：快乐地侍奉上帝，不求回报地爱上帝。

但他这样做的时候，自己身体里会出现一个相反的意愿，那种意愿正在努力为世人服务并寻求自己的满足。这是不被属灵的信所容忍，所以心甘情愿地制约它，正如保罗所说："对于上帝的律法的满意程度，我仅次于内在的人，但从其他基督徒那里我发现了另一个律法，它同我心中的律法激斗，并把我困在罪恶的律法里。"（《罗马书》第七章第二十二节、第二十三节）又说："我抑制着自己的身体，用一切办法让它服从，当我给别人讲道的时候，自己却被抛弃。"（参《哥林多前书》第九章第二十七节；《加拉太书》第五章第二十一节）"那些属于基督耶稣的人连同他们的情感和欲望都被钉在十字架上。"

行为不使人称义

然而，做这些事不能有任何错误的观念，即认为可以借此在上帝面前称义，因为在上帝面前只有以信称义，这种错误的观念将不会被容忍，但我们行事只能有如下目的：让身体屈服，让其摆脱邪恶的私欲，所以我们只注意到清除那些私欲。当灵魂受到信的洗礼而只爱上帝，其他所有的东西都会以类似的方式被洗礼，特别是自己的身体，所以，其他一切都会和信一道，去爱慕和赞美上帝。因此由于自己身体的要求，一个人不能懒惰，还会被迫做很多善事，这样让身体屈服。然而这并不是为了在上帝面前称义，因为他们这么做出于对上帝无私的爱，只为取悦上帝，希望万事都最忠诚地服从他。

若按这种办法，每个人都能很容易地以任何措施引导自己，让自己与众不同，磨炼自己的身体。他会斋戒、守夜和劳动，用他所了解的一切方式来抑制身体的放纵和情欲。但是那些想要以行称义的人并不是希望他们的私欲被禁止，而是希望不再做善事，因为他们认为，如果行得够多、够大，一切都对他们有利，他们也就会得到义，为此有时候他们甚至伤害自己的大脑，压制本性，或至少使它毫无用处。若一个没有信的人想要以行称义或得救，这么做就无比愚蠢，也是对基督徒的生活和信的无知行为。

一个比喻

为了更容易理解我所说的，让我们用比喻来描述。一个基督徒纯粹是因上帝的恩赐而称义和得救，他的情况应该被视作与亚当和夏娃在伊甸园以及他们的后代所做的事一样（如果他们没有罪恶）。关于他们，《创世记》中说：“耶和华把他带到伊甸园，让他在那里整理花园并在里边劳动。”（《创世记》第二章第十五节）上帝创造了一个公正的、正义的亚当，他不需要通过整理花园或在伊甸园劳动就能称义或让自己显得正义。但是，他可能会无所事事，所以上帝给了他整理伊甸园并在里边劳动的差事。这些的确完全是随心的行为，只是为了取悦上帝别无其他目的，也不是为了称义，因为他已经得到完全的义，我们所有人也将一出生就得到义。

所以信徒也是如此。他因信到了乐园里得到重塑，他不需要行善来得义，但那不是懒惰，他可以锻炼自己的身体并保护好它。他的所行心甘情愿不求回报，只望能取悦上帝。只有我们尚未被完全重塑，所以还不曾拥有完美的信和爱，这些需要增加，而不是通过行为来实现，是让其自然增加。

第二个比喻

当一个主教之所以成为主教，并不是因为把一生献给教堂，给孩子行按手礼，或者履行作为主教的职责。如果他之前没有成为神圣的主教，那他的任何行为都是徒劳的，他们的所行也是愚蠢的、幼稚荒谬的。因此，因信而变得神圣的基督徒也是如此，他的所行才叫善行，却不是这些行为使他变得神圣，或更加满足作为基督徒的要求。只有信才能有此影响，如果他先前不是信徒和基督徒，那这些行为不会有任何价值，他们也会变得不虔诚，该受罪。

这两句话说得很正确："善行不会造就善人，但善人却会行善"；"恶行不会造就恶人，但恶人却会作恶"。因此不论是人还是物，做善事之前就该是善人或善事，因为善行出自善人之手。基督说："好树不结坏果子，腐树不结好果子。"（《马太福音》第七章第十八节）很明显，水果不会生树，树也不会长在果子上，但是反过来，树能结果，果长在树上。

由于须先有树才能有果，所以果不能决定树的好坏，但恰恰相反，有什么样的树却能结什么样的果。所以人在行善之前必须是善人，行恶之前必须是恶人，他的行为不能决定他的好坏，但他自己能行善或行恶。

例　证

我们可以在所有的东西上验证同样的道理。房子的好坏不能决定建筑工人的优劣，但优秀的或差劲的建筑工人所建的房屋却有好坏之分。一般来说，没有工作能决定人的水平，但人的水平决定工作的水平。人的行为也一样。一个人无论他信还是不信上帝，决定他的工作：如果因信行事，那就是善行；如果不是因信做事，那就是恶行。但反过来认为人的行为决定人是信徒或非信徒就不对了。因为行为不能使人成为信徒，所以也不能让人称义，但信可以让人成为信徒，让人称义，也能让他的行为变成善行。

由于行为不能让人称义，所以人在行善之前必须先称义。非常明显，只有信能正当地充分让人称义或得救，因为这是上帝借基督之手通过上帝之言赐予我们的。基督徒不需要做任何努力，也不需要法律，就能得救，因有了信他就不受任何法律的约束，完全自由地做任何想要做的事情，而不求利益或得救之类的东西，只求能够取悦上帝，因为信仰上帝所得的恩赐已经让他得救并拥有了一切。

行为不救人也不定人的罪

同样，没有任何善行可以让非信徒称义和得救，另一方面，没有任何恶行会使人恶而受罪，但不信使人变坏，让他的行为变坏并受到惩罚。所以，人的善恶好坏，并非由他们的行为决定，而是由他们对上帝的信或不信决定，正如圣人所说："抛弃上帝就是罪恶的开始。"也就是说，不信。保罗说："来面见上帝的人必须有信。"（《希伯来书》第十一章第六节）基督也说过类似的话，"好树结好果，腐树结烂果"（《马太福音》第十四章第三十三节）——这等于是说，想要好果子必须先种好树。即便这样，希望做善事的人必须先信而不是行，因为正是信使人成为好人。让人行善的是信，让人行恶的是不信。

可以肯定的是，在人看来，人的行为决定他成为好人还是恶人，但是这里“成为”意味着好人还是恶人的身份得到认可，因为耶稣说“从他们结的果子，你就会了解他们”（《马太福音》第七章第二十节）。但这一切都停于表面和外在，当他们想著述和宣教我们可以以行称义之时，很多人都在自欺欺人，同时丝毫没有提到信，只是按自己的方法来做，骗人骗己，使情况越来越糟，成为引领一群瞎子的瞎子，虽厌倦自己也对种种善行感到厌倦，但从来没有得到真正的正义。保罗说：“拥有了信的形式，但违背其意愿的人，即使学习也绝不会明白真相。”（《提摩太后书》，第三章第五节至七节）

不希望跟着这些瞎子误入歧途的人，除了关注法律或对善行外，还必须进一步放宽眼界，必须把视线从行为上转移到人身上，以及如何称义。人称义和得救都是因为上帝之言，也就是上帝承诺的恩赐，而非个人的行为或法律，所以是上帝的权威拯救了信仰他的人，而不是我们所行之义，是他对我们的慈爱和他承诺的恩典拯救了我们。

善功的道理

以上这些让我们很容易理解在何种原则下放弃或实施善行，用什么办法才能让有关善行的说教被理解。因为如果行为被作为得义的根据，还受到可以借善行称义这一错误说法去做事，那么必须行善就成了我们身上的枷锁，从而扼杀了自由和信，这样的行为不再是善行，还真的值得惩罚。这样的行为不是自由的，还亵渎了上帝的恩典，因为我们因信称义都是出自上帝的恩典。个人的行为无法做到这一点，然而，由于他们的不虔诚之心和我们的愚蠢，他们执意这么做，因此强行冲进办公室，暴力对待上帝的恩典。

我们不拒绝善行，我们对此持欢迎态度，并以最大力度进行宣传。我们指责善行并非他们本身的原因，而是因为这种加在善行上的不虔诚，和那种认为可以以行称义的错误观念。这些行为使得他们只表面形象做得好，但实际上并非如此，因为人们被这些观念欺骗，也去欺骗别人，就像披着羊皮的恶狼。

但就是这个怪物，这个关于善行的错误观念，如非真正的信仰是不能战胜它的。只有让信仰在心里驻扎消灭这个怪物，那些做善事的神圣信徒才能驾驭它。人的本性不能以己之力驱逐它，甚至看不见它的面目，反而把它看做最圣洁的意志。若辅以习俗的力量，反而会加强这种错误，正如不虔诚的宣教者做的那样，那么它便会成不治之恶，引人走入迷路，让人遭到无法挽回的破坏。因此，宣教并著述谈论忏悔、赎罪和认罪固然是好，但若我们止于此，而不继续宣教信仰，那我们所宣教的必是骗人的把戏，必是邪恶的东西。就像他的先驱约翰谈到，基督说“你们应当悔改”，但加上一句“天国就在眼前”。

我们所应传的

我们不应只宣教上帝的这一句话，应宣教两句。我们应把新东西和旧东西都从库里拿出来，还有律法和上帝恩典之言。我们必须用律法的声音叫人畏惧，让他们得以知道他们的罪恶，从而悔改并过上更好的生活。但我们不应就此止步，因为那只会对他们造成伤害而不是让他们守法，只是给他们打击而不是救治，只是杀戮而不是挽救生命，只是引人入地狱而不是把他带出地狱，只是叫人自卑而不是让他地位提高。因此，我们必须宣教恩典之言与赦罪的许诺，借此教导人们并帮他们树立信仰。没有这样恩典之言，懊悔、赎罪以及其余一切行为和宣教都是枉然。

至今仍有悔改与恩典的传道人，但他们没有说清楚上帝的律法与许诺，在这种情况下人们会明白律法与恩典的来源。因为悔改来自上帝的律法，而信仰或恩典却来自上帝的许诺，如同《罗马书》第十章第十七节所说：“可见信仰来自宣教，宣教来自上帝之言。”所以人因受上帝律法的威胁与恐吓变得自卑，也认识了自己，人也就因信仰上帝的许诺得到宽慰，地位得到提升。所以《诗篇》第三十篇第五节说：“虽一夜有哭泣，但早晨便快乐。”所以总的来说，普通人的行为，以及基督徒为锻炼身体所采取的行动，我们已经谈得很多了。

爱的行为

最后，我们要谈谈基督徒对邻舍的行为。基督徒在世上存在不只为自己工作，也为世上所有人工作。不但如此，他还只为别人而活，不是为自己而活。因此，他让身体屈服，使他能更诚心、更自由地为他人服务，如同保罗在《罗马书》第十四章第七节所说："我们没有一个人为自己而活，也没有一个为自己而死。因为如果我们活着，那是为主而活，如果我们死了，那是为主而死。"因此，让基督徒懒惰一生，不为邻舍做好事，这不可能办到。他必须说话做事，必须与人交流，如同基督一样，拥有人的模样，也按人的行为行事，与人交流。

行为不救人

基督徒不需要任何这些东西就能得到宽恕和救赎，但他一切行为只该有一个目标，只关系这一件事，那就是自己所做之事都能服务于人，对人有益，只关注那些邻舍所必需的、有益的东西，此外不再关心其他。使徒要求我们要用自己的双手工作，并接济那些有需求的人，他原可说我们应该自己养活自己，但他告诉我们接济那些有需要的人。为此照顾好身体本就是基督徒工作的一部分，因为只有身体健康才能工作赚钱，才能帮助那些有需要的人，强者帮助弱者。我们是上帝的儿女，要为彼此考虑，互相帮助，帮助他人解决困难，因此履行了基督的律法。

这就是真正基督徒的生活，当信徒们做着最自由的"奴役工作"还满心欢喜和热爱，那便是信仰让他们为爱工作。他们自愿服务别人而不求回报，却对信仰所带来的充实和财富十分满意。

行为由爱而生

所以保罗告诉腓立比人如何因信仰基督而得到一切，变得富足，又进一步告知他们说："如果基督给了什么劝勉，得到任何爱的安慰，见到其他圣灵，又或受到任何同情和怜悯，你们心中要充满快乐志趣相投，拥有相同的爱心，扭成一股绳，意念一致。切勿在任何事情上争斗或做无用功。要心存谦卑，尊重对方多于尊重自己。不要只从自己的角度要求别人，也要考虑别人的情况。"（《腓立比书》第二章第二节）在此，很清楚地看见，使徒为基督徒的生活定下了一个标准，那就是我们的行为应该旨在为别人谋幸福，因为每个基督徒都因信仰变得富足，他一切别的工作以及他的全部生活都很充实富足，足以服务他的邻舍给他们带去好处。

基督为表率

使徒又举基督之例来说明："你们心里要有这样的观念，在基督、耶稣心里也有。他本有着上帝的形象，却认为自己不应与上帝一样，反倒把自己扮作仆人的形象，拥有了人的模样。拥有人的样子后，他就变得谦卑，凡事顺服，直到死去。"有些人还没搞懂使徒所说的"上帝的形象"、"仆人的形象"、"样子"、"人的模样"，就把使徒这些有益的话传讲给我们，他们将这些说法用于描述上帝与成年人的本性，以至于我们对这话很迷糊。保罗的意思是：基督虽然完全有着上帝的形象，虽然拥有一切东西，所以不需要采取任何行动，也用不着受苦，就能得到宽恕和救赎（因为他从一出生就拥有这一切），但他并不以此为傲，也不高高地凌驾在我们之上作威作福管理我们，虽然有权力这么做，但他并不如此，反倒不断劳动、工作、受苦和受死，为的就是要与别人一样，在形象上、行为上都要相同，就好像他也离不开这一切，仿佛没有上帝的本领。但他所做的这一切都是为了我们，这样就能为我们服务，他以仆人形象所做的一切都可以归于我们。

像他的头领耶稣一样，基督徒也因信仰变得充实而富足，也应该满足于他因信仰得到的上帝形象。此外还有，正如我所说过的，他应该不断加强信仰直到完美。因为信仰是他的生命、他的正义、他的救赎；信仰救了他，使他取悦了上帝，也就赐予他基督所拥有的一切，如同我之前所说，又如保罗在《加拉太书》第二章第二十节所说："正是由于信仰自己是上帝之子，所以我的肉身还活着。"虽然基督不用做任何事情，但却应忘记这种自由，扮作仆人的形象像人一样，仿效上帝通过基督展示出来的一切做法，以上帝待他的方式去服务、帮助他的邻舍。这一切都需随心而不求回报，只求能取悦上帝，

他应该想："瞧吧，我的上帝！我虽没有功德，也已经被定罪且受人鄙视，但上帝却完全出于对我的怜悯，给了我这一个并不值得的人因正义和救赎所拥有的一切，所以，除了需要相信这一切都是真实的之外，我不再需要其他任何东西。上帝用他那难以估量的财富征服了我，那我为什么不全心全意、欢欢喜喜，并带着由衷的热情去做我所能的、上帝所允许的事情去取悦他呢？我也要将自己当做基督献给我的邻舍，如同基督把自己献给我一样。此生我只做我的邻舍所需的、对其有益的事情，因为借着信仰我得到了我基督所拥有的一切。"

信与爱

这样，从信仰里就流出对主的爱与快乐，从爱里又流出快乐，自愿与不求回报的心，都自愿服务他的邻舍，不计报恩与否，不计赞美或责备，不计得失。因为他服务别人的目的不是叫人肩负报答的责任，也不是要分清敌友，也不求他们的感谢或不感谢。他是出于自愿地舍他自己以及他的一切，但不求任何回报。正如其父所做的一样，将一切自愿分给众人，让太阳照耀正义与不正义的事情，因此他的儿女也仿效他施舍他人，忍受一切，只求快乐，他们借着基督取悦上帝——伟大礼物的赐予者。

因此，正如保罗所说，我们若认可了赐给我们的这些伟大而可贵的礼物，那么爱将很快通过圣灵浇灌在我们心里。爱使我们变成自由、快乐、

万能而且主动积极的工人，让我们战胜一切苦难，让我们甘愿做邻舍的仆人，然而我们又是万物之主。但那些没有认可上帝借基督之手送给他们恩赐的人，基督的降生在他们面前就枉然了。这些人执迷于做善事，终不能尝试上帝给予的这些好东西，也不能体会这些。正如邻舍需要我们所富有的东西那样，我们也需要上帝的恩典。因此我们的天父借基督之手不求回报地来帮助我们，我们也应该身体力行去不求回报地帮助我们的邻舍，每个人都应成为一种形式上的基督，所以我们都是彼此的基督，我们所有人心中都有同一个基督，也就是说我们都是真正的基督徒。

那有谁能明白基督徒生活的丰富与荣耀呢？他能做任何事，拥有一切，不缺乏任何东西。他是罪恶、死亡和地狱的主人，但同时又是众人顺从的仆人，给众人极大的帮助。但可惜，他们却生活在不为世人所理解的时代，没有人宣传也没有人追求这种生活，所以我们全然不知道自己的名字，不知道我们为什么是基督徒。很肯定，我们基督徒之名源自基督，虽然基督没有生活在我们之中，但是他却驻扎在我们心里，只要我们信任他，人们互做彼此的基督，以基督待我们的方式待邻舍。但如今，在人们信条的指导下，我们只求功绩、回报以及我们已经拥有的东西。这样我们就把基督当做了一个监工，比摩西严厉多了。

信的榜样童女玛利亚

此外，我们还有一极好的例子，那就是可敬的圣女玛利亚。在摩西律法里虽然她不受此类律法束缚，也不必行洁净礼，但她仍遵守着摩西的律法，和其他妇女一样行了洁净礼。但她是出于不求回报的爱，自愿受律法的约束，从而与别的妇人一样，这样就不会得罪或轻看她们。她这么做不是为了求得宽恕，因为在这之前她已经得到了，她这么做完全是出于自愿。我们也应该如此，不是想要因此得到宽恕，因为我们已经得到宽恕，就应该为了别人快乐地做事，不求回报。

保　罗

圣保罗给他的门徒提摩太行了割礼，并不是因为提摩太想称义，而是不愿意得罪或轻看那些犹太人，他们在信上很软弱，还不能领会信的自由。但当他们蔑视信的自由，宣称割礼是称义所必需之时，他就阻止他们，还不许提多行割礼。因为他不愿得罪或蔑视任何在信上软弱的人，但会暂时听从他们的意愿。我再次强调，他不愿信的自由受固执己见、以行称义者的冒犯或蔑视。他选择了折中的方法，一边暂时支持软弱派，一边却抵制强硬派，目的是要使他们都改变，都相信信的自由。我们也应该用同样的方法行事，一边接收那些信仰不足的人，一边我们又应该断然拒绝宣传以行称义的顽固派分子。我们以后慢慢讨论这事。

基　督

当基督的门徒被征税的时候，他问彼得是不是君王的儿子不用交税，彼得说是不用交，但基督仍让彼得到海边去，并对他说："以防得罪他们，你去海边钓鱼，把钓上来第一条鱼拿起来，分开它的口你会找到一块钱，把这一块钱拿去给他们作为你我的税钱。"（《马太福音》第十七章第二十七节）

这个例子也正是我们谈论的内容，因为在此例中基督把自己与门徒称为不图回报的人，还称为国王的子女，并不缺少什么东西。但他仍然自愿屈从并交纳了税钱。这对于基督的称义或他的得救是必要的也是有帮助的，他或他门徒其余的行为对于称义也就有帮助了。他们都以义为指导，是自由的行为，这些行为只是为了服务别人，给他们树立一个榜样。

这些都是保罗所教诲的，他告诫基督徒应该顺从那些掌权的人，并随时准备做好各种善事（《提多书》第三章），这不是为了称义（他们已经因信称义），而是要借圣灵所赐的自由来为他人服务，并服从那些掌权的人，出于无私的爱而遵从自己的意愿。

学校、修道院与神父的行为都应是这样，每个人都应按职业与人身地位行事，目的不是要借此称义，而是借此可以约束自己的身体，做别人的榜样，从而引导其他人也约束身体；还有一目的，就是让自己也可以借此完全是出于爱去满足他人的意愿。但我们应该小心防范，以防有人会打算因此称义，或借此捞取什么功劳，或是得救，因为这些只是信所给予的一部分，就像我之前一再说过的。

教会的训诫

凡明白这事的人，就能在面对教皇、主教、修道院、教会和政府的无数命令与训诫之时，很容易发现危险的所在，有些愚蠢的神父坚持认为这些是称义与得救所必需的，并称之为教会的训诫。因为基督徒是自由的，他会这么说：我会禁食，我会祷告，我会按照他人吩咐做我的任何事，这不是我称义与得救所必需的，而是我可以遵从教皇、主教、集体和地方官员或邻舍的意愿，也给他们做出榜样。为此我愿意做任何事，忍受各种煎熬，就像基督那样，尽管他自己并非必须这么做，但还是为我而忍受了百倍煎熬，尽管他不受法律的约束，但为了我，他仍服从于律法。尽管那些暴虐的政府要求我遵守那些东西的时候会对我动粗，会冤枉我，但我遵照去做也对我没有伤害，只要这些事情不违背上帝的要求。

从这些人就可以得出一个确切的判断和关于所有行为与法律的区别，也可以从中辨别哪些神父是瞎眼的，而哪些神父是善良的。因为那些不管束自己身体和服务于邻居的行为，若不是违背上帝旨意的就是不善的，更不是基督教所宣扬的精神。所以，我害怕今时今日已经没有多少学校、修道院、教会的祭坛和职位是符合基督教教义的了。也许就连在某圣徒日的斋戒和祷告也不是了。我还害怕在这些事上我们只想着自己的利益，以为借着这些事我就可以洗脱罪孽，找到救赎。要是这样的话，基督教的自由就荡然无存了。而这些全都是因为对基督教信仰和自由的无知而造成的。

不明自由

许多瞎眼的神父还煞费苦心去提倡这种对自由的无知与压制。他不停地煽动人们要热衷于这些事情，用赎罪券来夸耀他们，但却从不告知他们什么才是真正的信仰。现在，我就要建议，如果你想祈祷、斋戒或者在教会行他们所谓的什么善事，可千万别以为这些事能让你得永生或者得到其他什么好处。这样，你就会诋毁你的信仰，是它让你得万物。你应该关注信仰的坚定，不论是通过善行还是通过受苦。你若是要施与，就慷慨施与而不求回报。别人或许可因你的施与得到益处。这样你就会是一个真正的好人，一个真正的基督徒。因此，脱离你身体束缚的善行和善功对你来说有什么好处呢？既然由于信仰，你已变得很富足，因为上帝给了一切你想要的。

所以我们得有一个标准：凡上帝给予我们的好东西，我们应该分给别人，直到为大家所用。所以每个人都应该站在邻居的立场，多为别人考虑。这些好东西是从耶稣身上跑出来的，现在又到了我们这儿。他也是站在了我们的立场，仿佛他自己就是我们自己一样。这些东西又从我们这里传到了那些需要它们的人那里；所以我应该时常将自己的信与义摊在上帝面前，这样就可以遮掩我邻居的罪，为他们祷告，好将他们的罪归在我身上，就像上帝为我们做的那样。这就是爱的真谛，也是信仰的真谛所在。因此，使徒就曾经说过："爱是不求自己的益处。"（《哥林多前书》第十三章第五节）

结　论

因此，我们可以推断出基督徒并非生活在自己的世界里，而是与耶稣以及他自己的邻里同在，不然他就不能被称作基督徒。他只是借着信仰的名义留在基督世界里，并借着爱与他的邻里同处。借着信仰，他已经把自己提升到了神的高度，而借着爱他又回到了邻居身边，他常在上帝里面，又常在上帝之爱里面。正如耶稣说的："我就老实告诉你们吧，你们将要看见天门打开啦。上帝的使者在人类之子身上降临和升天。"

好了，自由就说到这里吧。正如你所见，一种真正的精神上的自由能使我们内心脱离一切罪恶、律法，以及教条，正如保罗所说："律法不是为正义之人设立的。"（《提摩太前书》第一章第九节）这种自由高出其他一切外在的自由，犹如天高出地。愿上帝助我们明白这种自由，并且保持这种自由。阿门。

自由非纵欲、非必须

最后，对于那些认为虽然有些事说明得很清楚了，却还是要因误解而被破坏的人来说，我们必须得说一下，但是不知道他们是否会明白。有一些人，当他们听到关于信仰的自由的字眼时，就立刻会误以为那是个放纵的机会。他们认为现在做一切事都是符合法律规定的了。所以就不再显示出自由和基督徒的一面，从而开始蔑视和非难礼仪\传统\法律。仿佛他们是基督徒仅仅因为他们拒绝在特定日子里斋戒，或者在别人斋戒之日吃荤，更甚至是忽略那些日常祈祷。并嘲笑那些认为的戒律，完全忽略了那些基督教本来就有的东西。而另一方面，他们又遭到那些期望得救赎的人的顽强反抗，因为仿佛他们得救是因为在斋戒之日斋戒，或者不吃荤，再或者按常规来祈祷；他们只会大肆夸耀教会和神父的戒律，但对那些真正关乎信仰之事不闻不问。这两种人显然都是不对的，因为他们忽略了那些关乎救赎的必须之事，而只揪着那些细枝末节不放。

保罗的教诲就非常好，他教我们走折中的路，而不是这两种极端，他说："吃的人不可轻看不吃的人，不吃的人不可论断吃的人。"（《罗马书》第十四章第三节）看了这话你就明白了保罗是在责备那些不敬虔，而且轻视礼仪的人，因为他是在教训我们凡事不要轻视。这样的人士以知识自居。他又教训说那些谨守礼仪的顽固派千万别轻视自己的对手。因为这两方都没有以固有的宽容对待彼此。在这件事上，我们就得参照《圣经》了，因为《圣经》告诉我们要保持中立，不能有失偏颇。要根据上帝所定的规矩来使身心愉悦。因为人们并非因为致力于善行与礼仪才凛然正气，也不是因为忽略和轻视善功和礼仪才被视作不义。

自由只是脱离论行为的假道理

耶稣的信仰不是要我们脱离行为，而是叫我们脱离论行为的假道理。那些是通过行为从愚昧的专横到追求正义的谬道理。信仰让我们重拾良知，并且帮助我们纠正对良知的认识，然后继续保持。所以我们知道正义并不依托行为，虽然不应该也不能缺失善行，就好比我们若是要继续生活下去就少不了饮食以及身体正常的其他功能一样。同样，我们的赦罪也并非基于此，而是基于信仰；因此，他们不该被轻视和忽视。如今，我们少不了肉身之需，但是我们的正义却不在乎这些东西。耶稣说："我的国不属于这世界。"（《约翰福音》第十八章第三十六节）但他还说："我的国不在这里，那就是说，不在这世界。"保罗也说："我们虽然在血气中行事，却不能凭着血气争战。"（《哥林多后书》第十章第三节）"我如今的肉身活着，是因为怀揣着上帝之子的信仰而活。"（《加拉太书》第二章第二十节）如此一来，我们生活、行事、守各种礼仪都是出于生活的必需，要尽力管束好我们自己的身体；但是，我们的存在并非由这些事说了算，而是由上帝之子的信仰。

反对派、仪式派

因此，基督徒必须走中庸之道，因为摆在面前的有两种人。第一，他们会遇见那些顽固的礼仪派，这些人犹如耳聋的蝰蛇，不愿意听自由的真谛，只爱夸耀，一味地向我们灌输他们的各种礼仪。好像他们不用信仰就可以向我们证明什么一样。这类人就犹如古时候的犹太人，他们故步自封，不愿意学习如何行善。因此，基督徒必须要拒绝这类人，反其道而行之，不怕得罪他们，免得让他们用不虔诚的歪理把别人引入歧途。在这些人看来吃肉、打破禁食是非常有利的，因为这都是为着信仰的自由，而通常他们却把这看作极大的罪。对于他们，我们就得说：“任他们去吧，他们只是些瞎眼领路者。”（《马太福音》第十五章第十四节）这样的话，保罗就不会让提多行割礼了，虽然这些人坚持要这么做；耶稣也曾为在安息日折麦穗的门徒们辩护；这样的例子还有很多。

无知识的人

再者，也许基督徒会遇见那些圣保罗所说的头脑简单、愚昧无知之人，他们现在还无法参透信仰的自由，即使是要他们这么去做。我们必须体恤这些人，免得得罪他们。同时，在他们接受更好的教育之前，我们还得忍受他们的缺点。因为他们这样做并不是因为他们自己冥顽不灵，而是因为他们的信仰缺失。因此，为了避免让他们受气，就得让他们遵守必要的规矩。我们出于慈悲必须得这么做，慈悲不会伤及任何人，却能惠及众人。他们软弱，这并不是他们的错，错就错在神父们；他们在打着自己的惯例的幌子，已经使自己深陷泥潭，不能自拔，灵魂也遭到了创伤。他们才该通过学习有关信仰和自由的教导而重获自由。因此，使徒说：“要是肉使我兄弟受气，那我就永远不吃肉。”（《哥林多前书》第三章第三节）“我知道，是耶稣令我深信这一点，那就是，世间万物本来就没有不纯洁的，唯独人以为不纯洁了，就不纯洁了。若是有人因为食物就使别人受气，那就是他的罪过了。”（《罗马书》第十四章第十四节、第二十节）

因此，虽然我们应该大胆地与那些讲授传统惯例的师傅们相对抗，虽然教皇制定的法规是被他们用以侵犯上帝子民的，应该遭到强烈的谴责，但是我们又应该体恤到那些天性羞怯，被专制的教皇制定的法规所俘去的群众，直到他们得到自由。我们要与那些豺狼奋勇斗争，与羊为伍，而不是与羊为敌。要做到这点，你就得痛斥这些法规和那些制定法规的人。与此同时，还要和弱势群体一起遵守这些法规，这样才不至于让他们受气，直到他们自己开始意识到这种暴政所在，而渐渐意识到他们的自由。如果你想使用你的自由，那么你可以暗暗地使用，正如保罗曾说："如果你有信仰，那么你就该守在上帝面前。"（《罗马书》第十四章第二十二节）但是切记，千万别在弱势群体面前使用你的自由。但是在那些专制的独裁者和冥顽不灵的反对者面前，你就得使用你的自由，好让他们也明白自己是多么的专横与残暴，他们的法规是多么没用，他们再也没有权利再制定类似法规了。

礼 仪

这样的话，人生在世，自然是少不了礼仪与善行，因为那些青涩的热血青年需要这样的条例来约束和保护他们，而且每个人都是靠着这些东西来管束自己的身体，因此，上帝委任的神父们就不仅得忠实可靠，而且还要十分精明了。因为他们要担负起管理和教导耶稣子民们的职责，使他们不至于衍生痛苦和苦难，从而出淤泥而不染，就像圣保罗警告希伯来人说的，他们可能不会失去信仰，并开始被一种善行的信念污损，而这种信念又是被当作赦罪的一种途径。这样的事非常容易就发生了，而且也污损了许多人，除非经常给大家灌输这样的道理。当我们对信仰置之不理，而且也单将这些人的条例教导别人，那么就不可能避开这样邪恶之事；这就如同之于教皇的传统惯例和其他神职人员的理论那样。在这些陷阱的诱惑之下，众多灵魂已经被拖下了地狱，所以你可以清晰地看出敌基督者的所作所为。

信的试探

简而言之，正如富裕中潜藏着贫穷的苗头，买卖中潜藏着诚实，尊贵中潜藏着谦逊，宴会中潜藏着节制，欢愉中潜藏着纯洁一般，礼仪中也潜藏着上帝对罪人的赦免。所罗门曾说："一个人若是怀里着了火，他的衣服能不被烧着吗？”（《箴言》第六章第二十七节）而且，既然人们不得不生活在富裕、买卖、尊贵、宴会、欢愉之中，那么就还得生活在礼仪之中，那就是说常常得身处危险之中。正如小婴男最先必须抱在少女怀中，并在她们的悉心关怀与爱护之下才能茁壮成长，而不至于陷入危险。但是随着年龄的增长，若他们还和少女同住，那么他们的救赎就有可能遇到危险了。因此，应该对那些缺乏经验且桀骜不驯的年轻人加以约束，让他们知晓礼仪，以免恣情妄为。但是要是老是以这些来束缚他们，可能也让他们比较恼火，就好比要置他们于死地一般。所以大人们应该教导他们说，他们被监禁在了礼仪的监狱之中，并不是因为这样他们就可以称义，或者有什么功德，这只是单纯地要他们不至于胡作非为，这样也更易于学习由信仰而来的正义，这是他们的血气方刚在约束之下才会忍受的。

礼仪可为一时之助

因此，基督教生活中的各种礼仪的重要性犹如图纸之于工程师和建筑师。它们并不是要永久留存的，建筑物修好了，图纸自然就被丢在一边了；但是没有图纸，建筑物也修建不出来。这里我们并不是对这些图纸有轻视之意，而是对它们有很高的期望，对它们重视尤佳。我们只是轻视他们对图纸的理解有偏颇，因为没人意识到图纸就是在帮他们构建一个真实的、永久的建筑物。要是有人一生专心劳神苦思去经营这些图纸却从来不思考建筑物本身，只是因为造出图纸就自鸣得意、自吹自擂，我们是不是该怜悯他的疯人行径，并且认为在他的这些努力之下，是不是有什么伟大的建筑物要拔地而起了呢？

因此，我们也不应该轻视善行与礼仪，反之，应该对它们给予最大的重视。但是我们却轻视这种论善行的假道理，它使人不要以为自己得了正义，如同那些假冒伪善之人一般，他们毕生竭尽所能行善功，却没有达到行善的目的。正如使徒所说，这些人“常常学习，却终究不能明白真理”（《提摩太前书》第三章第七节）。他们有意建造，也做了准备，但是却从不真正开始修建。这样，他们只是在做做虔诚的样子，但从不知道什么才是真正的虔诚。

人必须受神的教导

然而他们却以自己偏执的作为自鸣得意，甚至敢于论断其他没有像他们一样虚挂着一身善功的人。要是他们真的是心中充满了信仰，那么他们或许看在可以救助自己以及别人的分儿上而做出一些成绩来。可他们现在却只是在浪费上帝所施与的恩惠。既然迷信是人与生俱来的天性，那么人们很快就会相信法律和其他善功可以帮人开脱罪行；再者，遵照立法者的一贯做法，天性在同一种视角里是可以付诸实践和确定的。他们自己是无法逃脱善功的束缚的，所以不能得到自由的关于信仰的知识。

因此，我们得祈祷上帝把教诲钦赐予我们，如同他所应允的那样，将律法写在我们心头，要不然，我们就没什么可期待的了。因为，要是他不把这些隐藏在奥秘中的智慧教导予我们，我们就只能谴责他，并把他判定为异端。这样他又会生气，因为这对他来说简直是太荒唐了。就如古时候对于使徒与先知那般，而今那些不虔诚的双眼瞎了的教皇和他那些阿谀奉承的跟随者们对我这样的人也是如此。愿上帝最终对他们心存怜悯，同时对我们也心存怜悯，用他的光照耀我们，这样我们才能知道他的旨意，以及他对众人的恩惠，愿人人赞颂万能的主。阿门。